中華文化促進會主持編纂

國家“十一五”重點圖書出版規劃項目

中國社會科學院哲學社會科學創新工程學術出版資助項目

出品人 王石 段先念

今注本二十四史

南史

三

紀〔三〕

唐 李延壽 撰

趙凱 汪福寶 周群 主持校注

中国社会科学出版社

南史　卷八

梁本紀下第八

太宗簡文皇帝諱綱，字世讚，小字六通，[1]武帝第三子，昭明太子母弟也。[2]天監二年十月丁未，[3]生于顯陽殿。[4]五年，封晋安王。[5]普通四年，[6]累遷都督、雍州刺史。[7]中大通三年，[8]被徵入朝，未至，而昭明太子謂左右曰："我夢與晋安王對奕擾道，我以班劍授之，[9]王還，當有此加乎。"[10]四月，昭明太子薨。五月丙申，立晋安王爲皇太子。七月乙亥，臨軒策拜。[11]以脩繕東宫，[12]權居東府。[13]四年九月，移還東宫。[14]

[1]六通：佛教語。謂天眼、天耳、他心、宿命、神足、漏盡六種神通力。按，梁武帝溺信佛法，諸子小字多取自佛教語。如長子蕭統小字維摩、第四子蕭績小字四果等皆屬此類。

[2]昭明太子：蕭統。字德施，小字維摩，梁武帝長子。謚昭明。本書卷五三、《梁書》卷八有傳。　母：梁武帝貴嬪丁令光。謚穆。本書卷一二、《梁書》卷七有傳。

[3]天監：南朝梁武帝蕭衍年號（502—519）。

[4]顯陽殿：宫殿名。建康宫城寢殿，在今江蘇南京市雞籠山南古臺城故址内。

[5]晋安：郡名。治候官縣，在今福建福州市。

［6］普通：南朝梁武帝蕭衍年號（520—527）。

［7］雍州：州名。東晋僑置。治襄陽縣，在今湖北襄陽市。

［8］中大通：南朝梁武帝蕭衍年號（529—534）。

［9］班劍：亦作斑劍。本指飾有花紋或飾以虎皮之劍，或指持班劍之武士。晋以後成爲隨從侍衛的代稱，且成爲皇帝對王侯功臣的恩賜，可隨身進入宫殿，亦作爲喪禮時的儀仗。所賜人數自十人至百二十人不等。

［10］加：官制術語。謂原職之外，增授其他職銜或提升待遇。

［11］臨軒：殿前堂陛之間近檐處兩邊有檻楯，如車之軒，故稱。　策拜：帝王以策書命官授爵。

［12］東宫：城名。在建康臺城東，今江蘇南京市雞籠山南臺城遺址東。

［13］東府：城名。又稱東城、東府城。在今江蘇南京市通濟門附近，南臨秦淮河。爲東晋、南朝宰相兼揚州刺史的府第所在。

［14］移還東宫：大德本、汲古閣本及《梁書》卷四《簡文帝紀》並同，殿本、北監本“還”作“遷”。張元濟《南史校勘記》：“三年七月以修繕東宫暫居東府。殿誤，見《梁書·紀四》。”

太清三年，[1]臺城陷，[2]太子坐永福省見侯景，[3]神色自若，無懼容。五月丙辰，帝崩。辛巳，太子即皇帝位，大赦。癸未，追尊穆貴嬪爲皇太后，追謚妃王氏爲簡皇后。[4]

［1］太清：南朝梁武帝蕭衍年號（547—549）。

［2］臺城：城名。爲東晋、南朝臺省與宫殿所在，故名。在今江蘇南京市雞籠山南、乾河沿北。

［3］永福省：宫苑名。在建康宫城内。《資治通鑑》卷一六二《梁紀十八》武帝太清三年胡三省注：“永福省在禁中，自宋以來，

太子居之，取其福國於有永也。”　侯景：字萬景。原爲東魏大將，後叛至南朝梁，於梁武帝太清二年在壽陽發動叛亂，次年攻克都城建康，擅行廢立，禍亂朝野，史稱“侯景之亂”。本書卷八〇、《梁書》卷五六有傳。

[4]妃王氏：太子妃王靈賓。謚簡。本書卷一二、《梁書》卷七有傳。

六月丙戌，以南康王會理爲司空。[1]丁亥，立宣城王大器爲皇太子。[2]壬辰，立當陽公大心爲尋陽郡王，[3]石城公大款爲江夏郡王，[4]寧國公大臨爲南海郡王，[5]臨城公大連爲南郡王，[6]西豐公大春爲安陸郡王，[7]新淦公大成爲山陽郡王，[8]臨湘公大封爲宜都郡王，[9]高唐公大莊爲新興郡王。[10]

[1]南康王會理：蕭會理。字長才，南康簡王蕭績之子，梁武帝之孫，嗣父績爵爲南康王。本書卷五三、《梁書》卷二九有附傳。南康，郡名。治贛縣，在今江西贛州市東北。

[2]宣城王大器：蕭大器。字仁宗，梁簡文帝嫡長子。簡文帝即位後，立爲皇太子。大寶二年（551），被侯景所殺。本書卷五四、《梁書》卷八有傳。宣城，郡名。治宛陵縣，在今安徽宣城市宣州區。

[3]當陽公大心：蕭大心。字仁恕，梁簡文帝第二子。本書卷五四、《梁書》卷四四有傳。

[4]石城公大款：蕭大款。字仁師，梁簡文帝第三子。本書卷五四有傳。

[5]寧國公大臨：蕭大臨。字仁宣，梁簡文帝第四子。本書卷五四、《梁書》卷四四有傳。

[6]臨城公大連：蕭大連。字仁靖，梁簡文帝第五子。本書卷

五四、《梁書》卷四四有傳。

[7]西豐公大春：蕭大春。字仁經，梁簡文帝第六子。本書卷五四、《梁書》卷四四有傳。

[8]新塗公大成：蕭大成。字仁和，梁簡文帝第八子。本書卷五四有傳。按，新塗，各本同，中華本據《通志》改作“新淦”，應從改。

[9]臨湘公大封：蕭大封。字仁叡，梁簡文帝第九子。本書卷五四有傳。

[10]高唐公大莊：蕭大莊。字仁禮，梁簡文帝第十三子。本書卷五四、《梁書》卷四四有傳。

秋七月甲寅，廣州刺史元景仲謀應侯景，[1]西江督護陳霸先攻之，[2]景仲自殺。霸先迎定州刺史蕭勃爲刺史。[3]庚午，以司空南康王會理爲兼尚書令。是月，九江大饑，[4]人相食者十四五。

[1]廣州：州名。治番禺縣，在今廣東廣州市。　元景仲：鮮卑族，北魏宗室。《梁書》卷三九、《北史》卷一六有附傳。

[2]西江督護：官名。南朝齊、梁、陳時在廣州設置的諸督護之一，專掌征伐。西江，水名。古稱鬱水，即今珠江幹流，流經今廣西和廣東西部。　陳霸先：即陳武帝。字興國，小字法生。本書卷九，《陳書》卷一、卷二有紀。

[3]定州：州名。梁置，後改南定州。治布山縣，在今廣西桂平市西南。　蕭勃：梁宗室，吴平侯蕭景之子。本書卷五一有附傳。

[4]九江：地域名。泛指今安徽、河南、湖北三省淮河以南故九江郡之地。

八月癸卯，征東大將軍、開府儀同三司、南徐州刺史蕭藻薨。[1]丙午，侯景矯詔："儀同三司位比正公，自令悉不加將軍，[2]以爲定準。"

[1]蕭藻：字靖藝，梁武帝長兄蕭懿之子，封西昌縣侯。本書卷五一、《梁書》卷二三有附傳。按，"蕭藻"本名"蕭淵藻"，以避唐高祖李淵諱省。

[2]自令：大德本、汲古閣本、北監本、殿本同，百衲本作"自今"。張元濟《南史校勘記》："殿誤。"底本誤，應改作"自今"。

冬十月丁未，地震。是月，[1]百濟國遣使朝貢，[2]見城寺荒蕪，哭于闕下。[3]

[1]是月：《梁書》卷四《簡文帝紀》作"十二月"，《資治通鑑》卷一六二《梁紀十八》武帝太清三年繫此事於"十一月"。

[2]百濟國：古國名。在今朝鮮半島西南部。本書卷七九、《梁書》卷五四有傳。

[3]闕下：《資治通鑑·梁紀十八》作"端門"，胡三省注："端門，臺城正南門之中門。"

大寶元年春正月辛亥朔，[1]大赦，改元。丁巳，天雨黄沙。己未，西魏剋安陸，[2]執司州刺史柳仲禮，[3]盡有漢東地。[4]丙寅，月晝見于東方。[5]癸酉，前江都令祖皓起義兵于廣陵。[6]

[1]春正月辛亥朔：《梁書》卷四《簡文帝紀》於此句後有

“以國哀不朝會”六字。

[2]西魏：朝代名。北朝之一。宇文泰立北魏宗室元寶炬（西魏文帝）建，都長安（今陝西西安市），歷文、廢、恭三帝，凡二十二年（535—556）。　安陸：地名。在今湖北安陸市。梁代爲安陸縣、安陸郡與南司州治。

[3]司州：州名。即南司州。南朝梁置。治安陸縣，在今湖北安陸市。　柳仲禮：字仲立，河東解（今山西臨猗縣）人。柳津之子。本書卷三八、《梁書》卷四三有附傳。

[4]漢東地：地域名。指漢水以東地區。

[5]月晝見：《隋書·天文志下》：“簡文帝大寶元年正月丙寅，月晝光見。占曰：‘月晝光，有隱謀，國雄逃。’又云：‘月晝明，姦邪並作，擅君之朝。’其後侯景篡殺，皆國亂亡君，大喪更政之應也。”

[6]江都：縣名。治所在今江蘇揚州市西南。　祖皓：范陽遒（今河北淶水縣）人。本書卷七二有附傳。　廣陵：縣名。治所在今江蘇揚州市西北蜀岡上。

二月癸未，侯景攻下廣陵，皓見害。乙巳，以尚書僕射王克爲左僕射。[1]丙午，侯景逼帝幸西州。[2]

[1]王克：琅邪臨沂（今山東臨沂市）人。本書卷二三有附傳。

[2]西州：城名。在今江蘇南京市朝天宫一帶。

夏五月丙辰，東魏静帝遜位于齊。[1]庚午，開府儀同三司鄱陽王範薨。[2]自春迄夏大旱，人相食，都下尤甚。

[1]東魏：朝代名。北朝之一。高歡於北魏孝武帝出走關中後，另立宗室元善見建，都鄴（今河北臨漳縣西南），歷時十七年（434—550）。　静帝：東魏孝静帝元善見。在位十七年（434—550）。《魏書》卷一二、《北史》卷五有紀。　齊：朝代名。北朝之一。史稱北齊。高歡子高洋取代東魏建，都鄴（今河北臨漳縣西南），歷六帝，共二十八年（550—577）。

[2]鄱陽王範：蕭範。字世儀，梁武帝弟鄱陽王蕭恢世子，襲父爵爲鄱陽王。本書卷五二、《梁書》卷二二有附傳。

六月庚子，前司州刺史羊鴉仁自尚書省出奔江陵。[1]

[1]羊鴉仁：字孝穆，泰山鉅平（今山東泰安市）人。初仕魏，梁武帝普通中歸梁，封廣晋侯。本書卷六三、《梁書》卷三九有傳。　出奔江陵：《梁書》卷四《簡文帝紀》作“出奔西州”；本書《羊鴉仁傳》、《資治通鑑》卷一六三《梁紀十九》簡文帝大寶元年並作“出奔江西，將赴江陵”。按，本書《羊鴉仁傳》及《梁書·羊鴉仁傳》皆將“出奔”之事繫於“（太清）三年”。

秋七月戊辰，賊行臺任約寇江州，[1]刺史尋陽王大心以州降之。

[1]行臺：官署名。尚書省在地方的派出機構，代表朝廷行使尚書省權力。專爲征討而設，不常置。又爲官名。即行臺長官的省稱。　任約：初爲西魏將。梁武帝太清元年（547）至敬帝太平元年（556），次第效力於侯景、梁元帝、北齊。後不知所終。史無專傳，其事散見南北《史》、《梁書》、《北齊書》諸史。　江州：州名。治柴桑縣，在今江西九江市西南。

八月甲午，湘東王繹遣領軍將軍王僧辯逼郢州，[1]邵陵王綸棄郢州走。[2]

[1]湘東王繹：蕭繹。即梁元帝。　王僧辯：字君才，太原祁（今山西祁縣）人。本書卷六三有附傳，《梁書》卷四五有傳。郢州：州名。南朝宋置。治夏口城（即郢城），在今湖北武漢市武昌區。

[2]邵陵王綸：蕭綸。字世調，小字六真，梁武帝第六子。本書卷五三、《梁書》卷二九有傳。

九月乙亥，侯景自進位相國，封二十郡爲漢王。

冬十月乙未，景又逼帝幸西州曲宴，[1]自加宇宙大將軍、都督六合諸軍事。立皇子大鈞爲西陽郡王，[2]大威爲武寧郡王，[3]大球爲建安郡王，[4]大昕爲義安郡王，[5]大摯爲綏建郡王，[6]大圜爲樂梁郡王。[7]壬寅，侯景害司空南康王會理。

[1]曲宴：私宴。多指宫中之宴。

[2]大鈞：字仁博（《梁書》作“仁輔”），梁簡文帝第十四子。本書卷五四、《梁書》卷四四有傳。

[3]大威：字仁容，梁簡文帝第十五子。本書卷五四、《梁書》卷四四有傳。

[4]大球：字仁玉（《梁書》作“仁珽”），梁簡文帝第十七子。本書卷五四、《梁書》卷四四有傳。

[5]大昕：字仁朗，梁簡文帝第十八子。本書卷五四、《梁書》卷四四有傳。

[6]大摯：字仁瑛，梁簡文帝第十九子。本書卷五四、《梁書》

卷四四有傳。

［7］大圜：梁簡文帝第二十子。本書卷五四有傳。　樂梁：大德本、殿本同，汲古閣本作“樂樂”。

十一月，任約進據西陽，[1]分兵寇齊昌，[2]執衡陽王獻送都下，[3]害之。湘東王繹遣前寧州刺史徐文盛拒約，[4]南郡王前中兵參軍張彪起義於會稽若邪山，[5]攻破浙東諸縣。[6]

［1］西陽：郡名。治西陽縣，在今湖北黃岡市東。

［2］齊昌：郡名。南朝齊置。治齊昌縣，在今湖北蘄春縣西南。

［3］衡陽王獻：蕭獻。梁宗室。嗣爵爲衡陽王。見卷五一《衡陽宣王暢傳》。

［4］徐文盛：字道茂，彭城（今江蘇徐州市）人。本書卷六四、《梁書》卷四六有傳。

［5］張彪：自云襄陽（今湖北襄陽市）人。本書卷六四有傳。　會稽：郡名。治山陰縣，在今浙江紹興市。　若邪山：山名。一作若耶山。即今浙江紹興市東南化山。大德本、殿本同，汲古閣本作“若耶山”。

［6］浙：水名。即今錢塘江。流經今安徽南部、浙江西北部。

二年春二月，邵陵王綸走至安陸董城，[1]爲魏所攻，[2]見殺。

［1］董城：城名。在今湖北孝昌縣北。

［2］魏：《梁書》卷四《簡文帝紀》作“西魏”。

三月庚戌，魏文帝崩。[1]

[1]魏文帝：西魏文帝元寶炬。在位十七年（535—551）。《魏書》卷二二有附傳，《北史》卷五有紀。

夏閏四月，侯景圍巴陵。[1]

[1]夏閏四月：各本同。按，是年閏三月。本書卷八〇《侯景傳》及《資治通鑑》卷一六四《梁紀二十》簡文帝大寶二年皆繫此事於四月，應據删“閏”字。參中華本校勘記。　巴陵：郡名。南朝宋置。治巴陵縣，在今湖南岳陽市。

六月乙巳，解圍宵遁。

秋七月，景還至建鄴。

八月戊午，景遣僞衛尉卿彭儁、廂公王僧貴入殿，[1]廢帝爲晋安王。害皇太子大器、尋陽王大心、西陽王大鈞、武寧王大威、建安王大球、義安王大昕及尋陽王諸子二十餘人。矯爲帝詔，以爲次當支庶，[2]宜歸正嫡，[3]禪位于豫章王棟。[4]使吕季略送詔，令帝寫之。帝書至“先皇念神器之重，[5]思社稷之固，[6]越升非次，遂主震方”，[7]嗚咽不能自止，賊衆皆爲掩泣。乃幽帝于永福省。棟即位，改元天正。使害南海王大臨於吴郡、南郡王大連於姑熟、安陸王大春於會稽、新興王大莊於京口。[8]

[1]廂公：侯景對其親信所封加的官號之一。見本書卷八〇《侯

景傳》。《資治通鑑》卷一六三《梁紀十九》簡文帝大寶元年云："其（侯景）親寄隆重者曰左右廂公。"

[2]支庶：宗法制度謂嫡子以外的旁支。

[3]正嫡：正室之子，嫡子。

[4]豫章王棟：蕭棟。字元吉，昭明太子蕭統之孫。嗣父爵爲豫章王，後被侯景扶植登基。侯景敗後，爲蕭繹所殺。本書卷五三有附傳。

[5]神器：指帝位、政權。

[6]社稷：國家的代稱。社，土神。稷，穀神。

[7]震方：東方。

[8]吴郡：郡名。治吴縣，在今江蘇蘇州市。　姑熟：地名。又作姑孰，亦稱南州（南洲）。在今安徽當塗縣。　京口：城名。在今江蘇鎮江市。

冬十月壬寅，帝崩於永福省，時年四十九。賊僞謚曰明皇帝，廟稱高宗。明年三月己丑，王僧辯平侯景，率百官奉梓宫升朝堂。[1]元帝追崇爲簡文皇帝，廟號太宗。[2]四月乙丑，葬莊陵。[3]

[1]梓宫：皇帝的棺材。以梓木爲之，故名。

[2]太宗：大德本、殿本同，汲古閣本作"大宗"。

[3]莊陵：梁簡文帝陵名。在今江蘇丹陽市東。

帝幼而聰睿，六歲便能屬文，武帝弗之信，於前面試，帝攬筆立成文。武帝歎曰："常以東阿爲虚，[1]今則信矣。"及長，器宇寬弘，未嘗見喜愠色，尊嚴若神。方頤豐下，[2]須鬢如畫，直髮委地，雙眉翠色。項毛左旋，連錢入背。[3]手執玉如意，不相分辨。眄睞則目光燭人。讀書十行俱下，辭藻艷發，博綜群言，[4]善談玄理。[5]自十一便能親庶務，[6]歷試藩政，[7]所在稱美。性恭孝，居穆貴嬪憂，[8]哀毁骨立，所坐席霑濕盡爛。在襄陽拜表侵魏，[9]遣長史柳津、司馬董當門、壯武將軍杜懷寶、振遠將軍曹義宗等進軍剋南陽、新野等郡，[10]拓地千餘里。

[1]東阿：指三國魏曹植。曾封爲東阿王，故稱。

[2]方頤豐下：方形面頰，下頷豐滿。古人視爲貴相。

[3]連錢：花紋、形狀似相連的銅錢。

[4]群言：謂各家著述。

[5]玄理：精微深奥的義理。常指老、莊學説的哲理。

[6]庶務：各種事務。

[7]藩政：地方郡國政務。

[8]居憂：居喪。猶處在直系尊親喪期中的守孝。憂，指父母之喪。

[9]襄陽：城名。雍州刺史駐所，在今湖北襄陽市漢水南岸。

[10]柳津：字元舉，河東解（今山西臨猗縣）人，柳慶遠之子，柳仲禮之父。本書卷三八有附傳。　杜懷寶：京兆杜陵（今陝西西安市長安區）人，杜崱之父。事見本書卷六四、《梁書》卷四六《杜崱傳》。　曹義宗：新野（今河南新野縣）人。本書卷五五有附傳。　南陽：郡名。治宛縣，在今河南南陽市。　新野：郡名。治新野縣，在今河南新野縣。

及居監撫，[1]多所弘宥，[2]文案簿領，[3]纖豪必察。弘納文學之士，[4]賞接無倦。嘗於玄圃述武帝所製《五經講疏》,[5]聽者傾朝野。雅好賦詩，其自序云:“七歲有詩癖，長而不倦。”然帝文傷於輕靡，時號“宫體”。[6]所著《昭明太子傳》五卷,[7]《諸正傳》三十卷,[8]《禮大義》二十卷，《長春義記》一百卷,[9]《法寶連璧》三百卷，《謝客文涇渭》三卷，《玉簡》五十卷，《光明符》十二卷,[10]《易林》十七卷，《竈經》二卷,[11]《沐浴經》三卷，《馬槊譜》一卷，《棊品》五卷，《彈棊譜》一卷，《新增白澤圖》五卷,[12]《如意方》十卷，文集一百卷,[13]並行於世。

[1]監撫：監國與撫軍，爲太子之職責。《左傳》閔公二年：太子“君行則守，有守則從。從曰撫軍，守曰監國，古之制也”。

[2]弘宥：寬宏，寬恕。

[3]文案簿領：大德本、殿本同，汲古閣本作“文簿部領”。簿領，官府記事的簿册或文書。

[4]弘：《梁書》卷四《簡文帝紀》作‘引’。

[5]玄圃：玄圃園。在今江蘇南京市雞籠山南。《讀史方輿紀要》卷二〇《南直二・江寧縣》引舊志：齊文惠太子“又辟玄圃於臺城北，極山水之勝。梁時亦爲太子遊覽處”。

[6]宫體：一種以描寫宫廷生活和男女私情爲主要内容的詩體。始於梁簡文帝。後世因稱追求詞藻靡麗、華而不實的艷情詩爲宫體。參唐劉肅《大唐新語・公直》。

[7]《昭明太子傳》：一説又名《昭明太子别傳》。參《藝文類聚》卷一六梁簡文帝《上昭明太子集别傳等表》。

[8]諸正傳：大德本、汲古閣本、殿本及《梁書・簡文帝紀》作“諸王傳”。底本誤，應據諸本改。

[9]《長春義記》：《隋書・經籍志一》及兩《唐書》並有著

録。本書卷六〇《許懋傳》云："中大通三年，皇太子召與諸儒録《長春義記》。"

［10］《光明符》十二卷：《隋書·經籍志三》著録："《光明符》十二卷，録一卷，梁簡文帝撰。"

［11］《竈經》二卷：《隋書·經籍志三》著録"《竈經》十四卷，梁簡文帝撰"。

［12］《新增白澤圖》五卷：大德本、汲古閣本、北監本、殿本同，百衲本"增"作"僧"。張元濟《南史校勘記》："殿是。《隋書·經籍志三》五行類有'《白澤圖》一卷'。"

［13］文集一百卷：《梁書·簡文帝紀》無載。《北史》卷二九《蕭大圜傳》作"《簡文集》九十卷"。《隋書·經籍志四》著録"《梁簡文帝集》八十五卷"，注云"陸罩撰，并録"。

初即位，制年號將曰"文明"，以外制强臣，取《周易》"内文明而外柔順"之義。[1]恐賊覺，乃改爲大寶。[2]雖在蒙塵，尚引諸儒論道説義，披尋墳史，[3]未嘗暫釋。及見南康王會理誅，知不久，指所居殿謂舍人殷不害曰：[4]"龐涓死此下。"[5]又曰："吾昨夢吞土，試思之。"不害曰："昔重耳饋塊，[6]卒反晋國，陛下所夢，將符是乎。"帝曰："儻幽冥有徵，冀斯言不妄。"

［1］内文明而外柔順：《易·明夷卦》："内文明而外柔順，以蒙大難，文王以之。"文王，周文王，曾被囚禁於羑里。

［2］大寶：當指帝位或佛法。《易·繫辭下》："天地之大德曰生，聖人之大寶曰位。"《妙法蓮華經·信解品》："是故我等説本無心有所希求，今法王大寶自然而至，如佛子所應得者皆已得之。"

［3］墳史：典籍史書。

[4]殷不害：字長卿，陳郡長平（今河南西華縣）人。本書卷七四、《陳書》三二有傳。

[5]龐涓：戰國時人。爲魏惠王將。魏攻韓，齊救韓，涓率軍迎戰齊師於馬陵，兵敗自刭。一説涓在桂陵戰敗被擒。見《史記》卷四四《魏世家》，並參《孫臏兵法·擒龐涓》。

[6]重耳饋塊：《史記》卷三九《晋世家》：公子重耳“過衛，衛文公不禮。去，過五鹿，飢而從野人乞食，野人盛土器中進之。重耳怒。趙衰曰：‘土者，有土也。君其拜受之。’”重耳，即春秋五霸之一晋文公。

初，景納帝女溧陽公主，[1]公主有美色，景惑之，妨於政事，王偉每以爲言，[2]景以告主，主出惡言。偉知之，懼見讒，乃謀廢帝而後間主。苦勸行殺，以絶衆心。廢後，王偉乃與彭儁、王修纂進觴於帝曰：“丞相以陛下幽憂既久，使臣上壽。”帝笑曰：“已禪帝位，何得言陛下？此壽酒將不盡此乎。”於是儁等并齎酒餚、曲項琵琶，與帝極飲。帝知將見殺，乃盡酣，謂曰：“不圖爲樂，一至於斯。”既醉而寢，偉乃出，儁進土囊，王脩纂坐上，乃崩。竟協於夢。偉撤户扉爲棺，[3]遷殯于城北酒庫中。[4]

[1]溧陽公主：史失其名。《梁書》未載。本書僅見於此卷及卷八〇《侯景傳》。

[2]王偉：陳留（今河南開封市）人。隨侯景叛亂，爲謀主，侯景文檄皆其所草。及侯景攻陷建康，累遷至尚書左僕射。侯景兵敗，被囚送江陵，烹於市。本書卷八〇、《梁書》卷五六有附傳。

[3]户扉：即門。

［4］遷殯：猶遷移靈柩。遷，遷移或移换所在地。殯，指靈柩或死者入殮後停柩以待葬。

帝自幽縶之後，賊乃撤内外侍衛，使突騎圍守，[1]牆垣悉有枳棘。[2]無復紙，乃書壁及板鄣爲文。[3]自序云："有梁正士蘭陵蕭世讃，[4]立身行道，[5]終始若一，風雨如晦，雞鳴不已。[6]弗欺暗室，[7]豈況三光？[8]數至於此，[9]命也如何！"[10]又爲文數百篇。崩後，王偉觀之，惡其辭切，即使刮去。有隨偉入者，誦其連珠三首，[11]詩四篇，絶句五篇，文並悽愴云。

［1］突騎：衝鋒陷陣的精鋭騎兵。

［2］枳棘：枳木和棘木。枳，似橘而多刺。棘，似棗而多刺。

［3］壁：多指以磚土爲之的墻。　板鄣：木板屏墻。《資治通鑑》卷六四《梁紀二十》簡文帝大寶二年胡三省注："柱間不爲壁，以板爲障，施以丹漆，因謂之板障。"

［4］正士：佛教語。梵語"菩薩"的又一譯名。謂求正道之大士。

［5］立身行道：爲人處世，奉行道義。

［6］風雨如晦，雞鳴不已：語出《詩・鄭風・風雨》。比喻在惡劣環境中不改變氣節操守。

［7］暗室：幽暗的房間。此處特指别人看不見的地方。

［8］三光：日、月、星。《白虎通・封公侯》："天有三光日月星，地有三形高下平，人有三尊君父師。"

［9］數：天數，天命。

［10］命：命運，氣數。

［11］連珠：文體名。興起於漢代。其體不指説事情，必借譬喻

委婉表達其旨，辭麗言約，歷歷如貫珠，故名。參《文選·連珠》題注引傅玄《叙連珠》。

世祖孝元皇帝諱繹，字世誠，小字七符，武帝第七子也。初，武帝夢眇目僧執香鑪，[1]稱託生王宫。[2]既而帝母在采女次侍，[3]始褰户幔，有風回裾，武帝意感幸之。采女夢月墮懷中，遂孕。天監七年八月丁巳生帝，[4]舉室中非常香，有紫胞之異。武帝奇之，因賜采女姓阮，進爲脩容。[5]十三年，封湘東王。[6]太清元年，累遷爲鎮西將軍、都督、荆州刺史。[7]

[1]眇目：一目失明。

[2]託生：即轉世或轉生。佛教認爲人或動物死後，靈魂依照因果報應而投胎，成爲另一個人或動物。

[3]帝母：梁武帝修容阮令嬴。本書卷一二、《梁書》卷七有傳。　采女：原爲漢代後宫的一種稱號。《後漢書》卷一〇上《皇后紀序》："又置美人、宫人、采女三等。"後用作宫女的通稱。

[4]丁巳：梁武帝天監七年（508）八月壬子朔，丁巳爲六日。《顔氏家訓·風操》："梁孝元年少之時，每八月六日載誕之辰，常設齋講。自阮修容薨殁之後，此事亦絶。"

[5]脩容：女官名。亦皇帝妃子。九嬪之一，位視九卿。

[6]湘東：郡名。治臨烝縣，在今湖南衡陽市。

[7]鎮西將軍：官名。多授持節都督，出鎮方面。晉、宋三品，如爲持節都督，進爲二品。梁武帝天監七年定爲武職（二十四班）二十二班，普通六年（525）改爲（三十四班）三十二班。陳擬二品，比秩中二千石。　荆州：州名。治江陵縣，在今湖北荆州市荆州區。

三年三月，侯景陷建鄴。[1]四月，世子方等至自建鄴，[2]知臺城不守。[3]帝命柵江陵城，周回七十里。鎮西長史王沖等拜牋請爲太尉、都督中外諸軍事，[4]承制主盟。[5]帝不許，曰："吾於天下不賤，寧俟都督之名；帝子之尊，何藉上台之位。[6]議者可斬。"投筆流淚。沖等重請，不從。又請爲司空，以主諸侯，亦弗聽。乃開鎮西府，[7]辟天下士。

[1]建鄴：東晉、南朝都城，又稱建業、建康，在今江蘇南京市。東漢獻帝建安十六年（211），孫權徙治丹陽郡秣陵縣，次年改名建業。吴大帝黄龍元年（229），正式定都於建業。西晉滅吴，恢復秣陵舊名。晉武帝太康三年（282），以秦淮水爲界兩分秣陵縣境，以南爲秣陵，以北爲建業，並改名建鄴。建興元年（313）因避愍帝司馬鄴諱，改名建康。其後宋、齊、梁、陳沿用爲都城，故稱六朝古都。《太平寰宇記》卷九〇《江南東道二・昇州》引《金陵記》云："梁都之時，城中二十八萬餘户。西至石頭城，東至倪塘，南至石子岡，北過蔣山，東西南北各四十里。"城市西界至石頭城，位於今江蘇南京市水西門以北至清涼山；東界爲倪塘，在今江蘇南京市江寧區上坊街道泥塘社區附近；南界石子岡，是包含今雨花臺在内的城南東西走向的一系列岡阜；北界逾過蔣山，也就是鍾山，今稱紫金山（參見張學鋒《南朝建康的都城空間與葬地》，《中華文史論叢》2019年第3期）。

[2]世子方等：蕭方等。字實相，梁元帝長子。本書卷五四、《梁書》卷四四有傳。

[3]臺城：城名。爲東晉、南朝臺省（中央政府）和宫殿所在，故名。在今江蘇南京市雞籠山南、乾河沿北。

[4]王沖：字長深，琅邪臨沂（今山東臨沂市）人，梁武帝外甥。本書卷二一有附傳，《陳書》卷一七有傳。

[5]承制：秉承皇帝旨意而便宜行事。魏晋南北朝時權臣多以此名義自行處置政務、任免官吏，故雖稱“承制行事”，但未必已取得皇帝同意。　主盟：謂主持會盟。此處意思爲盟主。

[6]何藉上台之位：大德本、百衲本同，北監本、汲古閣本、殿本“位”作“重”。張元濟《南史校勘記》:“殿誤，按‘位’對上‘名’言。”上台，指宫廷，朝廷。

[7]開鎮西府：即開設鎮西將軍府署，辟置僚屬。

是月，帝徵兵於湘州刺史河東王譽，[1]譽拒命。尋上甲侯韶自建鄴至，[2]宣三月十五日密詔，授帝位假黄鉞、大都督中外諸軍事、司徒、承制。[3]於是立行臺於南郡而置官司焉。[4]

[1]湘州：州名。治臨湘縣，在今湖南長沙市。　河東王譽：蕭譽。字重孫，昭明太子次子。梁武帝普通二年（521），封枝江縣公。中大通三年（531），改封河東郡王。本書卷五三有附傳，《梁書》卷五五有傳。

[2]上甲侯韶：蕭韶。字德茂，梁宗室。本書卷五一有附傳。

[3]假黄鉞：位高權重的大臣出征時所加稱號。即代表皇帝親征，有誅戮持節將軍的權力。參錢大昕《廿二史考異》卷三五。黄鉞，飾以黄金的長柄斧子，爲天子儀仗之一。

[4]南郡：郡名。治江陵縣，在今湖北荆州市荆州區。　官司：指百官。

七月，[1]遣世子方等討河東王譽，軍敗，死之。又遣鎮兵將軍鮑泉討譽。[2]

［1］七月：《梁書》卷五《元帝紀》作“六月丙午”，《資治通鑑》卷一六二《梁紀十八》武帝太清三年亦繫此事於六月。

［2］鮑泉：字潤岳，東海（今山東郯城縣）人。本書卷六二、《梁書》卷三〇有傳。

九月乙卯，雍州刺史岳陽王詧舉兵寇江陵，[1]其將杜崱兄弟來降，[2]詧遁走。鮑泉攻湘州，未尅；又遣左衛將軍王僧辯代將。

［1］雍州：州名。東晋僑置。治襄陽縣，在今湖北襄陽市。岳陽王詧：蕭詧。字理孫，昭明太子第三子。侯景亂起，詧與蕭繹有隙，故引兵襲之，後附西魏。西魏立爲梁主，史稱西梁、後梁。《周書》卷四八、《北史》卷九三有傳。

［2］杜崱（zè）：京兆杜陵（今陝西西安市長安區）人。本書卷六四、《梁書》卷四六有傳。

及簡文帝即位，改元爲大寶元年。帝以簡文制于賊臣，卒不遵用。正月，使少子方畧質于魏，魏不受質而結爲兄弟。[1]

［1］結爲兄弟：大德本、百衲本同，北監本、汲古閣本、殿本“結”作“約”。見張元濟《南史校勘記》。

四月，[1]尅湘州，斬譽，湘州平。雍州刺史岳陽王詧自稱梁王，蕃于魏，[2]魏遣兵助伐襄陽。先是，邵陵王綸書已言凶事，[3]秘之，以待湘州之捷。是月壬寅，始命陳瑩報武帝崩問，[4]帝哭于正寢。[5]

［1］四月：按，王僧辯“剋湘州，斬譽，湘州平”事，《梁書》卷五《元帝紀》叙在“夏五月辛未”，與本書異。

［2］蕃：通“藩”。即自稱藩屬，承認自己的附庸地位。

［3］凶事：指梁武帝的喪事。

［4］陳瑩：一作陳瑩之。爲梁武帝外監。外監，外殿中監省稱。與内殿中監共掌皇帝衣食住行，亦兼掌傳達皇帝詔敕。　崩問：死訊。

［5］正寢：即路寢。古代天子、諸侯治事的正廳。

六月，江夏王大款、山陽王大成、宜都王大封自信安來奔。[1]

［1］信安：縣名。梁置。治所在今湖北麻城市東。

九月辛酉，以前郢州刺史南平王恪爲中衛將軍、尚書令、開府儀同三司。[1]改封大款爲臨川郡王，大成爲桂陽郡王，大封爲汝南郡王。

［1］南平王恪：蕭恪。字敬則，梁武帝弟蕭偉子，嗣父爵爲南平王。本書卷五二有附傳。

十一月甲子，南平王恪等奉牋進位相國，[1]總百揆。[2]帝不從。

［1］奉牋：上書。

［2］百揆：百官。

二年三月，侯景悉兵西上。

閏四月，[1]景遣其將宋子仙、任約襲郢州，執刺史方諸。[2]庚戌，領軍王僧辨屯師巴陵。[3]

［1］閏四月：各本“四月”上並有“閏”字。按，梁簡文帝大寶二年（551）閏三月，非閏四月。本書卷八〇《侯景傳》“四月”上無“閏”字，又《資治通鑑》卷一六四《梁紀二十》簡文帝大寶二年：四月“乙巳，（景）使宋子仙、任約帥精騎四百，由淮内襲郢州”。應據本書《侯景傳》及《資治通鑑》删。參中華本校勘記。

［2］方諸：蕭方諸。字明智（《梁書》作“智相”），梁元帝第二子。本書卷五四、《梁書》卷四四有傳。

［3］王僧辨：大德本、汲古閣本同，殿本“辨”作“辯”。據上下文用字及本書卷六三《王僧辯傳》，作“辯”是。

五月癸未，帝遣將胡僧祐、陸法和援巴陵。[1]

［1］胡僧祐：字願果，南陽冠軍（今河南鄧州市）人。原仕北魏，後投蕭梁。因忤旨被蕭繹下獄。侯景進攻巴陵，蕭繹起胡僧祐於獄中，令其率軍赴援。本書卷六四、《梁書》卷四六有傳。　陸法和：隱居江陵的道士。巴陵之戰時向蕭繹請命赴援，與胡僧祐在赤亭之戰中大破任約。《北齊書》卷三二、《北史》卷八九有傳。

六月，僧祐等擊破景將任約軍，禽約，景解圍宵遁。以王僧辯爲征東將軍、開府儀同三司、尚書令，帥衆追景，所至皆捷。進圍郢州，獲賊將宋子仙等。

九月，盤盤國獻馴象。[1]

[1]盤盤國：古國名。一作槃槃。在今泰國南部萬倫灣一帶，一説在今馬來西亞加里曼丹北部。本書卷七八、《梁書》卷五四有傳。

十月辛丑朔，紫雲如蓋臨江陵城。是月，簡文帝崩，開府儀同三司王僧辯等奉表勸進。帝奉諱，[1]太臨三日，[2]百官縞素，[3]答表不許。司空南平王恪率宗室，領軍將軍胡僧祐率群僚，江州别駕張佚率吏人，[4]並奉牋勸進。[5]帝固讓。

[1]奉諱：帝王死後舉喪。

[2]太臨：大德本同，汲古閣本、殿本作“大臨”。作“大臨”是。大臨，聚哭告哀。

[3]縞素：白色喪服。

[4]吏人：指官府中的胥吏或差役。

[5]勸進：勸登帝位。

十一月乙亥，僧辯又奉表勸進，又不從。時巨寇尚存，帝未欲即位，而四方表勸，前後相屬，乃下令斷表。[1]

[1]斷表：拒不接受所上章表。

承聖元年二月，王僧辯衆軍發自尋陽，[1]帝馳檄四方，[2]購獲景及逆者，[3]封萬户開國公，絹布五萬疋。

[1]尋陽：郡名。治柴桑縣之湓口城，在今江西九江市。

[2]馳檄：迅速傳送檄文。按，檄文載於《梁書》卷五《元帝紀》。

[3]及逆者：各本並同，《梁書·元帝紀》作“及送首者”。中華本校勘記引王懋竑《讀書記疑》云：“‘送’誤作‘逆’，又脱‘首’字。”似可備一說。

三月，僧辯等平景，傳首江陵。戊子，以賊平告明堂、太社。[1]己丑，僧辯等又表勸進曰：[2]

[1]明堂：帝王宣明政教的地方。凡朝會、祭祀、慶賞、選士、養老、教學等大典，都在此舉行。　太社：即社稷壇。天子祭祀土神、穀神的場所。係爲天下祈福、報功而設立。大德本、汲古閣本同，殿本作“大社”。

[2]僧辯等又表勸進：《文苑英華》卷六〇〇載沈炯《勸進梁元帝表》。《陳書》卷一九《沈炯傳》載：“及簡文遇害，四方岳牧皆上表於江陵勸進，僧辯令炯製表，其文甚工，當時莫有逮者。”

衆軍以今月戊子，總集建康，賊景鳥伏獸窮，[1]頻擊頻挫，姦竭詐盡，深溝自固。臣等分勒武旅，[2]百道同趨，突騎短兵，犀函鐵楯，結隊千群，持戟百萬，止紂七步，[3]圍項三重，[4]轟然大潰，群凶四滅。京師少長，俱稱萬歲。長安酒食，[5]於此價高。九縣雲開，[6]六合清朗，矧伊黔首，誰不載躍。

[1]鳥伏獸窮：飛鳥斂翅栖伏，野獸奔走無路。形容勢竭力窮，處境困難。

[2]武旅：中華本校勘記云："'武'本字'虎'，此避唐諱改。"

[3]止紂七步：周武王伐商紂至殷郊牧野，誓衆曰："今予發維共行天之罰。今日之事，不過六步七步，乃止齊焉，勉哉夫子！"及戰，紂師皆倒戈，紂登於鹿臺自燔而死。詳《史記》卷四《周本紀》。

[4]圍項三重：楚漢相争，項羽"軍壁垓下，兵少食盡，漢軍及諸侯兵圍之數重"，四面楚歌。雖潰圍南出，最終仍不免自刎烏江。詳《史記》卷七《項羽本紀》。

[5]長安：古都城名。在今陝西西安市。常用作都城的通稱，此處借指建康。

[6]九縣：九州。《後漢書》卷一下《光武帝紀下》贊："九縣飆回，三精霧塞。"李賢注："九縣，九州也。"

伏惟陛下咀痛茹哀，嬰憤忍酷。[1]自紫庭絳闕，[2]胡塵四起，[3]壖垣好畤，[4]冀馬雲屯，[5]泣血臨兵，[6]嘗膽誓衆。[7]而吴、楚一家，[8]方與七國俱反，[9]管、蔡流言，[10]又以三監作亂。[11]西凉義衆，[12]阻秦塞而不通，[13]并州遺黎，[14]跨飛狐而見絶。[15]豺狼當路，非止一人，鯨鯢不梟，[16]倏焉五載。[17]英武克振，怨耻並雪，永尋霜露，伊何可勝。[18]臣等輒依故實，奉修社廟，使者持節，分告園陵。嗣后升遐，[19]龍輴未殯，[20]承華掩曜，[21]梓宫莫測。並即隨由備辦，禮具凶荒，[22]四海同哀，六軍袒哭。[23]聖情孝友，理當感慟。[24]

[1]嬰憤忍酷：遭遇禍亂，忍受慘痛。

[2]紫庭：帝王宫庭。　絳闕：宫殿前朱色門闕。

［3］胡塵：胡馬揚起的沙塵。此喻侯景兵馬的凶焰。

［4］壖垣：宮外矮墻。　好畤：春秋時秦國雍都東一處祭天場所。參《史記·封禪書》。畤，古代祭祀天地五帝的處所。

［5］冀馬：古冀州北方所産之馬。亦泛指良馬。　雲屯：形容盛多。

［6］泣血：泪盡血涌。形容極度悲傷。

［7］嘗膽：比喻刻苦自勵，發憤圖强。

［8］吴、楚：吴國、楚國。並西漢初同姓諸侯王封國。　一家：漢高祖甚悔封其兄子劉濞爲吴王，因拊其背曰："然天下同姓一家，慎無反！"見《漢書》卷三五《吴王濞傳》。

［9］七國俱反：即漢景帝時吴楚七國之亂。事詳《漢書》卷五《景帝紀》及《吴王濞傳》。

［10］管、蔡：指周武王弟管叔鮮、蔡叔度。武王死，周公攝政。管、蔡流言"公將不利於孺子（即成王）"。周公避居東都，成王迎其歸。管、蔡懼，遂挾商紂子武庚叛。周公平定叛亂，誅武庚與管叔，流蔡叔。事見《尚書·金縢》及《史記》卷三五《管蔡世家》。

［11］三監：管叔、蔡叔、霍叔。見鄭玄《詩·邶鄘衛譜》。一説指武庚、管叔、蔡叔。見《漢書·地理志下》。

［12］西涼：即凉州。漢武帝置十三州刺史部之一。東漢時治隴縣，在今甘肅張家川回族自治縣，轄境相當今甘肅、寧夏，青海湟水流域，陝西西部和内蒙古額濟納旗一帶。此處泛指西北地區。

［13］秦塞：秦地的關塞。代指關中（今陝西中部）。按，《梁書》卷五《元帝紀》作"强秦"。

［14］并州：州名。漢武帝置十三州刺史部之一。東漢時治晋陽縣，在今山西太原市西南，轄境相當今山西大部、陝西北部、内蒙古中南部及河北一部。此處泛指北方地區。

［15］飛狐：古要隘名。在今河北淶源縣北蔚縣南，爲華北平原與并州北部邊郡間的交通咽喉。　絶：《梁書·元帝紀》作"泯"。

[16]鯨鯢：即鯨。此處借喻不義之人。《左傳》宣公十二年："古者明王伐不敬，取其鯨鯢而封之，以爲大戮。"杜預注："鯨鯢，大魚名，以喻不義之人吞食小國。" 梟：斬首懸以示衆。

[17]五載：五年。梁武帝太清二年（548）八月，侯景舉兵反；至本年是月，傳首江陵，前後歷經五個年頭。

[18]伊何可勝：《梁書・元帝紀》作"如何可言"。

[19]嗣后：指簡文帝。后，君主；帝王。 升遐：即升天。帝王去世的委婉説法。

[20]龍輴：載天子棺柩的車。《禮記・檀弓上》："天子之殯也，菆塗龍輴以椁。"鄭玄注："天子殯以輴車，畫轅爲龍。"

[21]承華：太子宫門名。此處代指簡文帝太子蕭大器。

[22]凶荒：即荒災。

[23]袒哭：袒左痛哭。古代哀悼死者的一種表示。

[24]感慟：大德本、殿本同，汲古閣本作"感動"。

日者，百司岳牧，仰祈宸鑒，[1]以錫珪之功，[2]既歸有道，[3]當璧之禮，[4]允屬聖明。[5]而優詔謙沖，[6]杳然凝邈，[7]飛龍可躋，[8]而《乾》爻在四，[9]帝閽云叫，[10]而閶闔未開。[11]謳歌再馳，[12]是用翹首。[13]所以越人固執，熏丹穴以求君，[14]周人樂推，踰岐山而事王。[15]漢王不即位，[16]無以貴功臣，光武止蕭王，[17]豈謂紹宗廟。黄帝迷於襄城，[18]尚訪御人之道，[19]放勛寂於姑射，[20]猶使罇俎有歸。[21]伊此儻來，豈聖人所欲，帝王所應，不獲已而然。伏讀璽書，尋諷制旨，領懷物外，[22]未奉慈衷。[23]陛下日角龍顔之姿，[24]表於徇齊之日，[25]彤雲素靈之瑞，[26]基於應物之初。[27]博學則大哉無所與名，深言則曄乎文章之觀。忠爲令德，孝實動天。加以英威茂略，雄圖武筭，[28]指麾則丹浦不戰，[29]顧眄則阪泉自蕩。[30]地維絶而重紐，天柱傾而更植。[31]鑿河津於孟門，[32]百川復啓；補穹儀以五石，[33]萬物再生。縱陛下拂衣而游廣城，[34]登崞山而去東土，[35]群臣安得仰訴，兆庶何所歸仁。況郊祀配天，罍篚禮曠，[36]齋宫清廟，[37]匏竹不陳。[38]仰望鑾輿，[39]匪朝伊夕，瞻言法駕，[40]載渴且飢。豈可久稽衆議，有曠彝則。舊邦凱復，[41]函、洛已平，[42]高奴、櫟陽，[43]宫館雖毁；濁河清渭，[44]佳氣猶存。[45]皋門有亢，[46]甘泉四敞，[47]土圭測景，[48]仙人承露。[49]斯蓋九州之赤縣，六合之樞機。博士捧圖書而稍還，太常定禮儀其已立，[50]豈得不揚清警而赴名都，[51]具玉鑾而旋正寢。[52]昔東周既遷，[53]鎬京遂其不復，[54]長安一亂，[55]郟、洛水以爲居。[56]夏后以萬國朝諸侯，[57]文王以六州匡天下，[58]方之迹基百里，[59]劍杖三尺，[60]以殘楚之地，[61]抗拒六戎，[62]一旅之卒，[63]翦夷三叛，[64]坦然大定，御辯東歸。[65]解五牛於冀州，[66]秣六馬於譙郡，[67]緬求前古，其可得歟？對揚天命，[68]無所讓德，[69]有理存焉，取重祈奏。[70]

[1]宸鑒：皇帝審閲，鑒覽。

[2]錫珪：古代天子封爵授土，賜珪以爲信物。錫，賜予。珪，諸侯朝聘時所執的玉製禮器。後泛指授以高官重爵。

[3]有道：天下太平。《論語·季氏》：“天下有道，則禮樂征伐

自天子出。”

［4］當璧：春秋時，楚共王有寵子五人而無嫡子，乃祈山川星辰，“請神擇於五人者，使主社稷”之事。詳見《左傳》昭公十三年。後以“當璧”譬喻立爲國君之徵兆。

［5］聖明：皇帝的代稱。

［6］優詔：嘉獎慰勉的詔書。

［7］杳然：渺茫深遠的樣子。按，杳，《梁書》卷五《元帝紀》作“窅”。

［8］飛龍：即飛龍在天的略語。比喻帝王在位。語出《易·乾卦》:“九五，飛龍在天，利見大人。” 躋：升登，達到。

［9］《乾》爻在四：指《乾》卦九四爻。爻辭:“九四，或躍在淵，無咎。”比喻奮發有爲，飛黄騰達。無咎，没有禍殃，没有罪過。

［10］帝閽：天帝的守門人。《楚辭·離騷》:“吾令帝閽開關兮，倚閶闔而望予。”王逸注:“帝，謂天帝也。閽，主門者。”

［11］閶闔：天門。《楚辭·離騷》王逸注:“閶闔，天門也。”

［12］謳歌：歌頌。 馳：傳播，傳揚。

［13］是用：因此。

［14］熏丹穴：相傳越國一度無君，越人乃以艾熏丹穴，乘以王輿，擁立王子搜爲國君。見《莊子·讓王》及《吕氏春秋·貴生》。

［15］踰岐山：周人居豳，戎狄攻之。古公亶父不忍民爲己戰，遂與私屬去豳，逾梁山，止於岐下。豳人則舉國扶老攜弱盡歸之。詳《史記》卷四《周本紀》。 事王：大德本同，汲古閣本、殿本、《梁書·元帝紀》作“事主”。張元濟《南史校勘記》：“王指太王（古公亶父）言，不訛。”

［16］漢王：漢高祖劉邦稱帝前的封號。《史記》卷八《高祖本紀》:“（項羽）負約，更立沛公爲漢王，王巴、蜀、漢中，都南鄭。”

［17］蕭王：新朝末更始帝（劉玄）授予劉秀的封號。《後漢書》卷一九《耿弇傳》:“更始見光武威聲日盛，君臣疑慮，乃遣使立光武爲蕭王，令罷兵與諸將有功者還長安。”

［18］迷：各本同，中華本據《梁書・元帝紀》改作“遊”。　襄城：地名。在今河南襄城縣。相傳黄帝在此曾向牧馬童子“請問爲天下”事。見《莊子・徐無鬼》。

［19］御人:《梁書・元帝紀》作“治民”。馬宗霍《南史校證》:“‘治民’當是原文，唐時兩字皆諱，故《南史》以‘御人’易之。”（湖南教育出版社 2008 年版，第 158 頁）

［20］放勛：亦作放勳。堯名。詳《尚書・堯典》及陸德明《釋文》引馬融云。　姑射：山名。即藐姑射山。在今山西臨汾市西北。相傳堯曾往見許由等四位高人於此。見《莊子・逍遥遊》。

［21］罇俎：盛酒的器具與切肉用的砧板。罇，大德本同，汲古閣本、殿本作“樽”。亦借指宴席，宴會。

［22］領懷：《梁書・元帝紀》作“顧懷”。　物外：即世外。謂超脱於塵世之外。

［23］慈衷：謂仁愛之心。

［24］日角龍顔：古相術家所謂大貴之相。日角，額中央隆起，形狀如日。龍顔，眉骨圓起。

［25］徇齊之日：指年幼之時。《史記》卷一《五帝本紀》：黄帝“弱而能言，幼而徇齊”。徇齊，疾速，亦引申指敏慧。

［26］彤雲素靈：古方術士認爲的帝王之祥瑞。彤雲，紅雲、彩雲。素靈，指漢高祖斬白蛇有老嫗夜哭之事。按，素靈，《梁書・元帝紀》作“素氣”。

［27］應物：順應事物（的變化）。

［28］武筭：用兵謀略。

［29］丹浦：丹水之濱。《文選》沈約《應詔樂游苑餞吕僧珍詩》:“丹浦非樂戰，負重切君臨。”李善注引《六韜》:“堯與有苗戰於丹水之浦。”丹水，即今漢江支流丹江。

［30］阪泉：地名。在今河北涿鹿縣東南。《史記·五帝本紀》：黄帝“教熊羆貔貅貙虎，以與炎帝戰於阪泉之野”。一説在山西陽曲縣東北，一説在今山西運城市南。

［31］地維絶而重紐，天柱傾而更植：此二句用“共工氏與顓頊争爲帝”的典故，比喻重整乾坤。見《列子·湯問》。

［32］孟門：山名。又稱龍門上口。在今山西吉縣西、陝西宜川縣東北，綿亘黄河兩岸。相傳禹鑿孟門山以疏通黄河之水。參《山海經·北山經》郭璞注引《尸子》。

［33］五石：五色石的省稱。古代神話所言女媧煉以補天（穹儀）之石。參《淮南子·覽冥訓》。

［34］拂衣：大德本、汲古閣本同，殿本作“拂袗衣”。《梁書·元帝紀》亦有“袗”字。應據殿本及《梁書》補。袗（zhěn）衣，繪繡有文采的華貴衣服。指天子所穿的盛服。　廣城：各本同，中華本據《梁書·元帝紀》改作“廣成”，是。應從改。廣成，即廣成子。古代傳説中的仙人。《莊子·在宥》：黄帝“聞廣成子在於空同之上，故往見之”。

［35］崦（yān）山：山名。即崦嵫山。神話傳説的日落之處。《楚辭·離騷》：“吾令羲和弭節兮，望崦嵫而勿迫。”王逸注：“崦嵫，日所入山也。”

［36］罍篚：祭祀或宴會時用的酒器和食器。此處借指祭祀。

［37］齋宫：大德本、殿本同，汲古閣本作“言法”。

［38］匏竹：樂器名。《國語·周語下》：“匏竹利制。”韋昭注：“匏，笙也；竹，簫管也。”

［39］鸞輿：本指天子的乘輿。此處借指天子。按，鸞，《梁書·元帝紀》作“鑾”。

［40］法駕：天子車駕名。《史記》卷九《吕太后本紀》：“迺奉天子法駕，迎代王於邸。”集解引蔡邕云：“法駕上所乘，曰金根車，駕六馬，有五時副車。”

［41］舊邦凱復：《梁書·元帝紀》作“舊郊既復”。

［42］函、洛：長安、洛陽。《文選》任昉《王文憲集序》："自函洛不守，憲章中輟。"吕延濟注："函，函關，謂長安也。洛，洛陽也。"

［43］高奴、櫟陽：並三秦都城名。秦亡，項羽三分秦故地關中以封秦降將：董翳爲翟王，都高奴（今陝西延安市東北）；司馬欣爲塞王，都櫟陽（今陝西西安市臨潼區）；章邯爲雍王，都廢丘（今陝西興平市東南）。

［44］濁河清渭：指今陝西中部黄河、渭河之間地帶。以（黄）河水渾濁，渭（河）水清冽，故稱。

［45］佳氣：祥雲。古代以爲王者瑞氣。漢班固《白虎通·封禪》："德至八方，則祥風至，佳氣時喜。"

［46］皋門：王宫的外門。語出《詩·大雅·緜》："迺立皋門，皋門有伉。"

［47］甘泉：宫名。又稱雲陽宫。在今陝西淳化縣西北甘泉山。本秦宫。漢武帝增築擴建，在此朝諸侯王，饗外國客；夏日亦作避暑之處。參《三輔黄圖·甘泉宫》。

［48］土圭：用以測日影、正四時的器具。《文選》張衡《東京賦》："土圭測景，不縮不盈。"縮，短。盈，長。

［49］承露：承接甘露。漢武帝以爲飲之可以延年，遂於建章宫内立銅仙人舒掌捧銅盤以承接甘露。見《漢書·郊祀志上》並顔師古注引《三輔故事》。

［50］其已立：《梁書·元帝紀》"而已列"。

［51］清警：謂帝王出行時，清除道路，警戒行人。按，《梁書·元帝紀》作"清駕"。

［52］旋正寢：《梁書·元帝紀》作"遊正寢"。

［53］東周：朝代名。始自周平王宜臼東遷，終於周赧王姬延卒，都成周（今河南洛陽市舊城西至王城公園一帶）。

［54］鎬京：西周都城。在今陝西西安市長安區西北。

［55］長安一亂：指兩漢之際的大動亂。長安，西漢都城，在今

陝西西安市西北。

[56]郟、洛：並城名。東周都城成周的組成部分。郟，指王城，在今河南洛陽市西王城公園一帶。洛，即洛邑，在今洛陽市附近。此處代指東漢都城洛陽。　水：大德本、汲古閣本、殿本、《梁書·元帝紀》作“永”。

[57]夏后：帝禹。《文苑英華》作“夏禹”。　萬國：泛指天下。《史記》卷二《夏本紀》：“帝舜崩。三年喪畢，禹辭辟舜之子商均於陽城。天下諸侯皆去商均而朝禹。”

[58]文王：周文王。　六州：《論語·泰伯》“周之德，其可謂至德也已矣”朱熹集注云：“蓋天下歸文王者六州，荆、梁、雍、豫、徐、揚也。惟青、兗、冀，尚屬紂耳。”

[59]方之：《梁書·元帝紀》無此二字。　迹基百里：語本《孟子·公孫丑上》：“然而文王猶方百里起，是以難也。”百里，方百里的省稱，最初指諸侯封地範圍，後亦用以代稱諸侯國。

[60]劍杖三尺：語本《史記·高祖本紀》：“吾以布衣提三尺劍取天下，此非天命乎?”

[61]殘楚：殘破的楚國。語出《戰國策·燕策一》蘇代遺燕昭王書：“破宋，殘楚淮北，肥大齊。”宋鮑彪注：“楚之淮北，宋鄰也。宋破則此地殘。”今學者考證認爲殘楚者當爲秦國：“其時則秦爲長而齊爲亞。樂毅起於燕，連趙破齊，湣王死，東方之霸國遂絶。惟秦獨强，破郢殘楚。”詳錢穆《先秦諸子繫年考辨·蘇秦考》(聯經出版事業股份有限公司1998年版，第339—340頁)。

[62]六戎：《梁書·元帝紀》作“九戎”。泛指敵對之國。六戎，《史記》卷四〇《楚世家》指楚、趙、魏、韓、燕、齊六國；卷五《秦本紀》指韓、趙、魏、燕、齊五國及匈奴；九戎，賈誼《過秦論》指韓、魏、燕、楚、齊、趙、宋、衛、中山九國。參錢穆《蘇秦考》引林春溥《開卷偶得》(第340頁)。

[63]一旅之卒：語本《左傳》哀公元年：“(少康)有田一成，有衆一旅。”旅，夏商西周軍隊編制。一旅約五百人。參《周禮·

地官・小司徒》。按，卒，《梁書・元帝紀》作“師”。

[64]三叛：指夏代寒浞及其子澆、豷。後爲少康所滅。

[65]御辯：各本同。《文苑英華》亦作“辯”字，但又注“一作輦”。《梁書・元帝紀》作“御輦”，中華本據《梁書》改。

[66]解五牛於冀州：指漢光武劉秀在鄗稱帝之事。詳《後漢書》卷一上《光武帝紀上》。解，停止、停下。五牛，即五牛旗輿，皇帝乘輿的代稱。參《隋書・禮儀志五》。鄗，縣名。西漢置，東漢初改名高邑，治所在今河北柏鄉縣北，兩漢時爲冀州刺史部轄地。

[67]秣六馬於譙郡：指魏文帝曹丕以南征爲名行代漢自立之事。漢獻帝延康元年（220）六月庚午，曹丕南征。七月甲午，至譙，大饗六軍及譙地父老百姓。十月辛未，於繁陽亭即皇帝位，改元黄初。詳《三國志》卷二《魏書・文帝紀》。秣，喂養（牲口）。六馬，皇帝乘輿駕用六馬。譙郡，郡名。治譙縣，在今安徽亳州市。繁陽亭，地名。在今河南臨潁縣西北繁城鎮；魏文帝黄初元年（220），以繁陽亭爲繁昌縣。

[68]對揚：奏對稱揚。

[69]無所：《梁書・元帝紀》作“何所”。　讓德：語本《尚書・舜典》:“舜讓于德，弗嗣。”意爲遜讓於有德之人。

[70]取：大德本、汲古閣本、殿本作“敢”，《梁書・元帝紀》亦作“敢”。底本誤，應據諸本改。　祈奏：《梁書・元帝紀》作“所奏”。

帝尚未從。

辛卯，宣猛將軍朱買臣奉帝密旨，[1]害豫章王棟及其二弟橋、樛。

[1]朱買臣：荆州（今湖北荆州市）人。梁元帝時爲武昌太

守、宣猛將軍。詧力主還都建康。後西魏攻梁，兵至江陵，買臣等率兵與戰，敗績，帝被俘。事見本書卷三四《周弘正傳》、卷五三《昭明太子統傳》。

四月乙巳，益州刺史、新除假黄鉞、太尉武陵王紀僭位於蜀，[1]年號天正。帝遣兼司空蕭泰、祠部尚書樂子雲拜謁塋陵，[2]脩復社廟。丁巳，下令解嚴。

[1]武陵王紀：蕭紀。字世詢，梁武帝第八子。本書卷五三、《梁書》卷五五有傳。　蜀：郡名。治成都縣，在今四川成都市。

[2]兼司空：《梁書》卷五《元帝紀》同，《周書》卷四二《蕭世怡傳》、《北史》卷二九《蕭泰傳》並作"兼太常卿"。　蕭泰：字世怡，梁宗室。本書卷五二有附傳。　祠部尚書樂子雲：《梁書·元帝紀》同，《周書·蕭世怡傳》作"中衛長史樂子雲"。樂子雲，南陽淯陽（今河南南陽市）人。本書卷五六有附傳。

五月庚午，司空南平王恪及宗室王侯、大都督王僧辯等，復拜表上尊號。帝猶固讓。甲申，以開府儀同三司、江州刺史王僧辯爲司徒。乙酉，斬賊左僕射王偉、尚書吕季略、少府卿周石珍、舍人嚴亶於江陵市，[1]乃下令赦境内。齊將潘樂、辛術等攻秦郡，[2]王僧辯遣將杜崱帥衆拒之。以陳霸先爲征北大將軍、開府儀同三司、徐州刺史。[3]齊人賀平侯景。

[1]周石珍：建康厮隸，世以販絹爲業。初爲小吏，梁武帝太清年間封南豐縣侯。侯景攻入建康，求媚於侯景，定立禮儀制度。侯景平後，爲元帝所殺。本書卷七七有傳。　嚴亶：大德本、汲古

閣本、殿本作“嚴亶”，《梁書》卷五《元帝紀》、《資治通鑑》卷一六四《梁紀二十》元帝承聖元年亦作“嚴亶”。底本誤，應據諸本改。

[2]齊將：《梁書·元帝紀》作“魏遣太師”。按，時東魏已被北齊取代。　潘樂：字相貴，廣寧石門（今甘肅渭源縣）人。《北齊書》卷一五、《北史》卷五三有傳。　辛術：字懷哲，隴西狄道（今甘肅臨洮縣）人。《北齊書》卷三八有傳，《北史》卷五〇有附傳。　秦郡：郡名。治秦縣，在今江蘇南京市六合區。

[3]徐州：州名。即南徐州。治京口城，在今江蘇鎮江市。

八月，武陵王紀率巴、蜀之衆東下，遣護軍將軍陸法和屯巴峽以拒之。[1]

[1]巴峽：長江三峽之一。位於巫峽以東，夷陵以西。峽口在今湖北宜昌市西。東漢獻帝建安二十四年（219），孫權以陸遜“屯夷陵，守峽口”，即此。一説指長江巴縣（今重慶巴南區）以東江面的石洞峽、銅鑼峽、明月峽，即《華陽國志·巴志》所言巴郡三峽。

九月甲戌，司空南平王恪薨。

十月乙未，前梁州刺史蕭循自魏至江陵，[1]以爲平北將軍、開府儀同三司。戊申，執湘州刺史王琳於殿内。[2]庚戌，琳長史陸納及其將潘烏累等舉兵反，[3]攻陷湘州。是月，四方征鎮王公卿士復勸進表，三上，乃許之。

[1]蕭循：或作蕭脩。字世和。本書卷五二有附傳。按，《周

書》卷二九《楊紹傳》:"時梁宜豐侯蕭循固守梁州。"中華本校勘記云:"'脩''循'二字古籍每多混淆,本書和《梁書》都作蕭循,《南史》本傳作'脩',但南、北《史》都'循''脩'(或修)互見。《漢魏南北朝墓誌集釋·蕭翹墓誌》(圖版五〇五)稱翹爲'太保公宜豐王循第四子',循未嘗封王,但可證其封邑是'宜豐',其名爲'循'。"則當以"循"爲是。　魏:西魏。

[2]王琳:字子珩,會稽山陰(今浙江紹興市)人。本書卷六四、《北齊書》卷三二有傳。

[3]陸納:事見本書《王琳傳》。

冬十一月景子,皇帝即位於江陵,改太清六年爲承聖元年。逋租宿責,[1]並許弘宥。[2]孝子順孫,悉皆賜爵。長徒鎖士,特加原宥。禁錮奪勞,[3]一皆曠蕩。[4]是日,帝不升正殿,公卿陪列而已。時有兩日俱見。己卯,立王太子方矩爲皇太子,[5]改名元良。立皇子方智爲晋安郡王,[6]方略爲始安郡王。[7]追尊所生妣阮脩容爲文宣太后。[8]改謚忠壯子爲武烈子,[9]封武烈子莊爲永嘉王。是月,陸納遣將軍潘烏累等破衡州刺史丁道貴於淥口,[10]道貴走零陵。[11]

[1]逋租宿責:欠租與舊債。逋,拖欠、積欠。責,同"債"。

[2]弘宥:減免。宥,《梁書》卷五《元帝紀》作"貸"。

[3]禁錮:禁止做官或參與政治活動。　奪勞:剥奪勞績。漢代以來,以功、勞考覈官吏,決定升遷黜陟。功即功績,勞即累計的勞動日數,相當於工齡。如有犯罪或其他過錯,消除勞動日數,謂之"奪勞"。

[4]曠蕩:從寬論處。

[5]方矩：蕭方矩。字德規，梁元帝第四子。元帝承聖元年（552）立爲皇太子。西魏破江陵，與元帝一同被殺。本書卷五四、《梁書》卷八有傳。

[6]方智：蕭方智。即梁敬帝。

[7]方略：蕭方略。梁元帝第十子。本書卷五四有傳。

[8]阮脩容：即阮令嬴。

[9]改謚忠壯子爲武烈子：大德本、汲古閣本、殿本“忠壯子”作“忠壯太子”。武烈子，大德本、汲古閣本、殿本作“武烈太子”。應據諸本補兩“太”字。武烈太子，蕭方等。字實相，梁元帝長子。本書卷五四、《梁書》卷四四有傳。

[10]衡州：州名。梁置。治含洭縣，在今廣東英德市浛洸鎮。　淥口：地名。在今湖南株洲市淥口鎮。

[11]零陵：郡名。治泉陵縣，在今湖南永州市。

十二月，陸納分兵襲巴陵，湘州刺史蕭循擊走之。天門山獲野人，[1]出山三日而死。星隕吴郡。[2]淮南有野象數百，[3]壞人室廬。宣城郡猛獸暴食人。[4]

[1]天門山：山名。在今湖北天門市西北，與京山縣接界。

[2]吴郡：郡名。治吴縣，在今江蘇蘇州市。

[3]淮南：郡名。東晋置。治于湖縣，在今安徽蕪湖市西北。

[4]宣城郡：郡名。治宛陵縣，在今安徽宣城市宣州區。　猛獸：猛虎。此避唐高祖李淵祖父李虎諱改。

是歲，魏廢帝元年。[1]

[1]魏廢帝：西魏廢帝元欽。在位二年（552—553）。《北史》卷五有紀。

二年春正月乙丑，詔王僧辯討陸納。戊寅，以吏部尚書王褒爲尚書僕射。[1]己卯，江夏宫南門籥牡飛。[2]

[1]王褒：字子淵，琅邪臨沂（今山東臨沂市）人。襲南昌縣侯，事梁武帝、梁元帝。入周，爲車騎大將軍、儀同三司，封石泉縣子，出爲宜州刺史，卒官。《梁書》卷四一有附傳，《周書》卷四一、《北史》卷八三有傳。　尚書僕射：各本同，中華本據《梁書》卷五《元帝紀》補作“尚書右僕射”。應據補。

[2]籥牡：鎖閂，鎖鑰。籥，通“鑰”。大德本、汲古閣本同，殿本作“鑰”。

三月庚寅，有兩龍見湘州西江。[1]

[1]西江：古水名。别稱六峒水。即今廣西東北部灕江上游河段六峒河。

夏五月甲申，魏大將尉遲迥進兵逼巴西，[1]潼州刺史楊乾運以城納迥。[2]己丑，武陵王紀軍至西陵。[3]

[1]尉遲迥：字薄居羅，代（今河北蔚縣）人，鮮卑族。《周書》卷二一、《北史》卷六二有傳。汲古閣本、殿本同，大德本作“迴”。“迴”誤。大德本下文兩處“迥”亦誤作“迴”。　巴西：雙頭郡名。即巴西、梓潼郡。西晋末僑置。治涪縣，在今四川綿陽市東。

[2]潼州：雙頭州名。即西益、潼州。梁武陵王蕭紀置。治涪縣，在今四川綿陽市東。　楊乾運：字玄邈，儻城興勢（今陕西洋縣）人。《周書》卷四四、《北史》卷六六有傳。　迥：底本此頁

爲清抄本補，故上文爲“迴”，而此處及下文誤作“迴”。應改。

[3]西陵：縣名。治所在今湖北宜昌市東南。

六月乙卯，王僧辯平湘州。

秋七月，武陵王紀衆大潰，見殺。

八月戊戌，尉遲迥平蜀。

九月，齊遣郭元建及將邢景遠、步大汗薩、東方老帥衆頓合肥。[1]

[1]邢景遠：大德本同，汲古閣本、殿本“景”作“杲”。《梁書》卷四五《王僧辯傳》及《資治通鑑》卷一六五《梁紀二十一》元帝承聖二年作“景”，《梁書》作“杲”。　步大汗薩：太安狄那（今山西忻州市）人，一説代郡（治今山西大同市東北）西部人。北齊建，封義陽郡公。《北齊書》卷二〇、《北史》卷五三有傳。按，步大汗，大德本同，汲古閣本、殿本作“步六汗”，《資治通鑑·梁紀二十一》胡三省注:“步大汗，虜三字姓。汗，音寒。薩，桑葛翻。《考異》曰：《梁書》作‘邢杲遠、步六汗薩’。今從《北齊書》《北史》。”　東方老：安德鬲（今山東德州市陵城區）人。封陽平縣伯，位南兗州刺史。後與蕭軌等渡江攻建業，兵敗被殺。《北齊書》卷二一、《北史》卷三一有附傳。　合肥：地名。在今安徽合肥市。東晋至隋初爲汝陰縣治。

冬十一月辛酉，僧辯留鎮姑熟，豫州刺史侯瑱據東關壘，[1]徵吴興太守裴之横帥衆繼之。[2]戊戌，以尚書僕射王褒爲左僕射，湘東太守張綰爲右僕射。[3]

[1]姑熟：地名。又作姑孰，又稱南州（南洲）。在今安徽當

塗縣。　侯瑱：字伯玉，巴西充國（今四川閬中市）人。本書卷六六、《陳書》卷九有傳。　東關壘：關隘名。在今安徽含山縣西南濡須山上。

[2]裴之横：字如岳，河東聞喜（今山西聞喜縣）人。本書卷五八、《梁書》卷二八有附傳。

[3]尚書僕射：各本同，中華本據《梁書》卷五《元帝紀》補作"尚書右僕射"。　張綰：字孝卿，范陽方城（今河北固安縣）人。本書卷五六、《梁書》卷三四有附傳。

十二月，宿豫土人東方光據城歸北，[1]齊江西州郡皆起兵應之。[2]

[1]宿豫：郡名。亦作宿預。北魏孝文帝太和中置。治宿預縣，在今江蘇宿遷市東南。梁初改爲東徐州治。侯景亂後屬東魏，改爲東楚州治。　東方光：《梁書》卷五《元帝紀》同，《資治通鑑》卷一六五《梁紀二十一》元帝承聖二年作"東方白額"。《陳書》卷一二《胡穎傳》："齊人東方光據宿預請降。"中華本校勘記："'東方光'《通鑑》梁元帝承聖二年、三年凡兩見，皆作'東方白額'，《北齊書·段韶傳》同，疑白額爲光之别名。"　歸北：各本同，中華本據《梁書·元帝紀》改作"歸化"。

[2]江西：地域名。隋唐以前，習慣上稱長江下游北岸淮水以南地區爲江西，與江東（安徽蕪湖市、江蘇南京市以下長江南岸地區）相對而言。有時亦泛稱長江以北包括中原地區在内爲江西。

三年春正月，魏帝爲相安定公所廢，[1]而立齊王廓，[2]是爲恭帝元年。[3]

[1]魏帝：西魏廢帝元欽。　安定公：宇文泰。字黑獺，代郡

武川（今内蒙古武川縣西）人。北魏孝武帝西奔長安後，總攬大權，擁帝拒高歡，後又廢殺孝武帝，立南陽王元寶炬，建立西魏。職掌西魏政權二十餘年。死後，其子宇文覺代西魏建北周，追尊爲文帝。《周書》卷一、卷二，《北史》卷九有紀。

[2]齊王廓：西魏恭帝元廓。在位三年（554—556）。《北史》卷五有紀。按，《資治通鑑》卷一六五《梁紀二十一》元帝承聖三年："（宇文）泰廢魏主（元欽），置之雍州；立其弟齊王廓，去年號，稱元年，復姓拓跋氏。"

[3]恭：大德本、殿本同，汲古閣本作"公"。

三月，主衣庫見黑蛇長丈許，[1]數十小蛇隨之，舉頭高丈餘南望，俄失所在。帝又與宫人幸玄洲苑，復見大蛇盤屈於前，群小蛇遶之，並黑色。帝惡之，宫人曰："此非怪也，恐是錢龍。"[2]帝敕所司即日取數千萬錢鎮於蛇處以厭之。因設法會，赦囚徒，振窮乏，退居栖心省。又有蛇從屋墮落帝帽上，忽然便失。又龍光殿上所御肩輿復見小蛇縈屈輿中，以頭駕夾膝前金龍頭上，見人走去，逐之不及。城濠中龍騰出，焕爛五色，竦躍入雲，六七小龍相隨飛去。群魚騰躍，墜死於陸道。龍處爲窟若數百斛圌。[3]舊大城上常有紫氣，至時稍復消歇。[4]甲辰，以司徒王僧辯爲太尉、車騎大將軍。戊申，以護軍將軍、郢州刺史陸法和爲司徒。

[1]主衣庫：官署名。其地在江陵内城之禁中。

[2]錢龍：傳説中的一種龍。

[3]圌（chuán）：一種類似囤的盛糧器具。

[4]至時：各本同，中華本據《通志》改作"至是"。

夏四月癸酉，以征北大將軍、開府儀同三司陳霸先爲司空。

六月癸未，有黑氣如龍見于殿内。

秋九月辛卯，帝於龍光殿述《老子》義。先是，魏使宇文仁恕來聘，齊使又至江陵，帝接仁恕有闕，魏相安定公憾焉。乙巳，使柱國萬紐于謹來攻。[1]

[1]萬紐于謹：即于謹。字思敬，河南洛陽（今河南洛陽市）人，鮮卑族。《周書》卷一五有傳，《北史》卷二三有附傳。按，萬紐于，本鮮卑姓音譯，或譯勿忸于。及北魏孝文帝遷都洛陽，改胡姓，遂以單字“于”爲姓。見《魏書·官氏志》，並參清陳毅《魏書官氏志疏證》、姚薇元《北朝胡姓考》。

冬十月丙寅，魏軍至襄陽，梁王蕭詧率衆會之。丁卯，停講，内外戒嚴，輿駕出行城柵，大風拔木。丙子，續講，百寮戎服以聽。詔徵王僧辯。

十一月甲申，幸津陽門講武，[1]置南北兩城主。帝親觀閱，風雨總集，部分未交，旗幟飄亂，帝趣駕而回，無復次序。風雨隨息，衆竊驚焉。乙酉，以領軍胡僧祐爲都督城東城北諸軍事，右僕射張綰爲副；左僕射王褒都督城西城南諸軍事，直殿省元景亮爲副。丁亥，魏軍至柵下。丙申，徵廣州刺史王琳入援。丁酉，大風，城内火燒居人數千家。以爲失在婦人，斬首尸之。[2]是日，帝猶賦詩無廢。以胡僧祐爲開府儀同三司。庚子，信州刺史徐世譜、晋安王司馬任約軍次馬頭岸。[3]是夜，有流星墜城中，帝援蓍筮之，[4]卦成，取龜式驗之，[5]因抵于地曰："吾若死此下，豈非命乎?"因裂帛爲書催僧辯曰："吾忍死待公，可以至矣。"戊申，胡僧祐、朱買臣等出戰，買臣敗績。辛亥，魏軍大攻，帝出枇杷門親臨陣督戰。[6]僧祐中流矢薨，軍敗，反者斬西門守卒以納魏軍。帝見執，如梁王蕭詧營，甚見詰辱。他日，乃見魏僕射長孫儉，[7]譎儉云："埋金千斤於城内，欲以相贈。"儉乃將帝入城，帝因述詧相辱狀，謂儉曰："向聊相譎，欲言耳；豈有天子自埋金乎?"儉乃留帝於主衣庫。

[1]津陽門：江陵外城南面東來第二門。

[2]尸之：陳尸示衆。尸，陳列。

[3]徐世譜：字興宗，巴東魚復（今重慶奉節縣東白帝城）人。本書卷六七、《陳書》一三有傳。　馬頭岸：地名。在今湖北荆州市長江南岸。《資治通鑑》卷一六五《梁紀二十一》元帝承聖三年胡三省注："江陵南岸，謂之馬頭岸。"

[4]蓍：蓍草。古代用其莖占卦，稱爲筮。

[5]龜：即龜甲。古代用作占卜之具。《禮記·曲禮上》："龜爲卜，策爲筮。"　驗：驗證，證實。

[6]枇杷門：江陵内城故東門。

[7]長孫儉：河南洛陽（今河南洛陽市）人，鮮卑族。《周書》卷二六有傳，《北史》卷二二有附傳。

十二月景辰，徐世譜、任約退戍巴陵。辛未，魏人戕帝。明年四月，梁王方智承制，追尊爲元皇帝，廟號世祖。

帝聰悟俊朗，天才英發，出言爲論，音響若鍾。年五六歲，武帝嘗問所讀書，對曰："能誦《曲禮》。"武帝使誦之，即誦上篇。左右莫不驚歎。初生患眼，醫療必增，武帝自下意療之，[1]遂盲一目。乃憶先夢，彌加愍愛。及長好學，博極群書。武帝嘗問曰："孫策在江東，于時年幾？"答曰："十七。"武帝曰："正是汝年。"

[1]自下意療之：《梁書》卷五《元帝紀》"療"作"治"。按，此"療"字及前文"醫療"之"療"，當爲避唐高宗李治諱改。

帝性不好聲色，頗慕高名，爲荆州刺史，起州學宣尼廟。[1]嘗置儒林參軍一人，[2]勸學從事二人，[3]生三十人，加稟餼。[4]帝工書善畫，自圖宣尼像，爲之贊而書之，時人謂之三絶。與裴子野、劉顯、蕭子雲、張纘及當時才秀爲布衣交。[5]常自比諸葛亮、桓温，惟纘許焉。

[1]州學：州中設立的地方官辦學校。　宣尼廟：即孔子廟。宣尼，自漢平帝元始元年（1）追謚孔子爲褒成宣尼公，後遂稱孔子爲宣尼。見《漢書》卷一二《平帝紀》。

[2]儒林參軍：官名。掌學館。東晋庾亮初置爲征西將軍府僚屬。南朝王府、將軍府並有置者，以有學術之人擔任，爲其所立學校之師表。

[3]勸學從事：官名。東漢末置，爲州刺史（牧）屬員，掌文教，不常設。南朝亦時有置者。

[4]稟餼：由公家供給的生活物資或膳食津貼。大德本、汲古閣本同，殿本作"廩餼"。

[5]裴子野：字幾原，河東聞喜（今山西聞喜縣）人。本書卷

三三有附傳，《梁書》卷三〇有傳。　劉顯：字嗣芳，沛國相（今安徽濉溪縣）人。本書卷五〇有附傳，《梁書》卷四〇有傳。　蕭子雲：字景喬，蕭子恪第九弟。本書卷四二、《梁書》卷三五有附傳。　張纘：字伯緒，范陽方城（今河北固安縣）人。本書卷五六、《梁書》卷三四有附傳。

性好矯飾，多狙忌，[1]於名無所假人。微有勝己者，必加毀害。帝姑義興昭長公主子王銓兄弟八九人有盛名。[2]帝妬害其美，遂改寵姬王氏兄王珩名琳以同其父名。忌劉之遴學，[3]使人鴆之。如此者甚衆，雖骨肉亦徧被其禍。始居文宣太后憂，依丁蘭作木母。[4]及武帝崩，秘喪逾年，乃發凶問，[5]方刻檀爲像，置于百福殿内，事之甚謹。朝夕進蔬食，動静必啓聞，迹其虚矯如此。

[1]狙忌：百衲本同，大德本、汲古閣本、殿本作“猜忌”。底本誤，應據諸本改。

[2]王銓：字公衡，琅邪臨沂（今山東臨沂市）人。本書卷二三有附傳。

[3]劉之遴：字思貞，南陽涅陽（今河南鄧州市）人。本書卷五〇有附傳，《梁書》卷四〇有傳。

[4]丁蘭：古代孝子。東漢河内人。相傳少喪父母，及長，刻木像，事之如生。參《初學記》卷一七引晋孫盛《逸人傳》。　木母：本謂丁蘭爲其母所刻木像。後泛指子女所刻生母之木像。

[5]凶問：噩耗，死訊。

性愛書籍，[1]既患目，多不自執卷，置讀書左右，番次上直，[2]晝夜爲常，略無休已，[3]雖睡，卷猶不釋。五人各伺一更，[4]恒致達曉。常眠熟大鼾，左右有睡，讀失次第，或偷卷度紙。[5]帝必驚覺，更令追讀，加以檟楚。[6]雖戎略殷湊，機務繁多，軍書羽檄，文章詔誥，點毫便就，殆不游手。常曰："我韜於文士，愧於武夫。"論者以爲得言。

[1]性愛書籍：《金樓子·聚書篇》云："吾今年四十六歲，自聚書來，四十年得書八萬卷。"

[2]番次：依次。

[3]休已：停止。

[4]更：夜間計時單位。一更約兩小時。

[5]偷卷度紙：指讀書脱漏章節跳過頁碼。

[6]檟楚：用檟木荆條製成的刑具笞打。

始在尋陽，夢人曰："天下將亂，王必維之。"又背生黑子，巫媪見曰："此大貴不可言。"初，武帝敕賀革爲帝府諮議，[1]使講《三禮》。[2]革西上，意甚不悦，過别御史中丞江革。[3]江革告之曰："吾嘗夢主上徧見諸子，至湘東王，脱帽授之。此人後必當璧，[4]卿其行乎。"革頷之。及太清之禍，遂膺歸運。[5]

[1]賀革：字文明，會稽山陰（今浙江紹興市）人。本書卷六二、《梁書》卷四八有附傳。

[2]《三禮》：《周禮》《儀禮》《禮記》的合稱。

[3]江革：字休映，濟陽考城（今河南民權縣）人。本書卷六〇、《梁書》卷三六有傳。

[4]當璧：謂立爲國君之兆。

[5]歸運：順時而至的天運。《梁書》卷五《元帝紀》作“寶命”。

自侯景之難，州郡太半入魏，自巴陵以下至建康，緣以長江爲限。荆州界北盡武寧，[1]西拒硤口；[2]自嶺以南，復爲蕭勃所據。文軌所同，[3]千里而近，人户著籍，[4]不盈三萬。中興之盛，盡於是矣。

[1]武寧：郡名。治樂鄉縣，在今湖北荆門市北。

[2]硤口：地名。即西陵峽口。在今湖北宜昌市夷陵區西。硤，同“峽”。大德本、汲古閣本、殿本作“峽”。

[3]文軌：文字和車軌。此處引申指疆域。

[4]著籍：登記在户籍上。

武陵之平，議者欲因其舟艦遷都建鄴，宗懔、黄羅漢皆楚人，[1]不願移，帝及胡僧祐亦俱未欲動。僕射王褒、左户尚書周弘正驟言即楚非便。[2]宗懔及御史大夫劉懿以爲建鄴王氣已盡，[3]且渚宫洲已滿百，[4]於是乃留。尋而歲星在井，[5]熒惑守心，[6]帝觀之慨然而謂朝臣文武曰："吾觀玄象，[7]將恐有賊。但吉凶在我，運數由天，[8]避之何益？"及魏軍逼，閹人朱買臣按劍進曰："惟有斬宗懔、黄羅漢，可以謝天下。"帝曰："曩實吾意，宗、黄何罪。"二人退入於人中。

[1]宗懔：字元懔，南陽涅陽（今河南鄧州市）人。《梁書》

卷四一、《周書》卷四二、《北史》卷七〇有傳。

[2]周弘正：字思行，汝南安成（今河南汝南縣）人。本書卷三四有附傳，《陳書》卷二四有傳。

[3]御史大夫劉懿：各本同，中華本校勘記："'御史中丞'各本作'御史大夫'。按御史大夫乃秦漢官，時無此稱，當爲御史中丞之訛，今改正。又，'劉懿'，張森楷《南史校勘記》疑即'劉㲉'。"是，應從改"大夫"爲"中丞"。

[4]渚宫：地名。本春秋楚國的離宫，在今湖北荆州市故江陵縣城西南隅。後亦代指江陵。

[5]歲星在井：又稱"歲星在東井""歲星犯東井"。指木星運行到井宿的天區。古人認爲此乃内亂兵起之預兆。參《宋書·天文志二》。歲星，木星。井，井宿。亦稱東井，二十八宿之一，南方朱雀七宿的第一宿。

[6]熒惑守心：指火星進入了心宿的天區。古人認爲此乃大難將至之預兆。詳《隋書·天文志》。熒惑，火星。心，心宿。亦稱商星、大火，二十八宿之一，東方蒼龍七宿的第五宿。

[7]玄象：天象。謂日月星辰在天所成之象。

[8]運數：命運，氣數。

及魏人燒栅，買臣、謝答仁勸帝乘暗潰圍出就任約。帝素不便馳馬，曰："事必無成，徒增辱耳。"答仁又求自扶，帝以問僕射王褒。褒曰："答仁，侯景之黨，豈是可信？成彼之勳，不如降也。"乃聚圖書十餘萬卷盡燒之。[1]答仁又請守子城，收兵可得五千人。帝然之，即授城内大都督，以帝鼓吹給之，配以公主。既而又召王褒謀之，答仁請入不得，歐血而去。遂使皇太子、王褒出質請降。[2]有頃，黄門郎裴政犯門而出。[3]帝乘白馬素衣出東門，抽劍擊闔曰："蕭世誠一至此乎！"魏師至凡二十八日，徵兵四方，未至而城見剋。

[1]聚圖書十餘萬卷盡燒之：唐張彦遠《法書要録》卷四引張懷瓘《二王等書録》云："承聖末，魏師襲荆州，城陷，元帝將降。其夜，乃聚古今圖書十四萬卷並大小二王遺迹，遣後閤舍人高善寶焚之，吴越寶劍並將斫柱，乃嘆曰：'蕭世誠遂至於此，文武之道今夜窮乎！'歷代秘寶並爲煨燼矣。周將于謹、普六茹忠等捃拾遺逸凡四千卷，將歸長安。"又《資治通鑑》卷一六五《梁紀二十一》元帝承聖三年："或問：'何意焚書？'帝曰：'讀書萬卷，猶有今日，故焚之！'"

[2]出質：出爲人質。

[3]裴政：字德表，河東聞喜（今山西聞喜縣）人。《隋書》卷六六、《北史》卷七七有傳。

在幽逼，求酒飲之，製詩四絶。其一曰："南風且絶唱，西陵最可悲。今日還蒿里，[1]終非封禪時。"[2]其二曰："人世逢百六，[3]天道異貞恒。何言異螻蟻，一旦損鵾鵬。"其三曰："松風侵曉哀，霜雰當夜來。寂寥千載後，[4]誰畏軒轅臺。"[5]其四曰："夜長無歲月，安知秋與春？原陵五樹杏，[6]空得動耕人。"梁王詧遣尚書傅準監行刑，帝謂之曰："卿幸爲我宣行。"準捧詩，流淚不能禁，進土囊而殞之。梁王詧使以布帊纏屍，[7]斂以蒲席，束以白茅，以車一乘，葬于津陽門外。愍懷太子元良及始安王方略等，皆見害。徐世譜、任約自馬頭走巴陵。約後降于齊。將軍裴畿、畿弟機並被害。謝答仁三人相抱，俱見屠。汝南王大封、尚書左僕射王褒以下，並爲俘以歸長安。乃選百姓男女數萬口，分爲奴婢，小弱者皆殺之。

[1]蒿里：山名。相傳在泰山南，爲死者葬所。此處代指陰間、冥中。

[2]封禪時：指梁武帝天監年間。《資治通鑑》卷一四七《梁紀三》：武帝天監八年正月“時有請封會稽、禪國山者，上命諸儒草封禪儀，欲行之”。會稽，山名。在今浙江紹興市南。國山，即今江蘇宜興市西南離墨山。

[3]百六：古代以爲厄運。《文選》袁宏《三國名臣序贊》：“百六道喪，干戈迭用。”吕延濟注：“一百六歲曰陽九之厄。”

[4]寂寥：指死亡。

[5]軒轅臺：古代傳説中的土臺。或以爲在今河北懷來縣喬山上。《山海經·大荒西經》：“有軒轅之臺，射者不敢西嚮射，畏軒轅之臺。”

[6]原陵：陵墓名。東漢光武帝劉秀陵。在今河南洛陽市白馬寺東、漢魏洛陽故城西北。此處當指元帝自己的墓地。

[7]布帊：麻質的布單。帊，（布）三幅爲帊。

帝於伎術無所不該，嘗不得南信，筮之，遇《剥》之《艮》。曰“南信已至，今當遣左右季心往看”。果如所説，賓客咸驚其妙。凡所占决皆然。初從劉景受相術，因訊以年，答曰：“未至五十，當有小厄，禳之可免。”帝自勉曰：“苟有期會，禳之何益？”及是四十七矣。特多禁忌，牆壁崩倒，屋宇傾頽，年月不便，終不脩改。[1]庭草蕪没，令鞭去之，其慎護如此。

[1]脩改：大德本、汲古閣本作“修改”，殿本作“修廟”。“脩”同“修”。

著《孝德傳》《忠臣傳》各三十卷，[1]《丹陽尹傳》十卷，[2]注《漢書》一百十五卷，[3]《周易講疏》十卷，[4]《内典博要》百卷，[5]《連山》三十卷，[6]《詞林》三卷，[7]《玉韜》《金樓子》《補闕子》各十卷，[8]《老子講疏》四卷，[9]《懷舊傳》二卷，[10]《古今全德志》《荆南地記》《貢賦圖》《古今同姓名録》一卷，[11]《筮經》十二卷，[12]《式贊》三卷，[13]文集五十卷。[14]

[1]《孝德傳》：《金樓子·著書篇》（以下簡稱《著書篇》，文淵閣四庫全書本）云：“三秩，三十卷。原注，金樓合衆家《孝子傳》成此。”　《忠臣傳》：《著書篇》云：“三秩，三十卷。原注，金樓自爲序。案，《隋書·經籍志》有《顯忠傳》三卷，梁元帝撰。”

[2]《丹陽尹傳》：《著書篇》云：“一秩十卷。原注，金樓爲尹京時自撰。”

[3]注《漢書》：《梁書》卷五《元帝紀》同，《著書篇》作“注《前漢書》”。

[4]《周易講疏》十卷：《梁書·元帝紀》同；《著書篇》作“《周易義疏》三秩三十卷”，又云：“原注，金樓奉述制義，私小小措意也。案，《梁書》本紀‘義’作‘講’，‘三十卷’作‘十卷’。”

[5]《内典博要》百卷：《梁書·元帝紀》同，《著書篇》作“三十卷”。内典，佛教語，其稱佛經爲内典，謂儒書爲外學。

[6]《連山》三十卷：《著書篇》云：“原注，金樓年在弱冠著

此書，至於立年其功始就，躬親筆削，極有其勞。”

［7］《詞林》：《梁書·元帝紀》《隋書·經籍志三》《舊唐書·經籍志下》《新唐書·藝文志三》並作“洞林”。按，古《易》有三，即夏之《連山》、商之《歸藏》、周之《易》，合稱“三易”。《隋書·經籍志三》於“《洞林》三卷，梁元帝撰”之前著録“《易洞林》三卷，郭璞撰”。據《晋書》卷七二《郭璞傳》“摹《洞林》乎《連山》”，乃知其爲郭氏摹仿古易《連山》之作。而蕭繹所作既屬列同類，則“詞林”爲非，當以“洞林”爲是。

［8］《玉韜》：《著書篇》云：“原注，金樓出牧渚官時撰。”《金樓子》：《梁書·元帝紀》失載，《隋書·經籍志三》《舊唐書·經籍志上》《新唐書·藝文志三》均有著録。　《補闕子》：《著書篇》云：“原注，金樓爲序，付鮑泉東里撰。”

［9］《老子講疏》四卷：《梁書·元帝紀》同；《著書篇》雖未見著録，却另著録“《孝子義疏》一秩十卷”。又云：“原注，奉述制旨并自小小措意。案，《梁書》本紀武帝有《老子講疏》、元帝有《老子講疏》四卷。今自注云‘奉述制旨’，則‘孝’字即‘老’字之訛、‘義’字即‘講’字之訛。但卷數不同，未敢輒改，附識於此。”

［10］《懷舊傳》二卷：《著書篇》《梁書·元帝紀》並作“《懷舊志》”，且均記作一卷，《隋書·經籍志二》作“《懷舊志》九卷”。故疑“傳”字或訛，當以“志”字爲是。

［11］《古今全德志》：“古今”二字，《著書篇》《梁書·元帝紀》《隋書·經籍志二》《舊唐書·經籍志上》《新唐書·藝文志二》均無，當删。　《荆南地記》：《梁書·元帝紀》作《荆南志》《江州記》。《著書篇》著録“《荆南志》一秩二卷、《江州記》一秩三卷”。　《貢賦圖》：大德本、汲古閣本、殿本作“貢職圖”。《梁書·元帝紀》《金樓子》亦作“貢職圖”。疑底本誤。　《古今同姓名録》：《梁書·元帝紀》同；《著書篇》作“《同姓同名録》”，又云：“原注，金樓撰。”

［12］《筮經》十二卷：《梁書·元帝紀》同，《著書篇》未見著録。

［13］《式贊》：《梁書·元帝紀》同；《著書篇》作"《式苑》一秩三卷"，又云："原注，金樓自撰。案，《梁書》本紀有'《式贊》三卷'，'苑'字疑訛。"

［14］文集五十卷：《著書篇》作"集三秩三十卷"，又云："案，《梁書》本紀'文集五十卷'，《隋書·經籍志》作'五十二卷'，又有'《梁元帝小集》十卷'。疑作此書時方三十卷，非訛也。"

初，承聖二年三月，有二龍自南郡城西升天，百姓聚觀，五采分明。江陵故老竊相泣曰："昔年龍出建康淮，[1]而天下大亂，[2]今復有焉，禍至無日矣。"帝聞而惡之，踰年而遘禍。又江陵先有九十九洲，古老相承云："洲滿百，當出天子。"桓玄之爲荆州刺史，[3]内懷篡逆之心，乃遣鑿破一洲，以應百數。隨而崩散，竟無所成。宋文帝爲宜都王，在藩，一洲自立，俄而文帝纂統。後遇元凶之禍，[4]此洲還没。太清末，枝江陽之閤浦復生一洲，[5]群公上疏稱慶，明年而帝即位。承聖末，其洲與大岸相通，惟九十六云。[6]

［1］建康淮：即今江蘇南京市秦淮河。

［2］而：大德本同，汲古閣本、殿本作"西"。

［3］桓玄：字敬道，一名靈寶，譙國龍亢（今安徽懷遠縣）人，桓温之子。晋安帝元興二年（403），篡晋自立，建國楚，改元永始。後劉裕、劉毅等起兵討之，兵敗，逃至益州，爲益州督護馮遷所殺。《晋書》卷九九有傳。

［4］元凶：劉劭。字休遠，宋文帝長子。本書卷一四、《宋書》

卷九九有傳。

[5]枝江：縣名。治所在今湖北枝江市西南。　陽：大德本、汲古閣本、殿本作“楊”。

[6]九十六：大德本、汲古閣本、殿本作“九十九”。疑底本誤。

敬皇帝諱方智，字慧相，小字法真，元帝第九子也。太清三年，[1]封興梁侯。[2]

[1]太清：南朝梁武帝蕭衍年號（547—549）。

[2]興梁：大德本、殿本同，汲古閣本作“梁興”。

承聖元年，[1]封晉安郡王。二年，出爲江州刺史。三年十一月，魏剋江陵，[2]太尉王僧辯、司空陳霸先定議，以帝爲梁王、太宰、承制。

[1]承聖：南朝梁元帝蕭繹年號（552—555）。

[2]江陵：縣名。治所在今湖北荆州市荆州區。亦兼爲荆州及南郡治所。承聖元年，梁元帝即位，建都於此。

四年二月癸丑，[1]於江州奉迎至建鄴，入居朝堂。以太尉王僧辯爲中書監、録尚書、驃騎大將軍、都督中外諸軍事，加司空陳霸先班劍二十人。[2]以湘州刺史蕭循爲太尉，廣州刺史蕭勃爲司徒。

[1]四年二月癸丑：《梁書》卷六《敬帝紀》同。《陳書》卷一《高祖紀上》則將“晉安王至自尋陽，入居朝堂”之事繫於承聖三

年十二月。

［2］班劍：亦作斑劍。本指飾有花紋或飾以虎皮之劍，或指持班劍之武士。晋以後成爲隨從侍衛的代稱，且成爲皇帝對王侯功臣的恩賜，可隨身進入宫殿。

三月，齊遣其上黨王高涣送貞陽侯蕭明來主梁嗣，[1]至東關，[2]遣吴興太守裴之横拒之。與戰，敗績，死之。

［1］高涣：字敬壽，北齊神武帝高歡第七子。《北齊書》卷一〇、《北史》卷五一有傳。有《高涣墓誌》出土，參見王連龍《新見北齊〈高涣墓誌〉考略》（《中國歷史文物》2010年第5期）。　蕭明：即蕭淵明。唐人修史避唐高祖李淵諱，改“蕭淵明”作“蕭明”或“蕭深明”。字靖通，梁宗室。承聖四年（555），梁元帝蕭繹爲西魏所殺，北齊護送其南下建康，王僧辯擁立爲帝，年號天成。陳霸先殺王僧辯，立敬帝，降號爲建安王。旋病卒。本書卷五一有附傳。

［2］東關：關隘名。在今安徽含山縣西南濡須山上。

四月，司徒陸法和以郢州附齊，遣江州刺史侯瑱討之。[1]

［1］侯瑱：大德本同，汲古閣本、殿本作“侯瑱”。底本誤，應改作“侯瑱”。其討陸法和事見本書卷六六、《陳書》卷九之《侯瑱傳》。

七月辛丑，僧辯納貞陽侯蕭明，自採石濟江。[1]甲辰，入建鄴。景午，即僞位。年號天成，以帝爲皇太子。司空陳霸先襲殺王僧辯，黜蕭明而奉帝焉。

[1]採石：津渡名。即採石津。亦名南州津。在今安徽馬鞍山市西南長江東岸採石磯江口。大德本同，汲古閣本、殿本作“采石”。

紹泰元年秋九月景文，[1]皇帝即位。冬十月己巳，[2]大赦，改元。以貞陽侯蕭明爲司徒，封建安郡公。壬子，加司空陳霸先尚書令、都督中外諸軍事。震州刺史杜龕舉兵，[3]攻信武將軍陳蒨於長城，[4]義興太守韋載應之。[5]癸丑，以太尉蕭循爲太保，以司徒蕭明爲太傅，司徒蕭勃爲太尉，以鎮南將軍王琳爲車騎將軍、開府儀同三司。戊午，尊所生夏貴妃爲皇太后，[6]立妃王氏爲皇后。[7]辛未，司空陳霸先東討韋載，降之。景子，南豫州刺史任約、譙秦二州刺史徐嗣徽舉兵據石頭反。[8]

[1]紹泰：南朝梁敬帝蕭方智年號（555—556）。　景文：大德本、汲古閣本、殿本作“丙午”。“景”爲避唐高祖李淵父李昞諱改，“文”字誤，應爲“午”。據《梁書》卷六《敬帝紀》，敬帝於九月丙午即皇帝位。故此“景文”應改作“景午”。

[2]冬十月己巳：中華本校勘記云：“下有壬子、癸丑、戊午、辛未、丙子。按紹泰元年十月戊申朔，初五日壬子，初六日癸丑，十一日戊午，二十二日己巳，二十四日辛未，二十九日丙子。己巳當在戊午下、辛未上。”

[3]震州：州名。梁於本年改吴興郡置。治烏程縣，在今浙江湖州市。　杜龕：京兆杜陵（今陝西西安市長安區）人，王僧辯女

壻。聞王僧辯被殺，舉兵反，後爲陳霸先所殺。本書卷六四、《梁書》卷四六有附傳。

[4]陳蒨：即陳文帝。字子華。本書卷九、《陳書》卷三有紀。　長城：縣名。治所在今浙江長興縣東。

[5]義興：郡名。治陽羨縣，在今江蘇宜興市。　韋載：字德基，京兆杜陵（今陝西西安市長安區）人。王僧辯部將。本書卷五八有附傳，《陳書》卷一八有傳。

[6]夏貴妃：梁元帝妃，名不詳。本書卷一二有傳。

[7]妃王氏：名不詳。本書卷一二有傳。

[8]南豫州：州名。南朝宋置。其後屢經廢復，且治所一再遷改。至梁侯景亂之後，定治於姑孰，在今安徽當塗縣。　譙：州名。南譙州。梁置。治桑根山下，在今安徽全椒縣西北。　秦：州名。梁置。治六合縣，在今江蘇南京市六合區。　徐嗣徽：高平（今山東巨野縣）人。本書卷六三有附傳。　石頭：城名。即石頭城。又名石城、石首城。在今江蘇南京市西清涼山上。

十一月庚辰，齊安州刺史翟子崇、楚州刺史柳達摩率衆赴任約，[1]入石頭。

[1]安州：州名。治宿預縣，在今江蘇宿遷市東南舊黄河東北岸古城。　楚州刺史柳達摩：《梁書》卷六《敬帝紀》作“楚州刺史劉仕榮、淮州刺史柳達摩”，中華本據《梁書》補，應從補。參殿本《考證》。楚州，州名。東魏改北徐州置。治燕縣，在今安徽鳳陽縣臨淮關鎮。淮州，州名。治懷恩縣，在今江蘇淮安市西南。

十二月庚戌，任約、徐嗣徽等至採石迎齊援。景辰，遣猛烈將軍侯安都於江寧邀擊，[1]敗之，約、嗣徽等奔江西。庚申，翟子崇等降，並放還北。

[1]侯安都：字成師，始興曲江（今廣東韶關市）人。本書卷六六、《陳書》卷八有傳。　江寧：縣名。治所在今江蘇南京市江寧區江寧街道。

太平元年春正月戊寅，[1]大赦。追贈謚簡文帝諸子。封故永安侯確子後爲邵陵王，[2]奉攜王後。[3]癸未，震州刺史杜龕降，詔賜死，赦吴興郡。[4]己亥，以太保宜豐侯蕭循襲封鄱陽王。東揚州刺史張彪圍臨海太守王懷振於剡巖。[5]

[1]太平：南朝梁敬帝蕭方智年號（556—557）。

[2]永安侯確：蕭確。字仲正，邵陵王蕭綸子。本書卷五三有附傳。

[3]攜王：邵陵王蕭綸，謚攜。

[4]吴興郡：郡名。治烏程縣，在今浙江湖州市。

[5]東揚州：州名。南朝宋分揚州置，後廢。梁復置。治山陰縣，在今浙江紹興市。　臨海太守王懷振：《梁書》卷六《敬帝紀》及《陳書》卷三《世祖紀》同。本書卷六四《張彪傳》作“剡令王懷之”。王鳴盛《十七史商榷》卷六三《剡令王懷之》以爲“當從《陳書》”。臨海，郡名。治章安縣，在今浙江台州市椒江區章安街道。　剡巖：地名。在今浙江嵊州市。

二月庚戌，遣周文育、陳蒨襲會稽討彪，[1]敗走。[2]以中衛將軍臨川王大款即本號開府儀同三司。景辰，若邪村人斬張彪，[3]傳首建鄴，赦東揚州。甲子，以東土經杜龕、張彪之亂，遣大使巡省。是月，齊人來聘，使侍中王廓報聘。

[1]周文育：字景德，義興陽羡（今江蘇宜興市）人。本書卷六六、《陳書》卷八有傳。

[2]敗走：各本同，中華本據《梁書》卷六《敬帝紀》、《通志》卷一三補作“彪敗走”。應從補。

[3]若邪村：地名。一作若耶村，在今浙江紹興市東南化山一帶。

三月壬午，班下遠近，並雜用今古錢。戊戌，齊將蕭軌出栅口，[1]向梁山，[2]陳霸先大敗之。

[1]栅口：地名。即栅江口。在今安徽無爲市東南，爲栅水（即古濡須水）入長江之口。

[2]梁山：山名。又稱東梁山、博望山。在今安徽蕪湖市北長江岸邊，與對岸和縣西梁山夾江相峙，合稱天門山。爲六朝之江防要地。

夏四月壬申，侯安都輕兵襲齊行臺司馬恭於歷陽，[1]大破之。

[1]行臺：官署名。尚書省在地方的派出機構，代表朝廷行使尚書省權力。專爲征討而設，不常置。又爲官名。即行臺長官的省稱。　歷陽：郡名。治歷陽縣，在今安徽和縣。時北齊置和州於此。

五月癸未，太傅建安公蕭明薨。庚寅，齊軍水步入丹陽縣，[1]内外纂嚴。

[1]丹陽縣：縣名。治所在今安徽馬鞍山市博望區丹陽鎮。

六月壬子，齊軍至玄武湖西北。[1]乙卯，陳霸先大破齊軍。戊午，大赦。辛酉，解嚴。

[1]玄武湖：湖泊名。古名桑泊，又名後湖、練湖、秣陵湖等，宋文帝元嘉間始名玄武湖。在今江蘇南京市東北玄武門外。

秋七月景子，司空陳霸先進位司徒。丁亥，以開府儀同三司侯瑱爲司空。[1]

[1]以開府儀同三司侯瑱爲司空：《梁書》卷六《敬帝紀》同。錢大昕《廿二史考異》卷三五云："按，《瑱傳》不載此事。《陳本紀》，永定二年正月，以車騎將軍開府儀同三司侯瑱爲司空，則梁時不應先有司空之拜。"

八月己酉，太保鄱陽王循薨。

九月壬寅，大赦，改元。司徒陳霸先進位丞相、録尚書事，改封義興郡公。加中權將軍王沖開府儀同三司，以吏部尚書王通爲尚書右僕射。[1]

[1]王通：字公達，琅邪臨沂（今山東臨沂市）人。梁武帝外甥。本書卷二三有附傳，《陳書》卷一七有傳。

冬十月乙亥，魏相安定公薨。

十一月，起雲龍、神武門。[1]

［1］雲龍、神武門：並建康宫門。雲龍門，第一重宫墻東面門，神武門，即神虎門，第二重宫墻西面門。參宋周應合《景定建康志》卷二〇《門闕》。

十二月壬申，進太尉蕭勃爲太保。甲午，封前壽昌令劉叡爲汝陰王，[1]前鎮西法曹行參軍蕭沆爲巴陵王，[2]奉宋、齊二代後。庚子，魏恭帝遜位于周。[3]

［1］汝陰王：齊封宋帝後裔的爵位名號。使行宋正朔，以供奉祭祀宋帝。詳本書卷四《齊高帝紀》及《南齊書》卷二《高帝紀下》。汝陰，郡名。治汝陰縣，在今安徽阜陽市。

［2］巴陵王：梁封齊帝後裔的爵位名號。使行齊正朔，以供奉祭祀齊帝。詳本書卷六《齊武帝紀》及《梁書》卷二《武帝紀中》。巴陵，郡名。治巴陵縣，在今湖南岳陽市。

［3］周：朝代名。北朝之一。宇文護迫西魏恭帝禪位，擁立宇文泰之子宇文覺爲帝，改國號周，史稱北周，仍都長安（今陝西西安市），歷五帝，共二十五年（557—581）。

二年春正月壬寅，詔求魯國孔氏族爲奉聖侯，[1]并繕廟堂，供備祀典。又詔諸州各置中正。[2]舊放舉選，[3]不得輒承單狀序官，[4]皆須中正押上，然後量授。其選中正，每求耆德該悉，以他官領之。以開府儀同三司王琳爲司空，以尚書右僕射王通爲左僕射。

［1］奉聖侯：兩晋及南北朝時孔子後裔的封爵號。參《後漢書》卷七九上《孔僖傳》李賢注。

［2］中正：官名。掌考察一地人才，評定品第，以爲選用官吏

之依據。多由他官兼任。

[3]舊放舉選：中華本校勘記云："'舊放舉選'《梁書》作'依舊訪舉'。《通典·職官典》作'仍舊選舉'。" 按，《通志》卷一三作"舊放舉選"，《文獻通考·選舉考》作"仍舊選舉"。

[4]單狀：一份文書。狀，文體名。向上級陳述意見或事實的文書。

二月庚午，遣領軍將軍徐度入東關。[1]太保、廣州刺史蕭勃舉兵反，詔平西將軍周文育、平南將軍侯安都等南討。戊子，徐度至合肥，[2]燒齊船舶三千艘。癸巳，周文育軍於巴山，[3]獲蕭勃僞帥歐陽頠。[4]

[1]徐度：字孝節，安陸（今湖北安陸市）人。本書卷六七、《陳書》一二有傳。

[2]合肥：地名。即汝陰縣治所。在今安徽合肥市。

[3]巴山：縣名。梁分新建縣置。治所在今江西崇仁縣西南。

[4]歐陽頠：字靖世，長沙臨湘（今湖南長沙市）人。本書卷六六、《陳書》卷九有傳。

三月甲寅，德州刺史陳法武、前衡州刺史譚遠於始興攻殺蕭勃。[1]

[1]德州：州名。梁置。治九德縣，在今越南義安省榮市。轄境相當今越南藍江流域下游地區。　衡州：州名。梁置。治含洭縣，在今廣東英德市浛洸鎮。　譚遠：中華本校勘記云："'譚遠'《梁書》作'譚世遠'，此避唐諱省。按《陳書·武帝紀》亦作'譚世遠'。" 按，本書卷九《陳武帝紀》、卷六六《周文育傳》作

“譚世遠”。　始興：郡名。治曲江縣，在今廣東韶關市南武水西岸。

夏四月癸酉，曲赦江、廣、衡三州，并督内爲賊所拘逼者。己卯，鑄四柱錢，一當二十。齊遣使通和。壬辰，改四柱錢，一當十。景申，復用細錢。[1]

[1]復用細錢：各本同。《梁書》卷六《敬帝紀》作“復閉細錢”。《資治通鑑》卷一六七《陳紀一》武帝永定元年亦作“復閉細錢”，胡三省注:“閉者，閉絶不使行。細錢，民間私鑄者也，時私錢細小，交易以車載錢，不復計數。”中華本據《梁書》《資治通鑑》改。

五月乙巳，平西將軍周文育進號鎮南將軍，平南將軍侯安都進號鎮北將軍，並開府儀同三司。戊辰，余孝頃遣使詣丞相府求降。[1]

[1]余孝頃：梁、陳時新吴（今江西奉新縣）洞主。後應王琳，兵敗，歸順陳朝。出爲益州、南豫州刺史，終以謀反罪被誅。事見本書卷九《陳武帝紀》、《梁書》卷六《敬帝紀》、《陳書》卷四《廢帝紀》等。

秋八月，加丞相陳霸先殊禮。

九月，周冢宰宇文護殺閔帝。[1]丞相陳霸先改授相國，封陳國公。

[1]冢宰：官名。大冢宰卿的省稱。又稱大冢宰。西魏末、北

周依《周禮》之制建六官府，置冢宰爲天官府長官，員一人，正七命。如加“五府總於天官”之詔命，則可總攝百官，執掌朝政。宇文護：字薩保，代郡武川（今内蒙古武川縣西）人。西魏權臣宇文泰之侄，迫使魏恭帝拓跋廓禪位於宇文泰之子宇文覺，建立周朝，是爲北周。《周書》卷一一有傳，《北史》卷五七有附傳。閔帝：北周閔帝宇文覺。在位一年（557）。《周書》卷三、《北史》卷九有紀。

冬十月戊辰，進陳國公爵爲王。辛未，帝遜位于陳。陳受命，奉帝爲江陰王，[1]薨于外邸，[2]時年十六，追謚敬皇帝。

[1]江陰王：陳封梁帝後裔的爵位名號。使行梁正朔，以供奉祭祀梁帝。詳本書卷九《陳武帝紀》及《陳書》卷二《高祖紀下》。江陰，郡名。梁於本年置。治江陰縣，在今江蘇江陰市。

[2]薨於外邸：死在建康江陰王宅第。外邸，指在京的諸王住宅。按，據本書《陳武帝紀》，江陰王蕭方智歿於陳武帝永定二年（558）四月乙丑。

論曰：帝王之位，天下之重職，文武之道，[1]守聘所常遵。[2]其於行用，義均水火，相資則可，專任成亂。觀夫有梁諸帝，皆一之而已。簡文文明之姿，[3]禀乎天授，粤自支庶，[4]入居明兩，[5]經國之算，[6]其道弗聞。宫體所傳，且變朝野，[7]雖主虚號，[8]何救滅亡。元帝居勢勝之地，[9]啓中興之業，[10]既雪讎耻，[11]且應天人。[12]而内積猜忍，外崇矯飾，攀號之節，[13]忍酷於踰年；[14]定省之制，[15]申情於木偶。[16]竟而雍州引寇，[17]釁起河東之戮，[18]益部親尋，[19]事習邵陵之窘。[20]悖辭屈於僧辯，[21]殘虐極於圓正，[22]不義不昵，若斯之甚。而復謀無經遠，心勞志大，近捨宗國，[23]遠迫强鄰，[24]外弛藩籬，内崇講肆，[25]卒於溘至戕隕，方追始皇之迹，[26]雖復文籍滿腹，何救社廟之墟。[27]歷觀書契以來，蓋亦廢興代有，未見三葉遘愍，[28]頓若蕭宗之酷。[29]敬皇以此沖年，[30]當斯頹運，將不高揖，[31]其可得乎。初，武帝末年，都下用錢，每百皆除其九，謂爲九佰，竟而有侯景之亂。及江陵將覆，每百復除六文，稱爲六伯。[32]識者以爲九者陽九，六者百六，[33]蓋符百六，[34]非人事也。[35]

[1]文武之道：指周文王、周武王治國修身的方式和西周的禮樂制度。亦指寬嚴並舉的治國方略。

[2]守聘：大德本、百衲本同，汲古閣本、殿本作“守國”。底本誤，應作“守國”。守國，掌管國政，治理國家。

[3]文明：文采。

[4]支庶：指嫡子以外的旁支。

[5]明兩：語出《易·離卦》：“明兩作離，大人以繼明照于四方。”本謂《離》卦離下離上，爲兩明前後相續之象。此處借指帝王或太子。

[6]經國之筭：治理國家的謀劃。

[7]朝野：朝廷與民間。

[8]虚號：有名無實的稱號。

[9]勢勝：形勢優越。

[10]中興：本指中途振興或轉衰爲盛。此爲偏安的諱稱。

[11]讎耻：仇恨與耻辱。

［12］天人：指天意和民意。

［13］攀號之節：哀悼帝喪的禮節。

［14］忍酷：忍受慘痛。

［15］定省：指探望問候父母。

［16］木偶：木雕神像。

［17］雍州：指岳陽王蕭詧。

［18］河東：指河東王蕭譽。

［19］益部：指武陵王蕭紀。

［20］邵陵：指邵陵王蕭綸。

［21］僧辯：王僧辯。

［22］圓正：蕭圓正。字明允，梁宗室。本書卷五三有附傳。

［23］宗國：同姓諸侯國。

［24］强鄰：即西魏。按，遠迫强鄰，《梁書》卷五《元帝紀》作“左鄰强寇”。

［25］講肆：大德本同，汲古閣本、北監本、殿本作“講肄”。張元濟《南史校勘記》：“殿誤，按‘講肆’猶言‘講堂’。”

［26］追始皇之迹：指江陵焚書。

［27］社廟：太社與宗廟。亦指國家、政權。

［28］三葉：三世。 遘愍：遭遇憂患。

［29］頓：頹敗，敗落。

［30］沖年：幼年。

［31］高揖：雙手抱拳高舉過頭作揖。此處謂將帝位拱手相讓。

［32］六伯：大德本、汲古閣本、殿本作“六佰”，上文亦作“佰”，底本誤，應據諸本改。

［33］陽九、百六：並道家所稱厄運。《靈寶天地運度經》：“有大陽九、大百六，小陽九、小百六。三千三百年爲小陽九、小百六；九千九百年爲大陽九、大百六。天厄謂之陽九，地虧謂之百六。”

［34］百六：大德本、汲古閣本、殿本作“歷數”。底本誤，應

據諸本改。歷數，指帝王繼承次序。古代迷信以爲帝位相承和天象運行次序相應。

[35]人事：指人力所能及之事。

善乎鄭文貞公論之曰：[1]高祖固天攸縱，[2]聰明稽古，[3]道亞生知，[4]學爲博物，允文允武，[5]多藝多才。爰自諸生，[6]有不羈之度，[7]屬昏凶肆虐，[8]天倫及禍，[9]糾合義旅，將雪家冤。曰紂可伐，不期而會，[10]龍躍樊、漢，[11]電擊湘、郢。[12]翦離德如振槁，[13]取獨夫如拾遺，[14]其雄才大略，固無得而稱矣。[15]既縣白旗之首，[16]方應皇天之眷，布德施惠，悦近來遠。開蕩蕩之王道，革靡靡之商俗。大脩文教，[17]盛飾禮容，[18]鼓扇玄風，[19]闡揚儒業。[20]介冑仁義，折衝尊俎，聲振寰宇，澤流遐裔，[21]干戈載戢，[22]凡數十年，濟濟焉，洋洋焉，魏、晋以來，未有若斯之盛也。然不能息末敦本，[23]斲彫爲樸，[24]慕名好事，崇尚浮華，抑揚孔、墨，[25]流連釋、老。[26]或終夜不寢，[27]或日旰不食，[28]非弘道以利物，惟飾智以驚愚。且心未遺榮，[29]虚厠蒼頭之位，[30]高談脱屣，[31]終戀黄屋之尊。[32]夫人之大欲，在乎飲食男女，[33]至於軒冕殿堂，非有切身之急。高祖屏除嗜欲，眷戀軒冕，得其所難，而滯於所易，可謂神有所不達，智有所不通矣。逮夫精華稍竭，[34]鳳德已衰，[35]惑於聽受，權在姦佞，儲后百辟，[36]莫能盡言。險躁之心，暮年逾甚，見利而動，愎諫違卜。開門揖盜，[37]棄好即讎，[38]釁起蕭牆，[39]禍成戎、羯，[40]身殞非命，灾被億兆。[41]衣冠斃鋒鏑之下，老幼粉戎馬之足，瞻彼

《黍離》,[42]痛深周廟;永言《麥秀》,[43]悲甚殷墟。自古以安爲危,既成而敗,顛覆之速,書契所未聞也。《易》曰:“天之所助者順,人之所助者信。”[44]高祖之遇斯《屯》《剥》,[45]不得其死,蓋動而之險,不由信順,失天人之助,其能免於此乎。太宗敏叡過人,[46]神采秀發,多聞博達,富贍詞藻。然文艷用寡,華而不實,體窮淫麗,義罕疏通,哀思之音,[47]遂移風俗,以此而貞萬國,異乎周誦、漢莊矣。[48]我生不辰,[49]載離多難,桀逆構扇,巨猾滔天,始同牖里之拘,[50]終類望夷之禍,[51]悠悠蒼昊,[52]其可問哉。昔國步初屯,[53]兵纏魏闕,[54]群后釋位,[55]投袂勤王。[56]元帝以盤石之宗,[57]受分陝之任,[58]屬君親之難,[59]居連率之長,[60]不能撫劍嘗膽,枕戈泣血,躬先士卒,致命前驅。遂乃擁衆逡巡,内懷觖望,[61]坐觀國變,[62]以爲身幸。不急莽、草之誅,[63]先行昆弟之戮。[64]又沈猜忍酷,多行無禮,騁智辯以飾非,肆忿戾以害物,爪牙重將,心膂謀臣,或顧眄以就拘囚,或一言而及葅醢,[65]朝之君子,相顧懍然。自謂安若泰山,[66]算無遺策,[67]怵於邪説,即安荆楚。雖元惡克翦,[68]社稷未寧,而西鄰責言,[69]禍敗旋及,斯乃上靈降鑒,[70]此焉假手,[71]天道人事,其可誣乎。其篤志藝文,[72]採浮華而棄忠信,戎昭果毅,[73]先骨肉而後寇讎。口誦《六經》,[74]心通百氏,[75]有仲尼之學,有公旦之才,適足以益其驕矜,增其禍患,何補金陵之覆没,救江陵之滅亡哉![76]敬帝遭家不造,[77]紹兹屯運,[78]征伐有所自出,政刑不由於己。時無伊、霍之輔，[79]焉得不爲高讓歟。[80]

[1]鄭文貞公：唐代名相魏徵。唐太宗貞觀中詔修梁、陳、北齊、周、隋五代史，徵主修《隋書》，且受詔總加撰定。史成，封鄭國公。謚文貞。《舊唐書》卷七一、《新唐書》卷九七有傳。

[2]高祖：梁武帝蕭衍，廟號高祖。　固天攸縱：即固天縱。語出《論語·子罕》："子貢曰：固天縱之將聖，又多能也。"意爲上天的賦予。攸，語助詞，無義。

[3]稽古：考察古代事迹。語出《尚書·堯典》："曰若稽古。帝堯曰放勳。"

[4]生知：不待學而知之。語本《論語·季氏》："生而知之者上也。"

[5]允文允武：既有文才，又曉武事。

[6]諸生：儒生。亦指在學的生員。

[7]不羈：謂才行高遠，不可羈縶。

[8]昏凶：指齊帝東昏侯蕭寶卷。

[9]天倫及禍：謂蕭衍兄蕭懿與弟蕭融遇害之事。天倫，兄弟。

[10]不期而會：以盟津之會比喻蕭衍起兵討伐東昏。

[11]樊、漢：樊城、漢水。

[12]湘、郢：湘州、郢州。

[13]離德：即離心離德。謂各懷異心，不一致。此處指齊東昏侯朝廷。　振槁：摇落枯葉。喻事極易成。

[14]獨夫：無道之君。　拾遺：撿起他人的失物。喻輕而易舉。

[15]無得：猶無從。語出《論語·泰伯》："（泰伯）三以天下讓，民無得而稱焉。"

[16]縣白旗之首：本指周武王將商紂之首懸挂白旗以祭天。詳《逸周書·世俘解》。此處代指誅齊東昏侯。

[17]文教：文章教化。

[18]禮容：禮制儀容。

[19]玄風：玄談的風尚。

[20]儒業：儒家經學。

[21]遐裔：邊遠之地。

[22]干戈載戢：把兵器收藏起來。亦引申爲停止戰争。干戈，兵器的通稱，也指戰争。載，助詞，起加强語氣的作用。戢，收藏，停止。

[23]息末敦本：息止末業而敦勸本業。末，末業，指手工業和商業。本，本業，指農業。

[24]斲彫爲樸：除去雕飾而崇尚質樸。

[25]孔、墨：謂孔子、墨子。亦指儒、墨兩家。

[26]釋、老：謂釋迦牟尼、老子。亦指佛、道二教。

[27]終夜：通宵。按,《梁書》卷六《敬帝紀》作“經夜”。

[28]日旰：日暮。按,《梁書·敬帝紀》作“終日”。

[29]遺榮：抛棄榮華富貴，或超脱塵世。

[30]蒼頭之位：大德本、汲古閣本、百衲本同，殿本“位”作“伍”。《梁書·敬帝紀》亦作“伍”。作“伍”是。即奴僕的行列。

[31]脱屣：脱掉鞋子。形容看得很輕無所顧戀的樣子。

[32]黄屋：帝王所居宫室。亦指帝王的權位。

[33]飲食男女：語出《禮記·禮運》:“飲食男女，人之大欲存焉。”

[34]精華：精神元氣。

[35]鳳德：指德行名望。語本《論語·微子》:“鳳兮鳳兮，何德之衰!”

[36]儲后：太子。　百辟：百官。

[37]開門揖盜：指接納侯景。

[38]棄好即讎：指與東魏交惡。

［39］蕭牆：宮室内的屏障。《論語·季氏》："吾恐季孫之憂，不在顓臾，而在蕭牆之内也。"何晏集解引鄭玄曰："蕭之言肅也，牆謂屏也。君臣相見之禮，至屏而加肅敬焉，是以謂之蕭牆。"後借指内部或至近之人。

［40］戎、羯：並族名。泛指西北少數民族。此處代指侯景。景，羯人。

［41］億兆：極言其數之多，指萬民百姓。

［42］《黍離》：《詩·王風》篇名。其篇首《小序》："《黍離》，閔宗周也。周大夫行役，至于宗周，過故宗廟宫室，盡爲禾黍，閔周室之顛覆，彷徨不忍去而作是詩也。"閔，古同"憫"，憐恤、哀傷。

［43］《麥秀》：詩名。西周初，箕子爲懷念故國而作。箕子路過殷墟，有感於宫室毁壞，禾黍雜生，傷之，乃作《麥秀》詩以歌咏之。見《史記》卷三八《宋微子世家》。

［44］天之所助者順，人之所助者信：語出《易·繫辭上》。

［45］《屯》《剥》：《易》之《屯》卦與《剥》卦的合稱。意謂困厄衰敗。《屯》卦，震下坎上，坎爲險，震爲動，震在坎下，是動於險中。《剥》卦，坤下艮上，陰盛陽衰，小人得勢，是剥落之象。

［46］太宗：梁簡文帝蕭綱，廟號太宗。

［47］哀思之音：語本《禮記·樂記》："亡國之音哀以思。"

［48］周誦、漢莊：周成王姬誦、漢明帝劉莊。

［49］我生不辰：我之所行不得其時。語出《詩·大雅·桑柔》："我生不辰，逢天僤怒。"

［50］牖（yǒu）里之拘：指商紂將西伯昌（即周文王）囚禁於羑里。見《史記》卷三《殷本紀》。牖里，地名。即羑里，在今河南湯陰縣北。牖，通"羑"。大德本、殿本同，汲古閣本作"羑"。

［51］望夷之禍：指趙高在望夷宫中迫殺秦二世。見《史記》卷六《秦始皇本紀》。望夷，秦咸陽宫名，在今陝西涇陽縣東南。

［52］蒼昊：《梁書·敬帝紀》作“蒼天”。

［53］國步：國家命運。　屯：艱難，困頓。

［54］魏闕：本指宫門外的樓觀。其下常爲懸布法令之所。此處借指朝廷。

［55］群后：諸王與公卿。　釋位：離去本職。

［56］投袂：甩袖。形容情緒激昂。　勤王：臣子起兵救援君主。

［57］盤石之宗：比喻封藩的宗室。語出《史記》卷一〇《孝文本紀》：“高帝封王子弟，地犬牙相制，此所謂磐石之宗也。”盤，通“磐”。

［58］分陝之任：東晋、南朝以荆、揚二州刺史比擬周初周公、召公分陝而治。湘東王蕭繹以皇子出爲荆州刺史，鎮江陵，據建康（揚州）上流，故稱。

［59］君親：君王與父母。亦特指君主。

［60］連率之長：地方長官的統帥或盟主。侯景陷臺城，梁武帝有密詔以蕭繹假黄鉞、都督中外諸軍事、司徒承制，故稱。連率，新朝官名。王莽改郡太守曰連率；後亦泛指地方長官。

［61］觖望：不滿，怨望。

［62］國變：國家的變故，語出《管子·小匡》。按，《梁書·敬帝紀》作“時變”。

［63］莽、草：大德本、汲古閣本、殿本、百衲本“草”作“卓”。按，底本誤。應據諸本改。莽、卓即西漢末王莽、東漢末董卓。皆挾主爲禍亂者。此處代指侯景。

［64］昆弟：兄弟。指蕭繹弟益州刺史武陵王蕭紀。

［65］葅（zū）醢（hǎi）：古代酷刑，將人剁成肉醬。

［66］泰山：大德本、汲古閣本、殿本作“太山”。

［67］筭：計謀，謀劃。按，《梁書·敬帝紀》作“舉”。

［68］元惡：指侯景。

［69］西鄰責言：語出《左傳》僖公十五年：“西鄰責言，不可

償也。”西鄰，本指秦國，此處借指西魏。

[70]斯乃上靈降鑒：《梁書·敬帝紀》無“斯乃”二字，“上靈”作“上天”。

[71]假手：借他人之手（來達到自己的目的）。

[72]藝文：各種門類典籍的概稱。

[73]戎昭果毅：指兵戎之事。語出《左傳》宣公二年：“戎昭果毅以聽之之謂禮，殺敵爲果，致果爲毅。”

[74]《六經》：亦稱“六藝”。即《詩》《書》《禮》《樂》《易》《春秋》的合稱。

[75]百氏：諸子百家。

[76]救江陵：大德本、汲古閣本、百衲本同，殿本作“何救江陵”，《梁書·敬帝紀》亦有“何”字。應據殿本、《梁書》補“何”字。

[77]遭家不造：語出《詩·周頌·閔予小子》：“閔予小子，遭家不造。”不造，不幸。

[78]紹：承繼。　屯運：艱難困頓的命運。

[79]伊、霍：商代伊尹、西漢霍光。指能左右朝政、輔佐幼主的重臣。

[80]高讓：拱手相讓。此處指所謂的禪讓。

南史　卷九

陳本紀上第九

陳高祖武皇帝諱霸先，[1]字興國，小字法生，吴興長城下若里人，[2]姓陳氏。其本甚微，自云漢太丘長寔之後也。[3]寔玄孫晋太尉準，[4]準生匡，匡生達，永嘉中南遷，[5]爲丞相掾、太子洗馬，[6]出爲長城令，悦其山水，遂家焉。嘗謂所親曰："此地山川秀麗，當有王者興焉。二百年後，我子孫必鍾斯運。"[7]達生康，復爲丞相掾，[8]咸和中土斷，[9]故爲長城人。康生盱台太守英，[10]英生尚書郎公弼，[11]公弼生步兵校尉鼎，[12]鼎生散騎侍郎高，[13]高生懷安令詠，[14]詠生安成太守猛，[15]猛生太常卿道巨，[16]道巨生皇考文讚。[17]

[1]陳高祖：陳武帝陳霸先，高祖爲其廟號。

[2]吴興：郡名。治烏程縣，在今浙江湖州市。　長城：縣名。治所在今浙江長興縣東。《太平寰宇記》卷九四《江南東道六・湖州》引《吴興記》云："吴王闔廬使弟夫槩居此，築城狹而長，故曰長城，縣因此名之。"　下若里：村落名。"若"當爲"箬"。《太平寰宇記・江南東道六・湖州》引顧野王《輿地志》云："夾溪悉生箭箬，南岸曰上箬，北岸曰下箬，二箬皆村名。"

[3]自云漢太丘長寔之後：《陳書》卷一《武帝紀上》無"自

云”二字。王鳴盛《十七史商榷》卷五五《陳高祖其本甚微》以爲，“自云”一詞，有輕薄之意。高敏則以爲，與《陳書》相較，本書增“姓陳氏，其本甚微”和“自云”等字，表明李延壽能如實寫陳霸先之家世（參見《南北史考索》上編，天津古籍出版社2010年版，第56頁）。太丘，縣名。東漢時治所在今河南永城市太丘鎮。寔，陳寔。字仲弓，潁川許（今河南許昌市）人。東漢末名士，仁信有善績，曾任太丘長，故又稱陳太丘。《後漢書》卷六二有傳。

［4］準：陳準。西晋惠帝時官至太尉，封廣陵公。

［5］永嘉中南遷：西晋懷帝永嘉年間，匈奴、氐等少數民族卷入中原戰亂，都城洛陽陷落，漢族士庶紛紛渡江南逃，史稱“永嘉南遷”或“永嘉南渡”。永嘉，西晋懷帝司馬熾年號（307—313）。

［6］丞相掾：丞相府僚佐，多由丞相自行辟舉，品秩不一。太子洗（xiǎn）馬：官名。東宫屬官。晋時隸屬太子詹事，掌東宫圖籍、經書，太子出行則前導威儀。七品。南朝梁、陳有典經局，置太子洗馬八人，掌文翰，多取甲族有才名者任職。洗馬，本作“先馬”，意即前驅。

［7］鍾：當，逢。《文選》卷三八劉越石《勸進表》：“方今鍾百王之季，當陽九之會。”

［8］椽：大德本、汲古閣本、殿本、百衲本作“掾”。按，上文亦作“掾”，底本誤，應據諸本改。

［9］咸和：東晋成帝司馬衍年號（326—334）。　土斷：東晋、南朝時期特有的行政區劃與户口編制政策。當時僑州、郡、縣無一定境界，不徵租税徭役，士族廣占田園，兼併激烈，影響朝廷財政收入。從東晋成帝咸康七年（341）開始，朝廷命僑寓的王公以下皆以土著爲斷，將户口編入所在郡縣的户籍，裁併僑置郡縣，史稱“土斷”。通過此項舉措，整頓户籍，搜出不少士族挾藏户口，增加了國家財政收入。

［10］盱（xū）台（yí）：郡名。即盱眙。治盱眙縣，在今江蘇

盱眙縣東北。台，同“眙”。大德本同，汲古閣本、殿本作“眙”。

［11］尚書郎：官名。尚書省諸曹長官。東晋尚書省分爲殿中、祠部、吏部、儀曹、三公、比部、金部、倉部、度支、都官、左民、駕部、庫部、中兵、外兵等十五曹，各曹設尚書郎負責，隸屬列部尚書。晋六品。

［12］步兵校尉：官名。晋承漢魏之制，置屯騎、越騎、步兵、長水、射聲五校尉，各領禁兵一部，宿衛宫禁。晋四品。

［13］散騎侍郎：官名。散騎省屬官，掌侍從左右，顧問應對，諫諍拾遺。晋五品。

［14］懷安：縣名。治所在今安徽寧國市東南。

［15］安成：郡名。治平都縣，在今江西安福縣東南。

［16］太常卿：官名。本爲太常之尊稱，南朝梁武帝天監七年（508）官班改革，建置十二卿，改太常爲太常卿，遂爲正式官名。掌宗廟、祭祀、禮樂、賓客、車輿、天文、學校、陵園諸事，領明堂、太廟、太史、太祝、廪犧、太樂、鼓吹、乘黄、北館、典客館諸令丞，及陵監、國學及協律校尉、總章校尉監、掌故、樂正等。梁十四班。陳因之，三品，秩中二千石。

［17］皇考：皇帝之父去世後的稱謂。　文讚：《建康實録》卷一九作“文纘”。按，《新唐書・宰相世系表一下》亦載陳氏先祖世系，略有不同。錢大昕詳考曰：“《陳書・高祖紀》：‘晋太尉準生匡，匡生達，永嘉南遷，爲丞相掾，歷太子洗馬，出爲長城令。’《唐書・宰相世系表》則云：‘準生伯眕，建興中渡江，居曲阿新豐湖，生匡。’是匡非準子，乃準孫，其不合一也。據《紀》似達始南遷；據《表》則眕已渡江，居曲阿之新豐湖，其不合二也。長城令之名，《紀》作達，而《表》作世達，其不合三也。世達之名，或以避唐諱，有上一字；其由曲阿徙長城，似當以《表》爲正。又如高祖兄道談，《表》作談先；弟休光，《表》作休先；文帝名蒨，《表》作曇倩；宣帝名頊，《表》作曇瑱。‘瑱’與‘頊’形相涉，當是轉寫之訛，餘則未能懸斷矣。”（陳文和主編《嘉定錢大昕全

集》附録《錢大昕潛研堂遺文輯存》卷中《長興縣志辨證·宰相世系表與陳書本紀不同》，鳳凰出版社 2016 年版，第 225 頁）

帝以梁大監二年癸未歲生。[1]少俶儻有大志，[2]長於謀略，意氣雄傑，不事生産。及長，涉獵史籍，好讀兵書，明緯候、孤虚、遁甲之術，[3]多武藝，明達果斷，爲當時推服。[4]身長七尺五寸，[5]日角龍顏，[6]垂手過膝。[7]嘗游義興，[8]館於許氏，夢天開數丈，有四人朱衣，捧日而至，納之帝口，及覺，腹内猶熱，帝心獨喜。

[1]大監：大德本、汲古閣本、殿本、百衲本作“天監”。按，底本誤，應據諸本改。天監，南朝梁武帝蕭衍年號（502—519）。

[2]俶（tì）儻（tǎng）：同“倜儻”。卓異不凡。《漢書》卷六二《司馬遷傳》：“古者富貴而名摩滅，不可勝記，唯俶儻非常之人稱焉。”

[3]緯候：緯書的通稱。狹義指緯書與《尚書中候》的合稱。　孤虚：方術名。通過計時、日、干支推算吉凶禍福。古代常以此術預測軍事成敗。　遁甲：方術名。《後漢書》卷八二《方術傳上》李賢注曰：“遁甲，推六甲之陰而隱遁也。”其法以十干的乙、丙、丁爲三奇，以戊、己、庚、辛、壬、癸爲六儀。三奇六儀，分置九宫，而以甲統之，視其加臨吉凶，以爲趨避，故稱“遁甲”。此術起於《易緯乾鑿度》太乙行九宫法，南北朝時頗爲盛行。按，《隋書·經籍志》中録有大量孤虚、遁甲之類書籍，可參。

[4]“多武藝”至“爲當時推服”：陳寅恪《〈魏書·司馬叡傳〉江東民族條釋證及推論》認爲，陳霸先家族是“與東晋皇室同時南渡之北人也，劉陳二族，出自寒微，以武功特起……南朝之

政治史概括言之，乃北人中善戰之武裝寒族爲君主領袖，而北人中不善戰之文化高門爲公卿輔佐。互相利用，以成此江左數百年北人統治之世局”（載《金明館叢稿初編》，生活·讀書·新知三聯書店 2001 年版，第 107 頁）。

[5]七尺五寸：約合今 184 釐米。南朝度制，一尺爲十寸，約合今 24.5 釐米。

[6]日角龍顔：形容帝王異相。南朝梁人劉峻所著《辨命論》云:“龍犀日角，帝王之表。”（《梁書》卷五〇《劉峻傳》）日角，謂額骨中央部分隆起，形狀如日。《後漢書》卷一上《光武帝紀上》李賢注引鄭玄《尚書中候》注云:“日角謂庭中骨起，狀如日。”龍顔，謂眉骨突起如龍。惠棟《後漢書補注》引朱建平《相書》云:“額有龍犀入髮，左角日、右角月，王天下也。”

[7]垂手過膝：手臂長度超常，亦爲異相之辭。如《三國志》卷三二《蜀書·先主傳》:“身長七尺五寸，垂手下膝。”《晉書》卷一〇三《劉曜載記》:“身長九尺三寸，垂手過膝。”

[8]義興：郡名。治陽羡縣，在今江蘇宜興市。

初仕鄉爲里司,[1]後至建鄴爲油庫吏,[2]徙爲新諭侯蕭映傳教,[3]勤於其事，爲映所賞。及映爲吴興太守，甚重帝，謂僚佐曰:“此人將來遠大，必勝於我。”及映爲廣州,[4]帝爲中直兵參軍,[5]隨之鎮,[6]映令帝招集士馬。

[1]里司：里長。

[2]建鄴：東晋、南朝都城，又稱建業、建康，在今江蘇南京市。東漢獻帝建安十六年（211），孫權徙治丹陽郡秣陵縣，次年改名建業。吴大帝黄龍元年（229），正式定都於建業。西晋滅吴，恢復秣陵舊名。晋武帝太康三年（282），以秦淮水爲界兩分秣陵縣

境，以南爲秣陵，以北爲建業，並改名建鄴。建興元年（313）因避愍帝司馬鄴諱，改名建康。其後宋、齊、梁、陳沿用爲都城，故稱六朝古都。《太平寰宇記》卷九〇《江南東道二·昇州》引《金陵記》云："梁都之時，城中二十八萬餘户。西至石頭城，東至倪塘，南至石子岡，北過蔣山，東西南北各四十里。"城市西界至石頭城，位於今南京市水西門以北至清凉山；東界爲倪塘，在今南京市江寧區上坊街道泥塘社區附近；南界石子岡，是包含今雨花臺在内的城南東西走向的一系列岡阜；北界逾過蔣山，也就是鍾山，今稱紫金山（參見張學鋒《南朝建康的都城空間與葬地》，《中華文史論叢》2019 年第 3 期）。

[3]新諭：縣名。或作新喻、新渝。治所在今江西新餘市南。諭，大德本同，汲古閣本、殿本作"喻"。　蕭映：即蕭暎。字文明，梁始興王蕭憺之子。歷任淮南太守、太子洗馬、吴興太守、北徐州刺史、廣州刺史等職，封新渝縣侯。本書卷五二有附傳。　傳教：傳達教令之小吏。《文苑英華》卷六四五收韋孝寬檄陳文，"故僞魁陳霸先，火耕水耨之夫，蓽門圭竇之子。無行檢於鄉曲，充部隸於藩侯"。首句言其鄉里地望，次句指其門地寒微，末句則指其曾任新渝侯吴興太守之傳教（參見周一良《魏晋南北朝史札記》，中華書局 1985 年版，第 291—292 頁）。按，陳霸先早年行迹，亦見《建康實録》卷一九："初仕鄉爲里正，後逃于義興。吴興太守蕭映過，從之建業，映遂用爲夾呰吏，尋轉爲油庫長。"稍異於本書。陳霸先早年爲里司、油庫吏、夾呰吏之事，皆顯身世寒微，《陳書》隱而不載，當是姚察、姚思廉父子有意爲前朝諱。

[4]爲廣州：任廣州刺史。廣州，州名。治番禺縣，在今廣東廣州市。

[5]中直兵參軍：官名。王公督府僚佐，佐助府主統理兵政，亦受府主之命率兵征伐。位次不及諮議、録事、記室等諸曹參軍，權力實居其上。其品位隨府主地位高低不等。按，晋時王公督府有中兵曹，又有直兵曹，各置參軍。南朝初，中兵、直兵二曹雖然分

立，但合置一參軍，稱中直兵參軍。其後以中直兵曹取代直兵曹，中兵參軍、中直兵參軍並置，職掌相同，唯中直兵參軍位在中兵參軍之上。

[6]鎮：州刺史駐地。

先是，武林侯蕭諮爲交州刺史，[1]以嚴刻失和，土人李賁連結數州豪傑同時反，[2]臺遣高州刺史孫冏、新州刺史盧子雄將兵擊賁。[3]冏等不時進，皆於廣州伏誅。子雄弟子略與冏子姪及其主帥杜天合、杜僧明共舉兵，[4]執南江督護沈顗，[5]進寇廣州，晝夜苦攻，州中震恐。帝率精兵救之，賊衆大潰。僧明後有功業，遂降。[6]梁武帝深歎異焉，[7]授直閤將軍，[8]封新枋縣子，[9]仍遣圖帝貌而觀之。

[1]武林：縣名。治所在今廣西平南縣東南。　蕭諮：字世恭，梁鄱陽王蕭恢之子。任衛尉卿、交州刺史等職，封武林侯，梁簡文帝大寶元年（550）爲侯景所殺。本書卷五二有附傳。　交州：州名。治龍編縣，在今越南北寧省仙游縣東。

[2]李賁：交州豪族。梁武帝大同七年（541）起兵，逐走交州刺史蕭諮。大同十年稱帝，建萬春國，年號天德。中大同元年（546）春，交州刺史楊瞟克交阯嘉寧縣城（今越南永富省白鶴縣南鳳州），李賁逃入屈獠洞（在嘉寧縣），兩年後被斬，傳首梁都建康。事見《梁書》卷三《武帝紀下》。

[3]臺：臺城的省稱。臺城即都城建康之宫城，爲朝廷所在，故以“臺”代指朝廷。　高州：州名。治高凉縣，在今廣東陽江市西。　新州：州名。治新興縣，在今廣東新興縣。

[4]杜天合：杜僧明之兄。　杜僧明：字弘照，廣陵臨澤（今

江蘇高郵市臨澤鎮）人。本書卷六六、《陳書》卷八有傳。

[5]南江督護：官名。南朝時在廣州别置南江都護、西江都護，鎮撫土著，主管一方軍事。《南齊書·州郡志上》云："廣州，鎮南海。濱際海隅，委輸交部，雖民户不多，而俚獠猥雜，皆樓居山險，不肯賓服。西南二江，川源深遠，别置督護，專征討之。"南江，即今廣東羅定江，古稱南江。

[6]僧明後有功業，遂降：中華本校勘記云："'後有功業'《陳書》無此四字。王懋竑《讀書記疑》以爲'四字衍文'。按：此四字疑當在'遂降'下，故接以'梁武帝深歎異焉'。"

[7]梁武帝：蕭衍。字叔達。南朝梁開國皇帝。本書卷六、卷七，《梁書》卷一至卷三有紀。

[8]直閤將軍：官名。南朝宋置。爲禁衛將領，統領殿門及上閤屯兵，監殿内直衛，保護皇帝。梁、陳時亦統兵出征。梁時當爲九班，陳時當爲第五品（參見張金龍《魏晋南北朝禁衛武官制度研究》，中華書局2004年版）。

[9]新枋縣子：封爵名。新枋，《陳書》卷一《高祖紀上》作"新安"，中華本據改。錢大昕曰："新枋縣不見於《地理志》，《陳書》作新安，當得其實。"（《嘉定錢大昕全集》附録《錢大昕潛研堂遺文輯存》卷中《長興縣志辨證·新枋縣子》，第224頁）然南朝有新安郡，史書未見當時以新安爲縣名者，故新枋是否爲新安之訛，存疑。縣子，爵名。開國縣子的省稱。食邑爲縣，在梁位視二千石，班次之。在陳爲九等爵之第五等，第五品，秩視二千石。

其年冬，蕭映卒。明年，帝送喪還，至大庾嶺，[1]會有詔以帝爲交州司馬，[2]與刺史楊瞟南討。[3]帝益招勇敢，器械精利，瞟委帝經略。時蕭勃爲定州刺史，[4]於西江相會，[5]勃知軍士憚遠役，因詭説留瞟。瞟集諸將問計，帝曰："交阯叛换，[6]罪由宗室。節下奉辭伐罪，故當死生以之。”於是鼓行而進。軍至交州，嘌推帝爲前鋒，所向摧陷。賁竄入屈獠洞中，[7]屈獠斬賁，傳首建鄴。是歲太清元年也。[8]賁兄天寶遁入九真，[9]與勃帥李紹隆收餘兵，[10]殺德州刺史陳文戒，[11]進圍愛州，[12]帝討平之。除西江督護、高要太守、督七郡諸軍事。[13]

[1]大庾嶺：五嶺之一。在今江西大余、廣東南雄二縣交界處。亦有“臺嶺”“梅嶺”等稱。

[2]州司馬：官名。州刺史僚佐，掌一州軍事。與掌一州庶政之長史並爲上佐，地位亞之，然在戰爭時期其職權反較長史爲重〔參見嚴耕望《中國地方行政制度史·魏晋南北朝地方行政制度（上）》，上海古籍出版社2007年版，第190頁〕。

[3]嘌：音 piào。

[4]蕭勃：南朝梁宗室，吴平侯蕭景之子。歷任定州刺史、廣州刺史、司徒、太尉、鎮南將軍、太保等職。陳禪代梁，舉兵抗拒，事敗被殺。本書卷五一有附傳。　定州：州名。此指南定州。治布山縣，在今廣西桂平市西南。

[5]西江：南朝時西江實即鬱水，包括今右江、邕江、鬱江、潯江和西江段，是貫通嶺南東西部的交通幹綫。由番禺沿西江而上可達鬱林，繼而轉合浦至交州，對南朝有效控制今越南北部地區至關重要（參見魯浩《南朝嶺南西江督護與州的增置》，《中國歷史地理論叢》2019年第2輯）。

[6]叛换：亦作“叛涣”。意謂恣睢跋扈。换，大德本、汲古閣本、殿本作“涣”。

[7]屈獠：中國南方少數民族部族名。

[8]是歲太清元年：按，據《梁書》卷三《武帝紀下》，李賁兵敗在中大同元年（546），其被殺時間在太清二年。本書與《陳書》卷一《高祖紀上》所記失準。太清，南朝梁武帝蕭衍年號

（547—549）。

［9］九真：郡名。治移風縣，在今越南清化省清化市北馬江南岸。

［10］勃帥：大德本、汲古閣本、殿本及《陳書·高祖紀上》皆作"劫帥"。底本誤。劫帥，指盗賊首領。

［11］德州：州名。治九德縣，在今越南義安省榮市。

［12］愛州：州名。治移風縣，在今越南清化省清化市北馬江南岸。

［13］西江督護：官名。職在鎮撫西江區域土著。其設置時間至晚在南朝宋孝武帝大明五年（461），齊、梁因之。《南齊書·州郡志上》云："廣州，鎮南海。濱際海隅，委輸交部，雖民户不多，而俚獠猥雜，皆樓居山險，不肯賓服。西南二江，川源深遠，别置督護，專征討之。"　高要：郡名。治高要縣，在今廣東肇慶市。

二年冬，侯景寇逼，帝將赴援，廣州刺史元景仲陰將圖帝。[1]帝知之，與成州刺史王懷明等集兵於南海，[2]馳檄以討景仲。景仲縊於閤下，[3]帝迎蕭勃鎮廣州。

［1］元景仲：本北魏宗室支屬，梁武帝普通中隨父兄降梁。封枝江縣公，歷任右衛將軍、廣州刺史等職。侯景發動叛亂，派人煽誘，以景仲爲元魏宗室，願尊奉爲主，景仲遂起兵響應，兵敗自殺。《梁書》卷三九有附傳。

［2］成州：州名。治梁信縣，在今廣東封開縣東南賀江口。　南海：郡名。治番禺縣，在今廣東廣州市。

［3］閤：大德本、汲古閣本、殿本及《陳書》卷一《高祖紀上》皆作"閣"。

時臨賀内史歐陽頠監衡州，[1]蘭裕、蘭京禮扇誘始興等十郡共攻頠，[2]頠請援於勃，勃令帝救之，悉禽裕等。[3]仍監始興郡事。帝遣杜僧明、胡穎將二千人頓于嶺上，[4]并厚結始興豪傑，同謀義舉，侯安都、張偲等率衆來附。[5]蕭勃聞之，遣鍾休悦説停帝，帝泣謂休悦曰："君辱臣死，誰敢愛命？僕行計决矣。"時蔡路養起兵據南康，[6]勃遣腹心譚世遠爲曲江令，[7]與路養相結，同遏義軍。

[1]臨賀内史：官名。時梁武帝之侄蕭正德爲臨賀郡王，臨賀爲王國，故設内史。臨賀，郡名。治臨賀縣，在今廣西賀州市東南。内史，官名。王國行政長官，掌民政，職如郡太守。　歐陽頠（wěi）：字靖世，長沙臨湘（今湖南長沙市）人。爲郡豪族，有聲南土。起家信武府中兵參軍。後與陳霸先深自結託，遂成心腹。本書卷六六、《陳書》卷九有傳。　監：官制用語。指以較高級别官員監理下級部門或某地區諸軍事，亦有以他官監理某地區民政事務者，凡監某州，即行使刺史職權。　衡州：州名。治含洭縣，在今廣東英德市浛洸鎮。陳朝後改爲西衡州。

[2]蘭裕：曾任梁高州刺史。以其兄蘭欽與歐陽頠爲故交，相招起事，爲歐陽頠所拒，遂於梁武帝太清三年（549）以始興等十郡叛，後爲陳霸先所擒。　始興：郡名。治曲江縣，在今廣東韶關市南武水西岸。

[3]禽：同"擒"。本卷下同，不另注。

[4]胡穎：字方秀，吴興東遷（今浙江湖州市南潯區）人。梁元帝承聖初任羅州刺史、豫章内史等職。本書卷六七、《陳書》卷一二有傳。　頓：屯駐，止宿。

[5]侯安都：字成師，始興曲江（今廣東韶關市）人。本書卷六六、《陳書》卷八有傳。

[6]蔡路養：南康郡（今江西贛州市）人。乘侯景之亂，據郡

與義軍對抗，爲陳霸先所敗。　南康：郡名。治贛縣，在今江西贛州市西南。

［7］譚世遠：梁廣州刺史蕭勃部將，後斬蕭勃，欲降陳霸先，爲人所害。按，本書卷八《梁敬紀帝》記太平二年三月“前衡州刺史譚遠於始興攻殺蕭勃”，“譚遠”即譚世遠，唐人避唐太宗李世民名諱而刪“世”字。《建康實録》卷一九亦作“譚遠”。本書作“譚世遠”，“世”字疑校者補，非本書原文（參見馬宗霍《南史校證》，湖南教育出版社 2008 年版，第 175 頁）。　曲江：縣名。治所在今廣東韶關市南武水西岸。

大寶元年正月，[1]帝發始興，次大庾嶺，大破路養軍，進頓南康。湘東王繹承制授帝交州刺史，[2]改封南野縣伯，[3]於是脩理崎頭古城徙居之。[4]劉惠騫等望見恒有紫氣冒城上，[5]遠近驚異，故惠騫等深自結於帝。尋改封長城縣侯，[6]南江州刺史。[7]時寧都人劉藹等資高州刺史李遷仕舟艦兵仗，[8]將襲南康，帝遣杜僧明等據白口禦之。[9]

［1］大寶：南朝梁簡文帝蕭綱年號（550—551）。

［2］湘東王繹：蕭繹。字世誠，梁武帝蕭衍第七子。武帝天監十三年（514）封湘東王。簡文帝大寶二年十一月在江陵稱帝，改元承聖。本書卷八、《梁書》卷五有紀。湘東，郡名。治臨烝縣，在今湖南衡陽市。

［3］南野縣伯：封爵名。南野，縣名。治所在今江西贛州市南康區西南。縣伯，開國縣伯的省稱。在梁位視九卿，班次之。陳爲九等爵之第四等，第四品，秩視中二千石。

［4］崎頭古城：在今江西大余縣東章江曲流處。《讀史方輿紀

要》卷八八《江西六·大庾縣》:“崎頭城，府東百里。孫愐曰:‘曲岸曰崎。’城在章江岸曲，因名。”按，高敏《南北史考索》上編云:“據《陳書》卷一《高祖紀上》所載，陳霸先‘發自始興，次大庾嶺’和爲交州刺史、封南野縣伯，均在大寶元年（550）正月，而其‘修崎頭古城’以居之及改封長城縣侯等，均在大寶元年六月,《南史》删削其‘六月’之文，而以上述諸事一概上承大寶元年正月，以致發生時間上的錯誤，此因删致誤也。”（第57頁）

[5]劉惠騫：事迹不見於《梁書》《陳書》，唐人林寶《元和姓纂》卷五云:“楚元王交六代孫延壽，裔孫璠，居南康。六代孫惠騫，梁同州刺史。孫悔陵，唐少府監。”“六代孫惠騫”當即劉惠騫。　紫氣：紫色雲氣。古代望氣觀念中視爲祥瑞之氣，是帝王、聖賢等出現的預兆。

[6]縣侯：爵名。開國縣侯的省稱。在梁位視孤卿、重號將軍、光禄大夫，班次之。在陳爲九等爵之第三等，第三品。

[7]南江州：州名。治新吴縣，在今江西奉新縣西。

[8]寧都：縣名。治所在今江西寧都縣。　劉藹：《陳書》卷一《高祖紀上》同。本書及《陳書》之《杜僧明傳》《周文育傳》並作“劉孝尚”。　李遷仕：梁高州刺史。簡文帝大寶元年起兵叛梁，被陳霸先擒殺。

[9]白口：城名。故址在今江西泰和縣南贛江畔。

二年，僧明禽遷仕，送南康斬之。承制授帝江州刺史。帝發南康，灨石舊有二十四灘，[1]灘多巨石，行旅以爲難。帝之發，水暴起數丈，三百里間巨石皆没。進軍頓西昌，[2]有龍見水濱，高五丈，五采鮮曜，軍人觀者數萬人。[3]帝又嘗獨坐胡牀於閤下，[4]忽有神光滿閤，廊廡之間，並得相見。趙知禮侍側，[5]怪而問帝，帝笑不答。[6]時承制遣征東將軍王僧辯督衆軍討侯景，[7]次盆城，[8]帝率杜僧明等合三萬將會焉。[9]時西軍乏食，[10]帝先計軍糧五十萬石，[11]至是分三十萬石以資之。仍頓巴丘。[12]會侯景廢簡文，[13]立豫章嗣王棟，[14]帝遣兼長史沈衮奉表於江陵勸進。[15]承制授帝東楊州刺史，[16]領會稽太守。[17]

[1]灨（gàn）石：贛水自今江西贛州市北至吉安市，江中有十八灘，稱爲灨石。《資治通鑑》卷一六四《梁紀二十》簡文帝大寶二年胡三省注云："《章貢圖經》曰：東江發源於汀州界之新樂山，經雩都而會于章水。西江導源於南安大庾縣之聶都山，與貢水合，會于贛水。二水合而爲贛，在州治後，北流一百八十里至萬安縣界。由萬安而上，爲灘十有八，怪石如精鐵，突兀廉厲，錯峙波面。自贛水而上，信豐、寧都俱有石磧，險阻視十八灘，故俚俗以爲上下三百里贛石。"

[2]西昌：縣名。治所在今江西泰和縣西。

[3]軍人：《陳書》卷一《高祖紀上》作"軍民"，本書避唐太宗李世民諱改。

[4]胡牀：亦稱"交床""繩床"。古時一種可以折疊的輕便坐具，類似現今的"馬扎"。本爲北方胡人生活用具，漢代傳入中原，故稱"胡床"。

[5]趙知禮：字齊旦，天水隴西（今甘肅隴西縣）人。本書卷六八、《陳書》卷一六有傳。

[6]帝笑不答：按，胡牀神光之事，不見於《陳書》。

[7]征東將軍：官名。與征西、征南、征北將軍合稱四征將軍。多授持節都督，出鎮方面，地位顯要。梁二十三班。陳擬二品，比秩中二千石。　王僧辯：字君才，太原祁（今山西祁縣）。初爲北魏將領，梁初隨父南渡，任湘東王蕭繹府中司馬等職。後與陳霸先收復建康。蕭繹即位後，爲太尉。梁元帝被殺，僧辯又立北齊扶持

的蕭淵明爲帝，終爲陳霸先所襲殺。本書卷六三有附傳，《梁書》卷四五有傳。　侯景：字萬景。原爲東魏大將，後叛至南朝梁，於梁武帝太清二年（548）在壽陽發動叛亂，次年攻克都城建康，擅行廢立，禍亂朝野，史稱“侯景之亂”。本書卷八〇、《梁書》卷五六有傳。

[8]盆城：即湓城，又名湓口城。在今江西九江市。地當湓水（今龍開河）入江處，故名。《陳書·高祖紀上》、《資治通鑑》卷一六四《梁紀二十》簡文帝大寶二年皆作“湓城”。

[9]三萬：《陳書·高祖紀上》作“三萬人”。中華本據補“人”字。

[10]西軍：此指王僧辯所部軍隊。

[11]計：《陳書·高祖紀上》作“貯”，中華本據改。

[12]巴丘：縣名。亦作巴邱。治所在今江西峽江縣。

[13]簡文：梁簡文帝蕭綱。字世纘，小字六通，梁武帝蕭衍第三子。本書卷八、《梁書》卷四有紀。

[14]豫章嗣王揀：大德本“揀”作“揀”，汲古閣本、殿本作“棟”。作“棟”是。棟，蕭棟。字元吉，梁武帝嫡孫蕭歡之子。嗣父爵爲豫章王，後被侯景扶植登基。侯景敗後，爲蕭繹所殺。本書卷五三有附傳。豫章，郡名。治南昌縣，在今江西南昌市。

[15]江陵：縣名。治所在今湖北荆州市荆州區。時爲湘東王蕭繹駐在地。

[16]東楊州：州名。治山陰縣，在今浙江紹興市。

[17]會稽：郡名。治山陰縣，在今浙江紹興市。南朝州刺史往往自領該州治所所在之郡，以加强刺史之控制權。

三年，[1]帝帥師發自豫章。二月，次桑落洲。[2]時僧辯已發盆城，會帝于白茅灣，[3]乃登岸結壇，刑牲盟約。進次大雷，[4]軍人杜稜夢雷池君、周何神，[5]自稱征討大將軍，乘朱航，[6]陳甲仗，稱下征侯景，須臾便還，云已殺景竟。[7]

[1]三年：南朝梁簡文帝大寶三年。王鳴盛《十七史商榷》卷五五《大寶三年》："大寶本無三年，簡文帝已於去年被弑矣，是年實元帝之承聖元年，但爾時尚未即位，事無所繫，史家姑就陳高祖語，故書大寶三年。"

[2]桑落洲：沙洲名。在今江西九江市東北長江中。《讀史方輿紀要》卷八五《江西三・德化縣》云："昔江水泛漲，有一桑流至此，因名。"

[3]白茅灣：地名。在今江西九江市東北，桑落洲西側。《梁書》卷四五《王僧辯傳》作"白茅洲"。

[4]大雷：戍名。在今安徽望江縣。境内有大雷戍，亦稱雷池戍。

[5]雷池君：雷池神祇。雷池，湖泊名。即大雷水，在今湖北黄梅縣和安徽宿松縣以南，望江縣西境長江北岸龍感湖、大官湖及泊湖一帶。　周何神：民間廟神。所祀周何，不知爲誰。

[6]朱航：船名。

[7]按，軍人做夢殺侯景之事，亦見本書卷六三《王僧辯傳》："郢州既平，僧辯進師尋陽。軍人多夢周何二廟神云：'吾已助天子討賊。'自稱征討大將軍，並乘朱航。俄而反曰：'已殺景。'同夢者數十百焉。"此事不見於《陳書》，雖有補史之效，亦爲有識者詬病，趙翼即以此例評判説："李延壽修史，專以博採異聞，資人談助爲能事，故凡稍涉新奇者，必羅列不遺，即記載相同者，亦必稍異其詞，以駭觀聽……諸如此類，必一一裝入，毋怪行文轉多澁滯，不如《梁書》之爽勁也。"（《廿二史劄記》卷一一《南史增梁書瑣言碎事》）

三月，帝與諸軍進剋姑熟，[1]仍次蔡洲。[2]侯景登石頭城，[3]望官軍之盛，不悦，曰："一把子人，何足可打！"[4]密謂左右曰："此軍上有紫氣，不易可當。"乃以舡舸貯石，[5]沈塞淮口，[6]緣淮作城，自石頭迄青溪十餘里中，[7]樓雉相接。[8]僧辯遣杜崱問計於帝，[9]帝以諸將不敢當鋒，請先往立栅。[10]即於石頭西撗壠築栅，[11]衆軍次連八城，直出東北。賊恐西州路斷，[12]亦於東北果林作五城，以遏大路。帝曰："善用兵者，如常山之蛇，使救首救尾，困而無暇。今我師既衆，賊徒甚寡，應分賊兵力，以弱制彊。"[13]乃命諸將分處置兵，帝與王琳、杜龕等悉力乘之，[14]景衆大潰。僧辯啓命帝鎮京口。[15]

[1]姑熟：縣名。亦作姑孰。治所在今安徽當塗縣。

[2]蔡洲：建康西南長江中的沙洲，與石頭城隔水相峙。在今江蘇南京市西南。

[3]石頭城：又名石首城，簡稱石城。依石頭山（今江蘇南京市西清凉山）而建，負山面江，形勢險固，爲六朝軍事交通要地。南朝宋山謙之《丹陽記》云："石頭城，吴時悉土塢。義熙初始加磚累甓，因山以爲城，因江以爲池。地形險固，尤有奇勢。亦謂之石首城。"（參見劉緯毅《漢唐方志輯佚》，北京圖書館出版社 1997 年版，第 177 頁）宋人張敦頤《六朝事迹編類》卷二："吴孫權沿淮立栅，又於江岸必争之地築城，名曰石頭。"

[4]一把子人，何足可打：侯景此語，不見於《陳書》。一把子，南北朝時口語，形容數量有限。《北齊書》卷五〇《高阿那肱傳》："一把子賊，馬上刺取，一擲汾河中。"打，同"擊"，東晉、南朝時常用口語詞〔參見汪維輝《東漢—隋常用詞演變研究（修訂本）》，商務印書館 2017 年版，第 458—460 頁〕。

[5]舠艕：短而底深的小船，便於運送重物。揚雄《方言》："南楚江湘凡船大者謂之舸，小舸謂之艖。艖謂之艒艁，小艒艁謂之艇，艇長而薄者謂之艒，短而深者謂之艕。"舠艕即艖艕。

[6]淮口：在今江蘇南京市。爲秦淮河匯入長江之處。

[7]青溪：河渠名。在今江蘇南京市東北紫金山屈曲西南流，經南京市區匯入秦淮河。吴大帝孫權於赤烏四年（241）詔令開鑿東渠，取名青溪，北接玄武湖（後湖）東南角，南流達於秦淮水，是建康城東面縱貫南北的河道，兼具軍事與交通功能。

[8]樓雉：城墻。

[9]杜崱：京兆杜陵（今陝西西安市長安區）人，世居於襄陽（今湖北襄陽市）。本書卷六四、《梁書》卷四六有傳。

[10]栅：營寨。

[11]撗壠：在今江蘇南京市西南。《資治通鑑》卷一六四《梁紀二十》元帝承聖元年作"霸先於石頭西落星山築栅"。落星山即横隴。《讀史方輿紀要》卷二〇《南直二・江寧縣》云："落星岡，府西北九里。齊東昏侯永元元年，江州刺史陳顯達舉兵逼建康，軍於新林，潛軍夜襲宫城。明日以數千人登落星岡，新亭諸軍皆潰還。又陳霸先討侯景，於石頭西落星山築栅。胡氏曰：'石頭城西有横隴謂之落星岡，亦名落星墩，又府西三十里有落星洲，西南五十里有落星山，皆以星殞得名。'又有落星山，在今攝山之西南。"撗，大德本、汲古閣本、殿本作"横"。壠，或作"隴"。

[12]西州：西州城。亦爲諸王宅第集中之處，建有城防設施，爲建康城西重要的軍事據點。因在都城建康之西，故名。故址當在今江蘇南京市秦淮區朝天宫東、運瀆故道西岸一帶。

[13]以弱制彊：中華本改爲"以强制弱"。其校勘記云："以强制弱，各本作'以弱制强'。按上文云'今我師既衆，賊徒甚寡'。知各本强弱互倒，據《通鑑》乙正。"高敏則以爲中華本校勘記之説未必正確，"因爲不僅《南史》各本均作'以弱制强'，而且《陳書》卷一《高祖紀上》亦作'以弱制强'，《通志》卷十四《陳紀》

亦作‘以弱制强’，衹有《資治通鑑》卷一百六十四作‘以强制弱’，安知非司馬光以己意改之！如果從上下文意來説，不僅不能證明應作‘以强制弱’，恰恰可以證明應作‘以弱制强’。因爲《南史》載陳霸先在戰前的分析説：‘善用兵者，如常山之蛇，使救首救尾，困而無暇（《陳書》作“首尾相應”）。今我師既衆，賊徒甚寡，應分賊兵力（《陳書》之“力”作“勢”）以弱制强。’‘(《陳書》還有“何故聚其鋒鋭，令必死於我”句）乃命諸將分處置兵，帝與王琳……等悉力乘之，景衆大潰。’從我衆敵寡的表面現象看，似乎應作‘以强制弱’；但從陳霸先的措施來看，恰恰是分散自己的兵力，使之能首尾相救，然後使敵人也要分兵來對付。這樣，陳霸先軍不是采用‘聚其鋒鋭’的戰術，對於每一支分散的陳霸先軍來説，就成了‘以弱制强’。因此，此句仍應作‘以弱制强’，《南史》校勘記之説未必可信”（《南北史考索》上編，第57—58頁）。

[14]王琳：字子珩，會稽山陰（今浙江紹興市）人。本書卷六四、《北齊書》卷三二有傳。　杜龕（kān）：京兆杜陵（今陝西西安市長安區）。王僧辯之婿。仕梁爲定州刺史、鎮東將軍、震州刺史。王僧辯死，起兵對抗陳霸先，兵敗歸降，被賜死。本書卷六四、《梁書》卷四六有附傳。

[15]啓：啓奏，禀告。　京口：地名。在今江蘇鎮江市。又稱京城、京、北京，在建康之東，是拱衛京師的軍事要地。

五月，齊遣將辛術圍嚴超達於秦郡，[1]帝命徐度領兵助其固守。[2]齊衆起土山，穿地道，攻之甚急。帝乃自率萬人解其圍，振旅南歸。承制授帝征北大將軍、開府儀同三司、南徐州刺史，[3]進封長城縣公。[4]及王僧辯征陸納於湘州，[5]承制命帝代鎮楊州。[6]

[1]辛術：字懷哲，隴西狄道（今甘肅臨洮縣）人。時任北齊東南道行臺尚書，乘梁平侯景之機，招略淮南州郡。《北齊書》卷三八有傳，《北史》卷五〇有附傳。　嚴超達：南朝梁官員，時任秦郡太守。　秦郡：郡名。治六合縣，在今江蘇南京市六合區。

[2]徐度：字孝節，安陸（今湖北安陸市）人。本書卷六七、《陳書》卷一二有傳。

[3]征北大將軍：官名。征北將軍爲四征將軍之一，多出鎮地方，地位顯要。梁設將軍之號爲二十四班，班多者爲貴，征北將軍爲二十三班。陳擬二品，比秩中二千石。加大，則進一階。　開府儀同三司：官名。大臣加號，意謂與三司（太尉、司徒、司空）禮制、待遇相同，許開設府署，自辟僚屬。梁諸將軍開府儀同三司爲二十四班之第十七班。陳一品，秩萬石。　南徐州：州名。治京口城，在今江蘇鎮江市。

[4]長城縣公：封爵名。縣公，爲開國縣公的省稱。食邑爲縣，故常冠以所封縣名。在梁位視三公，班次之。陳置爲九等爵之第二等，第二品，秩視中二千石。據《陳書》卷一《高祖紀上》，長城縣公食邑併前增至五千户。

[5]陸納：梁湘州刺史王琳長史。梁元帝囚王琳，陸納據湘州反。事見本書卷六四《王琳傳》。　湘州：州名。治臨湘縣，在今湖南長沙市。按，據《陳書·高祖紀上》，王僧辯率衆征陸納於湘州，並承制命高祖代鎮揚州，時在梁簡文帝大寶三年（552）七月。本書删《陳書》七月以後事，而以上述事件與發生在五月的“振旅南歸”連叙，造成了時間上的錯誤，此屬因删致誤（詳見高敏《南北史考索》上編，第58頁）。

[6]楊州：州名。即揚州。治建康縣，在今江蘇南京市。按，南朝時揚州刺史治所或在臺城西之西州城（在今江蘇南京市秦淮區朝天宫東、運瀆故道西岸一帶），或在臺城東之東府（在今江蘇南京市通濟門附近，南臨秦淮河）。宋孝武帝孝建三年（456）之前，宗室諸王以宰相録尚書事而兼揚州刺史者居東府，其他任揚州刺史

者（包括異姓宰相録尚書事兼揚州刺史）則居西州。孝建三年之後，通常情況下，不管是否是宰相録尚書事，揚州刺史皆居東府（參見熊清元《南朝之揚州刺史及其治所考析》，《黄岡師專學報》1994 年第 2 期）。

承聖二年，[1]湘州平，帝旋鎮京口。

[1]承聖：南朝梁元帝蕭繹年號（552—555）。簡文帝大寶三年（552）十一月，湘東王蕭繹即位於江陵，改大寶三年爲承聖元年。

三年三月，[1]進帝位司空。[2]及魏平江陵，帝與王僧辯等進啓請晋安王以太宰承制。[3]十二月，晋安王至自尋陽，[4]入居朝堂，[5]給帝班劍二十人。[6]

[1]三月：《陳書》卷一《高祖紀上》同。《梁書》卷五《元帝紀》及《資治通鑑》卷一六五《梁紀二十一》元帝承聖三年皆記作"夏四月癸酉"。

[2]司空：官名。與太尉、司徒並爲三公。魏晋南北朝爲名譽宰相，多爲大臣加官，無實際職掌。梁十八班。陳一品，秩萬石。

[3]晋安王：此指蕭方智。字慧相，小字法真，梁元帝第九子。初封晋安王，後被陳霸先擁立爲帝，是爲梁敬帝。本書卷八、《梁書》卷六有紀。晋安，郡名。治候官縣，在今福建福州市。　太宰：官名。晋初避司馬師諱，以周官太宰名代太師，與太傅、太保皆位上公，職在論道經邦，燮理陰陽。東晋不常授人。南朝沿置，多用以安置元老勳舊大臣，名義尊榮，無職掌。梁十八班。陳一品，秩萬石。

[4]尋陽：郡名。治柴桑縣，在今江西九江市西南。

［5］朝堂：尚書朝堂的省稱。爲尚書上省理政處。南朝尚書分爲上省與下省，上省爲尚書令、尚書僕射等八座丞郎議事處，屬決策機構，地近禁中；下省爲尚書諸曹辦公之處，屬執行機構，在上省之東，中有閣道相通。

［6］班劍：儀制術語。又稱"斑劍"。漢代有朝服佩劍之禮儀，西晉後則代之以木劍，文飾斑斕，故稱"斑劍"。後世用爲帝王鹵簿法駕之儀仗，以佩劍武士若干人賜給勳臣作爲扈從，以示榮寵。所賜人數不一，皆視官階功勳而定。

四年五月，[1]齊送貞陽侯明還主社稷，[2]王僧辯納之。明即位，改元天成，[3]以晋安王爲皇太子。初，齊之納貞陽也，帝固争之，以爲不可，不見從。帝居常憤歎，曰："嗣主高祖之孫，[4]元皇之子，竟有何辜，[5]坐致廢黜？假立非次，此情可知。"乃密具袍數千領，及錦綵金銀，[6]以爲賞賜之資。

［1］四年五月：《陳書》卷一《高祖紀上》同。《梁書》卷六《敬帝紀》記作："三月，齊遣其上黨王高涣送貞陽侯蕭淵明來主梁嗣……七月辛丑，王僧辯納貞陽侯蕭淵明，自采石濟江。甲辰，入于京師。"按，據本卷與《陳書》，北齊送蕭淵明南下及即位改元皆在四年五月。據《梁書》，則淵明三月南來，七月方受納登基。當以《梁書》爲是。

［2］貞陽侯明：蕭明，即蕭淵明，唐代避高祖李淵名諱，删其"淵"字，稱蕭明，或轉"淵"爲"深"，稱蕭深明。字靖通，梁武帝蕭衍兄子，封貞陽侯。先爲東魏所俘，後在北齊扶持下返歸建康登基稱帝，改承聖四年（555）爲天成元年，同年九月被陳霸先廢黜，降爲建安王。北齊追謚爲閔皇帝。本書卷五一有附傳，其事亦見《梁書·敬帝紀》。貞陽，縣名。治所在今廣東英德市東南滃

江北。

[3]天成：南朝梁貞陽侯蕭淵明年號（555）。

[4]高祖：南朝梁武帝蕭衍廟號。

[5]辜：大德本、汲古閣本、殿本作“事”。馬宗霍《南史校證》云：“按元刊本《南史》‘何事’作‘何辜’，與《陳書·武帝紀》同，是也。《通鑑》卷一六六作‘何罪’，辜即罪也。”（第177頁）

[6]綵：大德本、汲古閣本、殿本作“綿”。馬宗霍《南史校證》云：“按元刊本《南史》‘綿’作‘彩’，與《陳書·武帝紀》同，是也。《通鑑》卷一六六亦作‘彩’。”（第177頁）

九月壬寅，帝召徐度、侯安都、周文育，[1]仍部列將士，水陸俱進，夜發南徐州，討王僧辯。甲辰，帝至石頭，前遣勇士自城北踰入。時僧辯方視事，聞外白有兵，遽走。帝大兵尋至，因風縱火，僧辯就禽。是夜縊之，及其子頠。於是廢貞陽侯，而奉晋安王即位，改承聖四年爲紹泰元年。[2]壬子，[3]詔授帝侍中、大都督中外諸軍事、車騎將軍、揚南徐二州刺史，[4]持節、司空、班劍、鼓吹並如故。[5]仍詔甲仗百人出入殿省。[6]

[1]周文育：字景德，義興陽羨（今江蘇宜興市）人。本書卷六六、《陳書》卷八有傳。

[2]紹泰：南朝梁敬帝蕭方智年號（555—556）。

[3]壬子：中華本校勘記云：“下有甲戌、丁丑。按紹泰元年九月戊寅朔，是月無壬子、甲戌、丁丑。十月戊申朔，初五日壬子，二十七日甲戌，三十日丁丑。‘壬子’上當加‘冬十月’三字。”

[4]侍中：官名。南朝梁、陳時爲門下省長官，侍奉皇帝生活

起居，侍從左右，有顧問應對、諫諍糾察之職能，同時兼掌出納、璽封詔奏，有封駁權，參預機密政務，上親皇帝，下接百官，官顯職重。多選美姿容、有文才、與皇帝親近者任之。並爲親王之起家官。梁十二班。陳三品，秩中二千石。　大都督中外諸軍事：官名。魏晉南北朝置都督中外諸軍事，亦有都督中外諸軍、中外都督、中外諸軍事等省稱。負責總統禁衛軍、地方軍在内的内外諸軍，爲全國最高軍事統帥，位高權重，故不常置。《晋書・職官志》云："魏文帝黄初三年，始置都督諸州軍事，或領刺史。又上軍大將軍曹真都督中外諸軍事、假黄鉞，則總統内外諸軍矣……江左以來，都督中外尤重，唯王導等權重者乃居之。"魏晋之際，權臣司馬師、司馬昭先後任都督中外諸軍事，相繼加"大"，地位更高。南朝沿用此制，但僅有宋末蕭道成，梁末蕭繹、陳霸先等任過此職。　車騎將軍：官名。魏晋南北朝時位次驃騎將軍，在諸名號大將軍上。梁武帝天監七年（508）定爲武職二十四班中的二十四班。陳擬一品，比秩中二千石。

[5]持節：漢代使臣奉皇帝之命出行，持節杖以爲憑證，並示威重，謂之持節。魏晋以後演化爲假節、持節、使持節三個權力大小不同的官名，多授予都督諸州軍事及刺史總軍戎者。持節得專殺無官位之人，在軍事行動中有誅殺二千石以下官吏的權力。　鼓吹：本爲皇帝出行儀仗的組成部分，南朝時往往賜予皇親國戚或有功大臣，以示尊崇。高級儀仗分爲前部鼓吹、後部鼓吹，前部鼓吹在前開道，以鉦、鼓等大型樂器爲主，樂工步行演奏；後部鼓吹殿後，以簫、笳、鼙等小型樂器爲主，樂工或步行，或在馬上演奏。

[6]殿省：宫廷與臺省。

震州刺史杜龕據吴興，[1]與義興太守韋載舉兵逆命。[2]辛未，帝表自東討，留高州刺史侯安都、石州刺史杜稜宿衛臺省。[3]甲戌，軍至義興。秦州刺史徐嗣徽據城入齊，[4]又要南豫州刺史任約舉兵應龕，[5]齊人資其兵食。嗣徽乘虛奄至闕下，[6]侯安都出戰，嗣徽等退據石頭。丁丑，載及龕從弟北叟來降，帝撫而釋之，仍以載兄鼎知郡事。[7]以嗣徽寇逼，卷甲還都，命周文育進討杜龕。

[1]震州：州名。治烏程縣，在今浙江湖州市。南朝梁敬帝紹泰元年（555）以吴興郡置，太平元年（556）罷。

[2]韋載：字德基，京兆杜陵（今陝西西安市長安區）人。王僧辯部將。本書卷五八有附傳，《陳書》卷一八有傳。

[3]石州：州名。治夫寧縣，在今廣西藤縣東北潯江南、北流江東岸。　杜稜：字雄盛，吴郡錢塘（今浙江杭州市）人。本書卷六七、《陳書》卷一二有傳。　臺省：漢之尚書臺、三國魏之中書省皆是代表皇帝發布政令的中樞機關，後因以“臺省”代指政府的中央機構。

[4]秦州：州名。治六合縣，在今江蘇南京市六合區。　徐嗣徽：祖籍高平郡（今山東巨野縣）。侯景之亂，歸梁元帝，歷羅州刺史、秦州刺史等職。後挾北齊軍攻陳霸先，兵敗被殺。本書卷六三有附傳。

[5]南豫州：州名。梁武帝太清元年（547）七月，以壽春（今安徽壽縣）爲南豫州。平定侯景之亂後，徙鎮至姑孰（今安徽當塗縣）。陳宣帝太建五年（573）復徙鎮歷陽（今安徽和縣）。太建十一年，還鎮姑孰。　任約：侯景部將。兵敗降梁，任晋安王司馬、征南將軍、南豫州刺史、征南大將軍。後起兵反擊陳霸先，兵敗後歸順北齊。

[6]闕下：建康宫城正門大司馬門前有神龍、仁虎二闕，闕下即指城門之下。

[7]鼎：韋鼎。字超盛。京兆杜陵（今陝西西安市長安區）

人。本書卷五八有附傳。

十一月己卯，齊遣兵五千，度據姑熟，[1]又遣安州刺史翟子崇、楚州刺史劉士榮、淮州刺史柳達摩，[2]領兵萬人，於胡墅度米粟三萬石、馬千匹入石頭。[3]帝乃遣侯安都領水軍夜襲胡墅，燒齊船，周鐵武率舟師斷齊運輸，[4]帝領鐵騎自西明門襲之。[5]齊人大潰，嗣徽留達摩等守城，自率親屬腹心往南州採石，[6]以迎齊援。

[1]度：同“渡”。馬宗霍《南史校證》云：“按《陳書·武帝紀》‘度’作‘濟渡’二字，《南史》僅一‘度’字，句意不明。《通鑑》卷一六六作‘度江’。是也。”（第178頁）

[2]安州：州名。按，據文意，當爲北齊之州。北齊有安州，寄治於幽州北界（今北京市密雲區東北），似與南方戰事無關。《隋書·地理志下》“下邳郡”條云：“後魏置南徐州，梁改爲東徐州，東魏又改曰東楚州，陳改爲安州，後周改爲泗州。”陳改東楚州爲安州，時在宣帝太建七年（575）。頗疑此安州即東魏、北齊之東楚州。東楚州、安州治宿預縣，在今江蘇宿遷市東南舊黄河東北岸古城。　楚州：州名。按，梁有楚州，治楚城，在今河南信陽市平橋區長臺關西。此當指東魏之楚州，東魏孝静帝武定七年（549）改梁之北徐州爲楚州，北齊改稱西楚州。治燕縣，在今安徽鳳陽縣臨淮關鎮。　劉士榮：北齊官員。曾爲齊徐州刺史高歸彦長史，後任齊楚州刺史。士榮，《魏書》卷五九《蕭正表傳》、《北齊書》卷二一《高季式傳》、《北史》卷三一《高季式傳》、《建康實録》卷一七、《資治通鑑》卷一六六同。《梁書》卷六《敬帝紀》、《陳書》卷一《高祖紀上》、本書卷八《梁敬帝紀》皆作“仕榮”。　淮州：州名。治懷恩縣，在今江蘇淮安市西南

[3]胡墅：城名。在今江蘇南京市長江北岸。時爲江防重地，

隔江與建康城相對。

[4]周鐵武：即周鐵虎，唐人避高祖李淵祖父李虎名諱，改“虎”爲“武”。初爲梁河東王蕭譽部將，後歸梁元帝蕭繹，平侯景之亂有功，任潼州刺史，封沌陽縣子。後率部歸陳霸先，屢建戰功，累遷至太子左衛率。陳武帝永定元年（557），征討王琳，兵敗被殺。本書卷六七、《陳書》卷一〇有傳。

[5]西明門：城門名。南朝梁、陳時，京師建康城西面有二門，中爲西明門，南爲閶闔門。

[6]南州：南州津，在今安徽馬鞍山市西南采石磯江口，又稱采石津。　採石：地名。在今安徽馬鞍山市西南采石街道江濱。爲南北方戰争渡江要地。

先是，太白自十一月景戌不見，[1]十二月乙卯出于東方。景辰，[2]帝盡命衆軍分部甲卒，[3]對治城日立航，[4]度兵攻其水南二栅。柳達摩等度淮置陣，[5]帝督兵疾戰，縱火燒栅，煙塵張天，[6]齊人大潰，盡收其船艦。是日，嗣徽、約等領齊兵還據石頭，帝遣侯安都領水軍襲破之，嗣徽等單舸脱走。丁巳，拔石頭南岸栅，移度北岸起栅，以絶其汲路。[7]又堙塞東門故城中諸井。[8]齊所據城中無水，水一合貿米一升，[9]一升米貿絹一匹，或炒米食之。達摩謂其衆曰:“頃在北，童謡云:[10]‘石頭擣兩襠，擣青復擣黄。’[11]侯景服青，已倒於此，今吾徒衣黄，豈謡言驗邪?”庚申，達摩遣侯子欽、劉士榮等請和，帝許之。乃於城外盟約，其將士恣其南北。辛酉，帝出石頭南門，陳兵送齊人歸北者。[12]及至，齊人殺之。[13]壬戌，齊和州長史烏丸遠自南州奔還歷陽。[14]江寧令陳嗣、黄門侍郎曹朗據姑熟，[15]不從。[16]

帝命侯安都、徐度等討平之，聚其首爲京觀。[17] 是月，杜龕以城降。

[1]太白自十一月景戌不見："景戌"即"丙戌"。唐人避高祖李淵父李昞名諱，改"丙"爲"景"。景，大德本、汲古閣本、殿本作"丙"。太白，即金星，一名啓明星。古代星象觀念中，太白主殺伐，喻兵戎。

[2]景辰：即丙辰。大德本、汲古閣本、殿本作"丙辰"。

[3]分部：分派部署。

[4]對治城日立航：大德本、汲古閣本、殿本"治"作"冶"。中華本校勘記云："'冶城'下各本衍一'日'字，據《陳書》《通鑑》删。"可從。冶城，或作"冶城山"，在今江蘇南京市朝天宫一帶。孫吴定都建業，曾以此處爲冶鑄之所，故名。因其爲秦淮河北岸地勢最高點，故常爲兵争防控要地（參見賀雲翺《六朝瓦當與六朝都城》，文物出版社 2005 年版，第 201—205 頁）。航，連舟爲橋。

[5]淮：此指秦淮河，時稱淮水。

[6]張：大德本同，汲古閣本、殿本作"漲"。

[7]汲路：汲取井水之路。

[8]東門：此指石頭城東門。

[9]合：容量單位。南朝量制，一斛十斗，一斗十升，一升十合。一合約當今三十毫升。

[10]童謡：古代的一種特殊民間謡言形式，通常在兒童間傳唱。在古人觀念中，童謡是對社會現實的反映和預測，最終都會應驗。其内容既非兒童自編自唱，也非成人教習授意，而是神秘力量自然生成，既東漢王充所謂"世間童謡，非童所爲，氣導之也"（詳見趙凱《社會輿論與秦漢政治》，《古代文明》2007 年第 2 期）。

[11]石頭擣兩襠，擣青復擣黄："兩襠"即"裲襠"，古代指背

心，亦指武士所著前後兩合的短甲。《釋名·釋衣服》:“裲襠，其一當胸，其一當背也。”1954 年，湖南長沙東晋穆帝升平五年（361）周芳妻潘氏墓出土衣物疏中有“故帛羅縮兩當一領”（參見湖南省博物館《長沙兩晋南朝隋墓發掘報告》，《考古學報》1959 年第 3 期)，“兩當”即“裲襠”。“擣”與“倒”諧音。侯景與柳達摩先後在石頭城落敗，故有此童謡。

［12］陳兵：陳列士兵。

［13］及至，齊人殺之：此句《陳書》不載。

［14］和州：北齊州名。治歷陽縣，在今安徽和縣。

［15］江寧：縣名。治所在今江蘇南京市江寧區江寧街道。　黄門侍郎：官名。魏晋南北朝時爲侍中省或門下省次官，與侍中俱掌門下衆事，地位顯重。梁十班。陳四品，秩二千石。

［16］不從：《陳書》卷一《高祖紀上》作“反”。馬宗霍以爲，“就文勢言，不若作‘反’之允”（《南史校證》，第 179 頁）。就文意言，“不從”似更公允。

［17］京觀：爲炫耀武功，聚集敵尸、封土而成的高冢。《左傳》宣公十二年:“君盍築武軍，而收晋尸，以爲京觀。”杜預注:“積尸封土其上，謂之京觀。”

二年正月癸未，誅龕，其弟翕、從弟北叟、司馬沈孝敦並賜死。

三月戊戌，齊遣水軍儀同蕭軌、庫狄伏連、堯難宗、東方老、侍中裴英起、東廣州刺史獨狐辟惡、洛州刺史李希光，[1]并任約、徐嗣徽、王僧愔等衆十萬出柵口，[2]向梁山。[3]帳内盪主黄叢逆擊，[4]敗之，燒其前軍船艦。齊頓軍保蕪湖。[5]

［1］儀同：開府儀同三司的省稱。　庫狄伏連：字仲山，本名伏憐，訛音連，代（今河北蔚縣）人。官至開府儀同三司，封宜都郡王，除領軍大將軍。《北齊書》卷二〇、《北史》卷五三有附傳。　堯難宗：曾任東魏南岐州刺史、北齊開府儀同三司等職。　東方老：安德鬲（今山東德州市陵城區）人。封陽平縣伯，位南兖州刺史。後與蕭軌等渡江攻建業，兵敗被殺。《北齊書》卷二一、《北史》卷三一有附傳。　侍中裴英起：《北齊書》卷四《文宣帝紀》作“軍司裴英起”。裴英起，河東（今山西夏縣）人，仕東魏至定州刺史長史，北齊時歷行臺左丞、都官尚書、侍中等職。曾護送蕭淵明赴建康即位。入陳戰没，贈開府、尚書左僕射。《北齊書》卷二一有附傳。《册府元龜》卷八五五稱其人“聰慧滑稽，好劇譚，不拘儀簡”。　東廣州：北齊州名。治廣陵縣，在今江蘇揚州市北蜀岡上。《隋書·地理志下》“江都郡”條：“梁置南兖州，後齊改爲江廣州，陳復曰南兖，後周改爲吴州。”　洛州：北齊州名。治洛陽縣，在今河南洛陽市東北。　李希光：渤海蓨（今河北景縣）人。仕北齊爲揚州刺史、安南將軍，入陳戰没，贈開府儀同三司、西兖州刺史。《北齊書》卷二一、《北史》卷三一有附傳。

［2］王僧愔：王僧辯之弟。仕梁位至譙州刺史。陳霸先殺僧辯，僧愔投靠北齊，聯合齊軍攻陳，兵敗後投奔北齊。本書卷六三有附傳。　栅口：地名。亦稱栅江口，在今安徽蕪湖市東北裕溪口，爲古栅水入江處。古栅水即今裕溪河。《水經注·沔水》：“江水自濡須口又東，左會栅口，水導巢湖……栅水又東南流，注於大江，謂之栅口。”

［3］梁山：山名。即今安徽和縣南長江西岸之西梁山。與東岸蕪湖市博望山（東梁山）隔江對峙，合稱天門山，歷來爲江防要地。

［4］盪主：軍中統領突擊勇士的副將。清顧炎武《日知録》卷七云：“古人以左右衝殺爲盪陣，其鋭卒謂之跳盪，别帥謂之盪主。”

［5］蕪湖：縣名。治所在今安徽蕪湖市。

五月景申，[1]齊兵至秣陵故城。[2]己亥，帝率宗室王侯及朝臣，於大司馬門外白武闕下刑牲告天，[3]以齊人背約，發言慷慨，涕泗交流，士卒觀者益奮。辛丑，齊軍於秣陵故城跨淮立橋栅，引度兵馬。癸卯，自方山進及兒塘，[4]游騎至臺，[5]都下震駭。帝潛以精卒三千配沈泰，[6]度江襲齊行臺趙彦深於瓜步，[7]獲其舟粟。

[1]景申：即丙申。大德本、汲古閣本、殿本作“丙申”。

[2]秣陵故城：此指秦漢時期秣陵縣治所，在今江蘇南京市江寧區秣陵街道附近。東晉、南朝時移至今南京市秦淮區夫子廟秦淮河一帶。《建康實録》卷一云：“秦之秣陵縣城，即在今縣城東南六十里，秣陵橋東北故城是也。”

[3]大司馬門：建康宫城（臺城）南門有二，正門爲大司馬門，東側即南掖門。　白武闕：即白虎闕。唐人避唐高祖祖父李虎名諱，改“虎”爲“武”。大德本、汲古閣本、殿本作“虎”。宫城大司馬門前有神龍、仁虎二闕，建於梁武帝天監七年（508）。白虎闕即仁虎闕。

[4]方山：山名。即今江蘇南京市江寧區東南方山。《太平寰宇記》卷九〇《江南道二·上元縣》云：“方山，在縣東南五十里。周迴二十里，高一百一十六丈。其山四面等方孤絶。《輿地志》云：‘湖熟西北有方山，頂方正，上有池水。齊武帝於此築苑。吴大帝爲仙者葛玄立觀焉。’山謙之《丹陽記》：‘秦始皇鑿金陵，此山是其斷者。山形整聳，故名方山。’”　兒塘：地名。也稱倪塘，位於建康城東。在今江蘇南京市江寧區東南。

[5]臺：臺城，亦即宫城，在京師建康城中北部。本爲吴之苑城，晋成帝咸和年間改築爲宫城，是爲建康宫。因其爲臺省所在，故稱臺城。故址在今江蘇南京市雞籠山南。據《建康實録》卷七引《圖經》載，臺城“周八里，有兩重牆”。

[6]沈泰：梁末爲張彪司馬，升定州刺史，入陳爲安西將軍、南豫州刺史，陳武帝永定二年（558）畏罪投奔北齊。

[7]行臺：本爲扈從皇帝出征時執行尚書臺職權的臨時性機構，三國魏始置。北朝時演變爲常設機構，兼理軍政庶務，爲地方最高行政機關。　趙彦深：或作"趙顔琛"。馬宗霍《南史校證》云："《陳書·武帝紀》'彦深'作'顔琛'，《通鑑》卷一六六與《南史》同。檢《北齊書·列傳》，作'深'字是也。"（第179頁）　瓜步：亦稱瓜埠。在今江蘇南京市六合區，東臨長江。

六月甲辰，齊兵潛至鍾山龍尾。[1]丁未，進至莫府山。[2]帝遣錢明領水軍出江乘，[3]要擊齊人糧運，[4]盡獲之。齊軍大餒，殺馬驢而食之。壬子，齊軍至玄武湖西北莫府山南，[5]將據北郊壇。[6]衆軍自覆舟東移，[7]頓郊壇北，與齊人相對。其夜，大雨震電，暴風拔木，平地水丈餘。齊軍晝夜坐立泥中，縣鬲以爨，[8]足指皆爛。而臺中及潮溝北，[9]水退路燥，官軍每得番易。[10]甲寅，少霽。是時食盡，[11]調市人餽軍，皆是麥屑爲飯，[12]以荷葉裹而分給，間以麥䴵，[13]兵士皆困。會文帝遣送米三千石，[14]鴨千頭，帝即炊米煮鴨，誓申一戰。士及防身，計糧數臠，人人裹飯，媲以鴨肉。[15]帝命衆軍蓐食攻之，[16]齊軍大潰。執嗣徽及其弟嗣宗，斬之以徇。虜蕭軌、東方老、王敬寶、李希光、裴英起、王僧智等將帥四十六人。[17]其軍士得竄至江者，縛筏以濟，中江而溺，流屍至京口者彌岸。惟任約、王僧愔獲免。先是童謡云："虜萬夫，入五湖，城南酒家使虜奴。"自晉宋以後，經絓在魏境江淮以北，南人皆謂爲虜，[18]是時以賞俘貿酒者，[19]一人裁得一醉。丁巳，衆軍出南州，燒賊舟。己未，斬劉歸義、徐嗣産、傅野猪于建康市。[20]是日解嚴。庚申，誅蕭軌、東方老、王敬寶、李希光、裴英起等。

[1]鍾山：又稱蔣山。即今江蘇南京市紫金山。　龍尾：鍾山西南方的富貴山，俗稱龍尾坡。或以爲在鍾山之北，即今南京市蔣王廟社區靠近鍾山登山口一帶（參見蔡宗憲《六朝軍事史上的鍾山——以龍尾與白土岡爲中心的考察》，《早期中國史研究》第十一卷，2019 年，第 287—327 頁）。由山脚或城底沿坡勢逶迤而上的小道，由上俯視，宛如下垂之龍尾，故名。《資治通鑑》卷一六六《梁紀二十二》敬帝太平元年胡三省注："自山趾築道，陂陀以登山，曰龍尾。"

[2]莫府山：亦稱幕府山。在今江蘇南京市西北郊。相傳東晋元帝時丞相王導曾建幕府於此山，因以爲名。山北臨長江，形勢險要，爲都城建康之門户。

[3]錢明：本爲陳霸先部下，官至湘東太守，後投靠湘州刺史華皎，聯合北周軍隊，於陳廢帝光大元年（567）叛陳，兵敗被殺。　江乘：縣名。治所在今江蘇句容市北。

[4]要（yāo）：同"邀"。中途攔截。

[5]玄武湖：一名後湖、蔣陵湖、高湖。在今江蘇南京市北鍾山與長江之間。

[6]北郊壇：禮制建築。爲天子祭地之所。南朝建康北郊壇始建於東晋成帝咸和八年（333），最初位於覆舟山南麓，其後屢遷，至宋孝武帝大明三年（459）移至鍾山北原道西（大致位於今江蘇南京市太平門外鎖金村至新莊附近），與南郊壇（在今南京市牛首山下）遥相對應（參見張學鋒《南朝建康的都城空間與葬地》，《中華文史論叢》2019 年第 3 期）。

［7］覆舟：山名。又名玄武山。在今江蘇南京市太平門内，北臨玄武湖，東接鍾山，山形似覆舟，故名。

［8］縣（xuán）鬲以爨（cuàn）：地面積水，生火做飯需要將鍋具懸挂起來。

［9］潮溝：溝渠名。京師建康的北垣護城壕。孫吴時期開鑿。主渠道東接青溪，向西經都城北垣三門外抵西城墻外，南折與由秦淮河北上的運瀆連接。另鑿河道將玄武湖水引入主渠。可參《建康實録》卷二及《六朝事迹編類》卷五《江河門》。

［10］番易：輪流换防。

［11］"是時食盡"至"焜以鴨肉"：《陳書》卷一《高祖紀上》不載。

［12］麥屑：小麥磨成的細粒。

［13］麥餅（bǎn）：麥面餅。按，南人以食稻者居多，南朝官吏月俸甚至也用白米支付，故不喜麥食。

［14］文帝：南朝陳文帝陳蒨。陳霸先之侄，後即位爲文帝，廟號世祖。本書本卷、《陳書》卷三有紀。

［15］焜（hùn）：以物覆蓋。《資治通鑑》卷一六六《梁紀二十二》敬帝太平元年胡三省注："以鴨肉蓋飯上曰焜。今江東人猶謂以物蒙頭曰焜。"

［16］蓐（rù）食：未及起身而在床上進食，意謂早餐時間甚早。一説意謂飽食。王引之《經義述聞》卷一七《春秋左傳上》云："蓐，厚也，食之豐厚於常，因謂之'蓐食'。"

［17］王敬寶：太原（今山西太原市）人。仕北齊爲東廣州刺史。文宣帝天保七年（556）與蕭軌等攻建康，兵敗身死。《北齊書》卷二〇、《北史》卷五三有附傳。　王僧智：王僧辯之弟、王僧愔之兄。王僧辯死後，投靠任約。

［18］南人皆謂爲虜：南北朝時期，南北政權交争不止，南稱北爲索虜，北稱南爲島夷。

［19］是時：大德本、汲古閣本、殿本同，百衲本作"衆時"，

《册府元龜》卷八九四同。中華本作“于是”。

［20］劉歸義：侯景部將。官至開府儀同三司，後隨劉神茂降梁。　徐嗣産：徐嗣徽之弟。本書卷六三有附傳。嗣産，《梁書》卷六《敬帝紀》同。《陳書》卷一《高祖紀上》作“嗣彦”，中華本據改。　建康市：南朝宋山謙之《丹陽記》云：“京師四市。建康大市，孫權所立。建康東市，同時立。建康北市，永安中立。秣陵鬬場市，隆安中發樂營人交易因成市也。”（参見劉緯毅《漢唐方志輯佚》，北京圖書館出版社 1997 年版，第 176 頁）古代行刑於市，意謂與衆棄之。

太平元年九月壬寅，[1] 帝進位丞相、録尚書事、鎮衛大將軍、揚州牧，[2] 進封義興郡公。[3] 庚申，追贈皇考侍中、光禄大夫，[4] 封義興郡公，謚曰恭。十月甲戌，梁帝敕丞相：“自今問訊，可施别榻，[5] 以近扆坐。”[6]

［1］太平：南朝梁敬帝蕭方智年號（556—557）。

［2］丞相：官名。戰國、秦、西漢時期爲最高政務長官。西漢末及東漢設三公而分相權，丞相爲司徒所代。魏晋南北朝時丞相省置無常，居之者多爲權任極重、控制朝廷、覬覦帝位的權臣。　録尚書事：官名。總領尚書省事務，多以公卿重臣擔任，位在三公之上。南朝梁、陳以其威權過重，不常置。　鎮衛大將軍：官名。鎮衛將軍爲梁、陳時位號最高的將軍，加“大”者進位一階。梁二十四班。陳擬一品，比秩中二千石。　揚州牧：官名。揚州最高軍政長官。按，據《陳書》卷一《高祖紀上》，是年七月，朝廷詔授陳霸先爲揚州刺史，至九月，改揚州刺史爲揚州牧。揚州爲京畿所在，刺史地位本來就高於他州，改爲州牧，更顯尊崇。

［3］郡公：爵名。開國郡公的省稱。南朝梁時位視三公，班次之。陳爲九等爵之第二等，第二品，秩視中二千石。

［4］光禄大夫：官名。爲在朝顯職的加官，以示優待，或授予年老有病者爲致仕之官，亦常用作卒後贈官。無職掌。梁十六班。陳二品，秩中二千石。

［5］榻：家居坐具。魏晋南北朝時有一種獨坐小榻，底部作方格狀，前後各三腿。南京大學北園東晋墓曾出土，長125釐米，寬100釐米，高28釐米，面厚1.5釐米，背面呈十六方格狀，方格之間有隔梁（參見陳增弼《漢、魏、晋獨坐式小榻初論》，《文物》1979年第9期）。

［6］扆（yǐ）坐：指皇帝的座位。扆，古代的一種屏風。《論衡·書虚》云："户牖之間曰扆，南面之坐位也。"

二年正月壬寅，詔加帝班劍十人，并前爲三十。丁未，詔贈皇兄道談南兖州刺史、長城縣公，[1]謚曰昭烈。皇弟休光侍中、南徐州刺史、武康縣侯，[2]謚曰忠壯。甲寅，遣兼侍中謁者僕射陸繕策拜長城縣夫人章氏爲義興國夫人。[3]丁卯，詔贈皇祖侍中、太常卿，謚曰孝。追封皇祖妣許氏吴郡嘉興縣君，謚曰敬。皇妣張氏義興國太夫人，謚曰宣。

［1］道談：陳道談。陳武帝之兄，陳文帝、陳宣帝之父。仕梁爲東宫直閤將軍，侯景之亂，中流箭而死。事迹詳《陳書》卷一《高祖紀上》、卷二八《始興王伯茂傳》。　南兖州：州名東晋僑立兖州，宋時改爲南兖州，初治京口，在今江蘇鎮江市。宋文帝元嘉八年（431）移治廣陵縣，在今江蘇揚州市西北蜀岡上。

［2］休光：劉休光。陳武帝之弟，仕梁爲文德主帥。休光，《建康實録》同。本書卷六五《南康愍王曇朗傳》、《陳書·高祖紀上》作"休先"，中華本據改。　武康縣侯：封爵名。本書《南康

愍王曇朗傳》作“武康縣公”，中華本校勘記以爲“縣侯”當是“縣公”之訛。武康，縣名。治所在今浙江德清縣西。

[3]謁者僕射：官名。謁者臺長官。掌大拜授及百官朝會班次，或奉命出使。梁六班。陳七品，秩千石。據《南齊書·百官志》，謁者臺掌朝覲賓饗，有謁者十人，謁者僕射一人。　章氏：陳武帝皇后章要兒。本書卷一二、《陳書》卷七有傳。

二月庚午，蕭勃舉兵自廣州度嶺，頓南康，遣其將歐陽頠、傅泰及其子孜爲前軍，[1]至豫章，分屯要險。南江州刺史余孝頃起兵應勃，[2]帝命周文育、侯安都率衆討平之。

[1]歐陽頠（wěi）：字靖世，長沙臨湘（今湖南長沙市）人。本書卷六六、《陳書》卷九有傳。　孜：蕭孜。中華本校勘記云：“按《梁書·敬帝紀》，孜爲勃從子，與此異。”

[2]余孝頃：初爲新吴洞主，後爲豫章太守、南江州刺史。梁末，與蕭勃起兵對抗控制朝廷的陳霸先，兵敗求降。陳霸先稱帝，余孝頃復與王琳呼應，擁梁抗陳，兵敗被擒。仕陳爲宣毅將軍、南豫州刺史。陳文帝時任信義太守，天嘉四年（563），以信威將軍、益州刺史身份參與討平陳寶應之役。廢帝光大元年（567）二月，謀反伏誅。

八月甲午，帝進位太傅，[1]加黄鉞，[2]劍履上殿，[3]入朝不趨，[4]贊拜不名。[5]景申，[6]加前後部羽葆、鼓吹。[7]是時，湘州刺史王琳擁兵不應命，遣周文育、侯安都率衆討之。

［1］太傅：官名。南朝時與太宰、太保皆位上公，常作贈官，多用以安置元老勳舊大臣，無實際職掌。梁十八班。陳一品，秩萬石。

［2］黄鉞：飾以黄金的斧，爲帝王出行時的儀仗。魏晋南北朝時有時授予掌控國家軍政的權臣，以示尊寵。權臣假黄鉞出征，可誅殺持節鎮守一方的軍事長官，權力大於使持節。

［3］劍履上殿：少數大臣上殿朝見時可佩劍而且不必脱鞋，以示尊崇。

［4］入朝不趨：禮制，百官上殿時應俯首快走，以驚懼惶恐之態表示對皇帝的敬畏。尊貴大臣及年老不便者方可享受“入朝不趨”的殊恩異禮。趨，小步疾行。

［5］贊拜不名：參拜皇帝時，贊禮官衹宣稱官職而不稱名，以示敬重。

［6］景申：即丙申。大德本、汲古閣本、殿本作“丙申”。

［7］前後部羽葆：羽葆，儀仗名。以鳥羽爲飾，形制如傘蓋。《禮記・雜記下》云：“匠人執羽葆御柩。”孔穎達疏云：“羽葆者，以鳥羽注於柄頭，如蓋，謂之羽葆。葆，謂蓋也。”魏晋南北朝時常用以賞賜有功之諸王或大臣，重臣遇喪亦可賜。通常衹賜一部，極重之臣方得賜前、後二部，以示尊崇。

九月辛丑，梁帝進帝位相國，[1]總百揆。[2]封十郡爲陳公，備九錫之禮，[3]加璽紱，[4]遠游冠，[5]緑綟綬，[6]位在諸侯王上。策曰：[7]

［1］相國：官名。位居宰輔，總領百官，職同丞相而地位過之，魏晋南北朝不常置，唯個别位極人臣、掌控國柄者居此職位。

［2］總百揆：總領百官。

［3］九錫之禮：禮制術語。本指帝王專用的車馬、衣服、樂則、

朱户、納陛、虎賁、弓矢、鈇鉞、秬鬯等九種器物，常以賞賜勳貴及元老重臣。

[4]璽紱：也作“璽韍”，即璽綬。爲皇帝、皇后御璽和御璽上所繫的彩色絲帶。

[5]遠游冠：《續漢書·輿服志下》：“遠遊冠，制如通天，有展筩橫之於前，無山述，諸王所服也。”據東漢蔡邕《獨斷》，天子冠通天冠，諸侯冠遠游冠。

[6]緑綟（lì）綬：緑色的絲質印綬。東漢之制，諸侯王金璽綟綬，公侯金印紫綬。魏晋南朝沿襲此制。綟，墨録色。

[7]策：此九錫策文，或以爲乃徐陵所撰。本書略有删節，全文可參《陳書》卷一《高祖紀上》。

大哉乾元，[1]資日月以貞觀，[2]至哉坤元，[3]憑山川以載物。故惟天爲大，[4]陟配者欽明，[5]惟王建國，翼輔者齊聖。[6]是以文、武之佐，磻谿藴其玉璜，[7]堯、舜之臣，滎河鏤其金板。[8]况乎體得一之鴻姿，[9]寧陽九之危戹，[10]援擠流於碣石，[11]撲燎火於崑岡，[12]驅馭於韋彭，[13]跨躡於齊、晋，[14]神功行而靡用，聖道運而無名者乎？今將授公典策，其敬聽朕命：

[1]大哉乾元：語出《易·乾卦》：“大哉乾元，萬物資始，乃統天。”乾元，謂天。

[2]貞觀：謂以正道示人。貞，正，常。觀，示。語出《易·繫辭下》：“天地之道，貞觀者也。”

[3]至哉坤元：語出《易·坤卦》：“至哉坤元，萬物資生，乃順承天。”坤元，與“乾元”對稱，謂地。

［4］惟天爲大：語出《論語·泰伯》："大哉！堯之爲君也，巍巍乎！唯天爲大，唯堯則之。"

［5］陟配：指天子升祖考以配天。陟，升。　欽明：敬肅明察。

［6］齊聖：聰明睿智。《詩·小雅·小宛》："人之齊聖，飲酒溫克。"

［7］以文、武之佐，磻（pán）谿藴其玉璜：據《尚書大傳》，周文王姬昌至磻溪，見吕尚垂釣，釣得玉璜，其上刻文曰："姬受命，吕佐儉，德合於今，昌來提。"吕尚遂得重用，輔佐文王興周，武王滅商。磻谿，一作"磻磎"。渭水支流，在今陝西寶雞市東南。源出南山兹谷，北流入渭水。

［8］堯、舜之臣，滎河鏤其金板：堯、舜之臣，指禹。滎河，一作"榮河"。在今山西萬榮縣西，黄河東岸。相傳蛇身之神羲皇在此贈禹八卦之圖，列於金版之上。又授禹玉簡，長一尺二寸，合十二時之數，可量度天地。禹遂執持此簡以平定水土。

［9］得一：得到自然之道的作用。語出《老子》第三十九章："昔之得一者，天得一以清，地得一以寧，神得一以靈，谷得一以盈，萬物得一以生，侯王得一以爲天下正。"

［10］陽九：指灾難之年或厄運。古代術數家以陽九爲陽數之窮。數當陽九，則爲灾荒或厄運。宋人洪邁《容齋續筆》卷六《百六陽九》："史傳稱百六陽九爲厄會，以曆志考之，其名有八。初入元百六曰陽九，次曰陰九。又有陰七、陽七、陰五、陽五、陰三、陽三，皆謂之災歲。大率經歲四千五百六十，而災歲五十七。以數計之，每及八十歲，則值其一。今人但知陽九之厄。云經歲者，常歲也。"　戹：同"厄"。

［11］援撗流於碣石：喻勞苦功高。《尚書·禹貢》云："大行、恒山，至于碣石，入于海。"僞孔傳："此二山連延東北，接碣石而入滄海。百川經此衆山，禹皆治之，不可勝名，故以山言之。"援，中華本《南史》、《陳書》卷一《高祖紀上》與《册府元龜》卷一八六皆作"拯"。"撗"，同"横"。大德本、汲古閣本、殿本作

"橫"。

[12]撲燎火於崑岡：喻不畏艱難。《尚書·胤征》云："火炎崑岡，玉石俱焚。天吏逸德，烈于猛火。"僞孔傳："山脊曰岡。崑山出玉，言火逸而害玉。逸，過也。天王之吏爲過惡之德，其傷害天下甚於火之害玉。猛火烈矣，又烈於火。"岡，《陳書·高祖紀上》、《册府元龜》卷一八六作"岑"。

[13]韋彭：韋，夏商時期方國名，彭姓。《詩·商頌·長發》云："韋顧既伐，昆吾夏桀。"毛傳云："有韋國者，有顧國者，有昆吾國者。"鄭箋云："韋，豕韋，彭姓也。顧、昆吾皆已姓也。三國黨於桀惡，湯先伐韋、顧，克之。昆吾、夏桀，則同時誅也。"

[14]齊、晉：皆爲春秋時期之霸國。

日者，昊天不弔，[1]鍾亂于我國家，網漏吞舟，[2]彊胡内鼂，[3]茫茫宇宙，惵惵黎元，[4]方趾圓顱，[5]萬不遺一。太清否亢，橋山之痛以深，[6]大寶屯如，平陽之禍相繼。[7]上宰膺運，康救黔黎，[8]鞠旅於溟池之南，[9]揚旌於桂嶺之北，縣三光於已墜，[10]謐四海於群飛，[11]光啓中興。[12]此則公之大造於皇家者也。

[1]昊天不弔：上蒼不憐憫保佑。《左傳》哀公十六年云："夏四月己丑，孔丘卒。公誄之曰：'旻天不弔，不慭遺一老，俾屏余一人以在位。'"杜預注云："仁覆閔下，故稱旻天。弔，至也。慭，且也。俾，使也。屏，蔽也。"

[2]網漏吞舟：形容法制疏闊。《史記》卷一二二《酷吏列傳》："漢興，破觚而爲圜，斲雕而爲朴，網漏於吞舟之魚，而吏治烝烝，不至於姦，黎民艾安。"

［3］内贔（bì）：同“内奰”。《詩·大雅·蕩》：“内奰于中國，覃及鬼方。”毛傳：“奰，怒也。不醉而怒曰奰。”

［4］惵惵：恐懼之狀。

［5］方趾圓顱：以足、頭代指人。《淮南子·精神訓》：“故頭之圓也象天，足之方也象地。”

［6］太清否亢，橋山之痛以深：謂太清三年（549）梁武帝蕭衍爲侯景所困，餓死在建康净居殿之事。否亢，謂時運惡劣至極。橋山之痛，語出《史記》卷一《五帝本紀》：“黄帝崩，葬橋山。”正義云：“《列仙傳》云：‘軒轅自擇亡日與群臣辭。還葬橋山，山崩，棺空，唯有劍舄在棺焉。’”橋山，在今陝西黄陵縣，其地有黄帝陵，相傳爲黄帝衣冠冢。

［7］大寶屯如，平陽之禍相繼：謂大寶二年（551）侯景廢簡文帝並派人將其殺害之事。屯如，艱難貌。屯，卦名。《易·屯卦》：“剛柔始交而難生。”平陽之禍，指東晋建興四年（316），晋愍帝司馬鄴在長安被匈奴首領劉曜俘獲，押送平陽（今山西臨汾市），次年被殺害。

［8］黔黎：百姓。《陳書》卷一《高祖紀上》作“兆民”，本書避唐太宗李世民名諱，易“兆民”爲“黔黎”。

［9］鞠旅於溟池之南：此謂陳霸先討伐交州土豪李賁之事。鞠旅，出兵前誓師。池，即今雲南滇池。馬宗霍《南史校證》云：“按《陳書》‘溟’作‘滇’，二字形近，《南史》作‘溟’，疑爲傳寫之誤，元刊本《南史》同。此以‘滇池’與‘桂嶺’爲對。”（第180頁）

［10］縣：同“懸”。　三光：日、月、星。

［11］謐四海於群飛：平息戰亂。《文選》卷四八揚子雲《劇秦美新》：“神歇靈繹，海水群飛。二世而亡，何其劇與！”李善注：“繹，猶緒也。言神靈歇其舊緒，不福祐之。海水，喻萬民。群飛，言亂。”

［12］光啓中興：大德本、汲古閣本、百衲本同，殿本、中華本

此句下有“蕩寧上國”四字。按，《陳書》卷一《高祖紀上》此句上有“屠猰貐於中原，斮鯨鯢於濛汜。蕩寧上國”十六字。

既而天未悔禍，夷醜荐臻，[1]南夏崩騰，[2]西京蕩覆。[3]冢司昏撓，[4]旁引寇讎，既見貶於桐宮，[5]方謀危於漢閣，[6]皇運已殆，何殊贅旒，[7]中國摇然，非徒如綫。[8]公赫然投袂，匡救本朝，復莒齊都，[9]平戎王室。[10]朕所以還膺寶歷，[11]重履宸居，[12]挹建武之風猷，[13]歌宣王之《雅》《頌》。[14]此又公之再造於皇家者也。

[1]夷醜荐臻：此指西魏、北齊相繼南擾。西魏、北齊皆爲鮮卑族建立的政權，故南朝以“夷醜”稱之。薦臻，一再來到。《詩·大雅·雲漢》云:“天降喪亂，饑饉薦臻。”毛傳云:“薦，重；臻，至也。”鄭箋云:“亡亂之道，饑饉之害，復重至也。”

[2]崩騰：破碎之狀。

[3]西京蕩覆：此指梁元帝承聖三年（554）冬，西魏軍攻破江陵，殺梁元帝蕭繹之事。江陵居建康之西，故稱西京。

[4]冢司昏撓：此謂平定侯景之亂後，王僧辯阻撓梁元帝之子蕭方智即位，而擁立從北齊南歸的蕭淵明登基。撓，《陳書》卷一《高祖紀上》作“橈”。

[5]見貶於桐宮：謂蕭方智被貶爲太子。《史記》卷三《殷本紀》記載:“帝太甲既立三年，不明，暴虐，不遵湯法，亂德，於是伊尹放之於桐宮。”後世以桐宮喻君王被流放。

[6]謀危於漢閣：此以西漢武帝時莽何羅謀逆之事喻王僧辯之叛。事詳《漢書》卷六八《金日磾傳》。

[7]何殊贅旒：形容皇室危亡。贅旒，亦作“綴旒”。本義爲

軍旗的垂飾，喻指君主爲臣下挾持，君權旁落。《後漢書》卷五九《張衡傳》:“夫戰國交争，戎車競驅，君若綴旒，人無所麗。”李賢注:“麗，附也。《公羊傳》曰:‘君若贅旒然。’旒，旂旒也。言爲下所執持西東也。”

[8]中國摇然，非徒如綫：意謂氣若游絲，危亡在於旦暮。《春秋公羊傳》僖公四年云:“南夷與北狄交，中國不絶若綫，桓公救中國而攘夷狄。”何休注云:“綫，縫帛縷，以喻微也。”

[9]復莒齊都：典出《戰國策・齊策六》:“燕攻齊，齊破。閔王奔莒，淖齒殺閔王。田單守即墨之城，破燕兵，復齊墟。”

[10]平戎王室：典出《左傳》僖公十二年:“冬，齊侯使管夷吾平戎于王，使隰朋平戎于晋，王以上卿之禮饗管仲。”杜預注云:“平，和也。前年晋救周伐戎，故戎與周、晋不和。”

[11]寶歷：國祚。

[12]宸居：指帝位。

[13]挹建武之風猷：此以劉秀光復漢朝喻指陳霸先恢復梁政。建武，東漢光武帝劉秀年號（25—56）。風猷，風教。

[14]歌宣王之《雅》《頌》：據《史記》卷四《周本紀》記載，周宣王勵精圖治，取法文、武、成、康諸先王之政，逐走獫狁，諸侯來附，時稱宣王中興。時人作《雅》《頌》諸詩篇以歌頌宣王。

公應務之初，[1]登庸惟始，[2]孫、盧肇釁，[3]越貊爲災，[4]番部阽危，[5]勢將淪殄。公赤旗所指，祅壘洞開，白羽纔撝，[6]凶徒粉潰。[7]此又公之功也。

[1]應務：處理政務。

[2]登庸：任職。

[3]孫、盧肇釁：孫，高州刺史孫冏；盧，新州刺史盧子雄。

二人受命平定李賁之亂，不以時進兵而被誅。盧子雄之弟盧子略與孫冏子侄舉兵反叛，被陳霸先鎮壓。

[4]越貊：此指交州越人。

[5]番部：少數民族或其居處之地。　阽危：搖搖欲墜。

[6]白羽：又稱白旄，軍中主帥所執的指揮旗，亦泛指軍旗。　撝（huī）：揮動。

[7]粉潰：中華本改作"紛潰"，其校勘記云："'紛潰'各本作'粉潰'，《陳書》同，今據《文苑英華》四四七改正。"

大同之末，[1]邊政不脩，李賁狂迷，竊我交、愛。[2]公英謩雅筭，[3]電埽風行，馳御樓船，直跨滄海。三山獠洞，八角蠻陬，逖矣水寓之鄉，悠哉火山之國，馬援之所不届，[4]陶璜之所未開，[5]莫不懼我王靈，争朝邊候，歸賝天府，[6]獻狀鴻臚。[7]此又公之功也。

[1]大同：南朝梁武帝蕭衍年號（535—546）。

[2]交、愛：此指交州、愛州。

[3]英謩（mó）雅筭：謀略英明，决策正確。謩，同"謨"。雅，《陳書》卷一《高祖紀上》作"雄"，當是形近而誤。

[4]馬援：字文淵，扶風茂陵（今陝西興平市）人。光武帝建武年間拜伏波將軍，南征交阯。《後漢書》卷二四有傳。李賢注引《廣州記》曰："援到交阯，立銅柱，爲漢之極界也。"

[5]陶璜：字世英，丹陽秣陵（今江蘇南京市）人。仕三國吴爲蒼梧太守，取海道至交阯，討平九真太守董元之亂。其後爲交州刺史，鎮守交州三十年，威恩著於南土。《晋書》卷五七有傳。

[6]歸賝天府：向朝廷進貢。賝，珍寶。大德本、汲古閣本、殿本作"賧"。天府，朝廷的府庫。

［7］獻狀鴻臚：向鴻臚卿呈遞國書。鴻臚，官名。掌禮賓事務。梁稱鴻臚卿，常導護贊拜，九班。

自寇虜陵江，宫闈幽辱，而番禺連率，[1]本自諸夷，言得其朋，是懷同惡。公仗此忠誠，乘機勦定，執沛令而釁鼓，[2]平新野而據鞌。[3]此又公之功也。

［1］番禺連率：此指廣州刺史元景仲。番禺，縣名。治所在今廣東廣州市。爲南海郡治、廣州州鎮之所在。連率，古官名。十國諸侯之長稱連率。又新莽改制，改太守爲連率。

［2］執沛令而釁鼓：典出《史記》卷八《高祖本紀》。劉邦起兵反秦，沛縣人殺縣令而響應，“祠黄帝，祭蚩尤於沛庭，而釁鼓旗”。

［3］平新野而據鞌：典出《後漢書》卷一《光武帝紀上》。劉秀起兵反新莽，初時騎牛，義軍攻下新野縣，殺新野縣尉，纔得馬可騎。

世道初艱，方隅多難。公以國盜邊警，知無不爲，恤是同盟，誅其醜類，南土黔黎，[1]重保蘇息。[2]此又公之功也。

［1］黔黎：猶黔首。指百姓。《史記》卷六《秦始皇本紀》云：“更名民曰‘黔首’。”集解云：“應劭曰：‘黔亦黎黑也。’”

［2］蘇息：休養生息。《後漢書》卷三三《鄭弘傳》云：“政有仁惠，民稱蘇息。”

长驅嶺嶠，夢想京畿，緣道酋豪，遞爲榛梗，[1]路養渠帥，[2]全據大都，蓄聚逋逃，方謀阻亂。公龍驤武步，[3]嘯吒風雲，山靡堅城，野無彊陣，清袄氛於瀨石，滅沴氣於雩都。[4]此又公之功也。

[1]榛梗：障礙。

[2]渠帥：一作渠率。首領。

[3]武：大德本、汲古閣本、殿本作“虎”。本書避唐高祖李淵祖父李虎名諱，改“虎”爲“武”。

[4]沴（lì）氣：妖惡之氣。　雩（yú）都：縣名。治所在今江西于都縣。

遷仁凶慝，[1]屯據大皋，[2]乞活類馬騰之軍，[3]流人多杜弢之衆。[4]公坐揮三略，[5]遥制六奇，[6]義勇同心，貔貅騁力，雷奔電擊，谷静山空，列郡無犬吠之驚，[7]叢祠罷狐鳴之盗。[8]此又公之功也。

[1]遷仁：大德本、汲古閣本、殿本作“遷仕”。按，此指李遷仕，底本誤。

[2]大皋：城邑名。在今江西吉水縣東北贛江渡口，又稱大皋城、大皋邑、大皋口。《太平寰宇記》卷一〇九《江南西道七·太和縣》云:“大皋城，在縣北八十三里，臨贛水。”

[3]乞活類馬騰之軍：乞活，謂逐糧圖存之人。《晋書》卷五九《東海王越傳》記載:“初，東嬴公騰之鎮鄴也，攜并州將田甄、甄弟蘭、任祉、祁濟、李惲、薄盛等部衆萬餘人至鄴，遣就穀冀州，號爲‘乞活’。”東嬴公騰即司馬騰，爲晋之宗室，後封新蔡

王，《晋書》卷三七有附傳。馬騰，司馬騰之省稱。林礽乾《陳書本紀校注》將此馬騰解爲漢末西凉軍閥馬騰，並引《三國志》卷三六《蜀書·馬超傳》"馬騰子超，領騰部曲，進軍至潼關，與曹操戰，敗奔漢中，依張魯。聞先主圍成都，密書請降"（潘美月、杜潔祥主編《古典文獻研究輯刊》第六編，第27册，花木蘭文化出版社2008年版，第55頁）。實爲誤解。

[4]流人多杜弢之衆：此謂李遷仕聚衆甚多。流人，《陳書》卷一《高祖紀上》作"流民"。本書避唐太宗李世民名諱，改"民"爲"人"。杜弢，字景文，蜀郡成都（今四川成都市）人。西晋懷帝永嘉五年（311），招聚湘中流民起義，自稱梁益二州牧、平難將軍、湘州刺史，屢敗官軍，聲勢甚炎。《晋書》卷一〇〇有傳。

[5]三略：相傳秦漢之際張良從黄石公處受《太公兵法》，其書分爲《上略》《中略》《下略》，合稱"三略"。

[6]六奇：本謂秦漢之際陳平六出奇計，諸侯賓從於漢，後遂泛指奇謀妙策。

[7]列郡無犬吠之驚：形容秩序井然。或典出《漢書》卷九〇《酷吏傳》。漢武帝時王温舒爲河内郡太守，"捕郡中豪猾，相連坐千餘家。上書請，大者至族，小者乃死……郡中無犬吠之盗"。

[8]叢祠罷狐鳴之盗：典出《史記》卷四八《陳涉世家》。陳勝與吴廣等密謀發動反秦起義，"吴廣之次所旁叢祠中，夜篝火，狐鳴呼曰'大楚興，陳勝王'。卒皆夜驚恐"。

王師討虜，次届淪波，[1]兵乏兼儲，士有飢色。公回麾彭蠡，[2]積穀巴丘，億庾之詠斯豐，[3]壺漿之甿是衆。[4]故使三軍勇鋭，百戰無前，承此兵糧，遂殄凶逆。此又公之功也。

[1]次屆淪波：駐扎在江邊。淪波，當指近水之處。時王僧辯率軍駐於湓城（今江西九江市），其地爲湓水入長江口，故以淪波代稱。《爾雅·釋水》云："河水清且瀾漪，大波爲瀾，小波爲淪。"

[2]彭蠡：即彭蠡湖，此指今江西廬山市星子鎮與南昌市之間的鄱陽湖。

[3]億庾之詠：《詩·小雅·楚茨》云："我倉既盈，我庾維億。"億庾，意謂露天的穀倉堆滿糧食。

[4]壺漿之甿：指攜帶酒水食物犒勞軍隊的百姓。《孟子·梁惠王下》云："以萬乘之國，伐萬乘之國，簞食壺漿，以迎王師，豈有它哉，避水火也。"甿，《陳書》卷一《高祖紀上》作"迎"。

盆壘猜攜，[1]用淹戎略。公志惟同奬，[2]師克在和，[3]屈禮交盟，神祇感咽，[4]故能使舟師並路，遠邇崩心。[5]此又公之功也。

[1]盆壘：當指湓城。《陳書》卷一《高祖紀上》作"湓壘"。猜攜：因彼此猜忌而離心離德。

[2]志惟同奬：志在共同襄助朝廷。《左傳》僖公二十八年云："王子虎盟諸侯于王庭，要言曰：'皆奬王室，無相害也。有渝此盟，明神殛之。'"杜預注云："奬，助也。渝，變也。殛，誅也。"

[3]師克在和：同心方能取勝。《左傳》桓公十一年云："師克在和，不在衆。"

[4]屈禮交盟，神祇感咽：此指陳霸先與王僧辯爲討侯景，在白茅灣設壇盟誓之事。當時陳霸先軍力强於王僧辯，故稱"屈禮"。《梁書》卷四五《王僧辯傳》詳録誓文，並云二人"升壇歃血，共讀盟文，皆淚下霑襟，辭色慷慨"。

[5]崩：大德本同，汲古閣本、殿本及《陳書·高祖紀上》皆作"朋"。崩心，意謂極度恐懼。朋心，意謂同心。據文意，當以

"崩"爲是。馬宗霍《南史校證》云:"元刊本《南史》'朋'作'崩',似'崩'字勝。"(第180頁)

姑熟襟要,[1]崤、函所憑,[2]寇虜據其關梁,大盜負其扃鐍。[3]公一校纔撝,[4]三雄並奮,[5]左賢右角,[6]沙潰土崩,鄂坂之隘斯開,[7]夷庚之道無塞。[8]此又公之功也。

[1]襟要:形容地理位置重要。《初學記》卷七引《李尤函谷關銘》云:"函谷險要,襟帶咽喉。"

[2]崤、函所憑:《陳書》卷一《高祖紀上》作"崤、函阻憑"。崤,指崤山,在今河南洛寧縣西北,屬秦嶺山脉東段,與北面東流的黄河形成狹長谷地,古來爲溝通關中平原與河洛及東方的要道。函,函谷關,戰國秦置,在今河南靈寶市王垛村一帶,其地南依崤山,北帶黄河,道路嵌在峽谷之中,自東至西形如函匣,故名函谷關。西漢武帝元鼎三年(前114),將關隘東徙至新安(今河南澠池縣東)。

[3]扃(jiōng)鐍(jué):門閂鎖鈅。《莊子·胠篋》云:"然而巨盜至,則負匱揭篋擔囊而趨,唯恐緘縢扃鐍之不固也。"

[4]一校:校爲軍隊編制單位。東漢置屯騎、越騎、步兵、長水、射聲五部,掌宿衛兵,稱"五校"。此處之"一校",意謂僅投入部分兵力。　撝:指揮。

[5]三雄並奮:楚漢之際,齊王韓信、梁王彭越與淮南王英布受漢王劉邦調遣,共圍西楚霸王項羽於垓下。《文選》卷四七陸機《漢高祖功臣頌》:"矯矯三雄,至于垓下。"李善注:"三雄,韓信、彭越、英布。"

[6]左賢右角:據《後漢書》卷八九《南匈奴傳》,匈奴單于之下"大臣貴者左賢王,次左谷蠡王,次右賢王,次右谷蠡王,謂

之四角……皆單于子弟，次第當爲單于者也”。左賢，左賢王；右角，右谷蠡王，皆爲匈奴官號。當時南人稱北人爲北虜，故此處以匈奴官號代指侯景部將。

[7]鄂坂之隘斯開：典出《晉書》卷四《惠帝紀》：齊王司馬冏起兵以討趙王司馬倫，“倫遣其將閭和出伊闕，張泓、孫輔出堮坂以距冏”。鄂坂，關隘名。或作“鄂阪”，在今河南偃師市東南，爲洛陽東南門户。

[8]夷庚之道：喻要道。典出《左傳》成公十八年，西鉏吾曰：“今將崇諸侯之姦而披其地，以塞夷庚。”杜預注云：“崇，長也。謂楚今取彭城以封魚石。披，猶分也。庚夷，吴、晋往來之要道。楚封魚石於彭城，欲以絶吴、晋之道。”楊伯峻《春秋左傳注》云：“夷，平也；庚與迒通，道也。夷庚，車馬往來之平道……彭城爲各國間往來之要道，今由楚國派兵駐紮，故云塞其通道。”

義軍大衆，俱集帝京，逆豎凶徒，猶屯皇邑。公回兹地軸，[1]抗此天羅，[2]曾不崇朝，[3]俾無遺噍。[4]此又公之功也。

[1]地軸：此指大地。晋人張華《博物志》卷一云：“地有三千六百軸，犬牙相舉。”

[2]天羅：猶天網。《老子》云：“天網恢恢，疏而不漏。”

[3]崇朝：一個早上的時間。《詩·衛風·河廣》云：“誰謂宋遠，曾不崇朝。”鄭箋云：“崇，終也。行不終朝，亦喻近。”

[4]遺噍（jiào）：意謂殘存之人。噍，嚼。《漢書》卷一《高帝紀上》：“項羽爲人慓悍禍賊，嘗攻襄城，襄城無噍類，所過無不殘滅。”噍類，指活着的人或動物。

内難初静，諸侯出關，外郡傳烽，鮮卑犯

塞。[1]公舟師步甲，亘野横江，殲厥群氐，[2]遂殫封豕。[3]此又公之功也。

[1]鮮卑犯塞：此指南朝梁簡文帝大寶三年（552），北齊七萬大軍圍攻秦郡，陳霸先親自率軍解圍，重創齊軍。事詳《陳書》卷一《高祖紀上》。鮮卑，中國北方少數民族名。北齊是鮮卑族建立的政權，皇室高氏亦爲鮮卑化漢人，故策文以鮮卑稱之。《北齊書》卷一《神武帝紀上》："神武既累世北邊，故習其俗，遂同鮮卑。"

[2]群氐：當時南人對北方游牧民族的蔑稱。氐，《陳書·高祖紀上》、《册府元龜》卷一八六皆作"羝"。

[3]封豕：個頭巨大的野猪。豕，亦作"狶"或"豨"。《淮南子·脩務訓》云："吴爲封豨脩蛇，蠶食上國。"

公克黜禍難，劬勞皇室，[1]而孫、甯之黨，[2]翻啓狄人，[3]伊、洛之間，[4]咸爲虜戍，[5]朝闇戎塵，夜喧胡鼓。公三籌既畫，八陣斯張，[6]裁舉靈鉦，[7]亦抽金僕，[8]咸俘醜類，悉反高墉。[9]此又公之功也。

[1]劬（qú）勞：勞苦。《詩·小雅·蓼我》云："哀哀父母，生我劬勞。"

[2]孫、甯之黨：孫，孫林父；甯，甯殖。二人俱爲春秋時期衛國大夫，於魯襄公十四年（前481）廢逐衛獻公而另立新君，史稱"孫林父、甯殖出其君"。事詳《左傳》襄公十四年。此處代指王僧辯擁立從北齊南歸的蕭淵明登基，而將蕭方智降爲太子之事。

[3]翻啓狄人：意謂挑起狄人入侵之意。狄人，《陳書》卷一《高祖紀上》、《册府元龜》卷一八六作"狄心"。

[4]伊、洛之間：伊，伊水，即今河南西部伊河，源出伏牛山北麓，東北流經嵩縣、伊川，在偃師市匯入洛河。洛，洛水。即今河南境内洛河。伊、洛流域爲東周王畿所在，此處當代指北齊軍隊進入南朝中心地帶。

[5]戍：設於邊境軍事要地的地方軍事行政機構，隸屬於州。

[6]八陣：兵法術語。《文選》卷五六班固《封燕然山銘》："勒以八陣，涖以威神。"李善注："《雜兵書》：'八陣者，一曰方陣，二曰圓陣，三曰牝陣，四曰牡陣，五曰衝陣，六曰輪陣，七曰浮沮陣，八曰雁行陣。'"

[7]靈鉟（pī）：即靈姑鉟，古代旗幟名稱。《左傳》昭公十年云："公卜使王黑以靈姑銔率，吉，請斷三尺焉而用之。"杜預注云："王黑，齊大夫。靈姑銔，公旗名。斷三尺，不敢與君同。"鉟，同"銔"。

[8]金僕：即金僕姑，古箭矢名。《左傳》莊公十一年："乘丘之役，公以金僕姑射南宫長萬。"杜預注云："金僕姑，矢名。南宫長萬，宋大夫。"

[9]高墉：高城。墉，城墻。《易·解卦》云："公用射隼于高墉之上，獲之，无不利。"

任約叛換，梟聲不悛，[1]戎羯貪婪，[2]狼心無改。公左甄右落，[3]箕張翼舒，[4]埽是攙搶，[5]驅其獫狁，[6]投秦阬而盡沸，[7]噎滍水而不流。[8]此又公之功也。

[1]梟（xiāo）聲不悛：梟，即貓頭鷹，古人視爲惡鳥。悛，改。《説苑·談叢》云："梟逢鳩，鳩曰：'子將安之？'梟曰：'我將東徙。'鳩曰：'何故？'梟曰：'鄉人皆惡我鳴，以故東徙。'鳩曰：'子將更鳴可矣，不能更鳴，東徙，猶惡子之聲。'"

[2]戎羯：古代泛指西北少數民族。

[3]甄：軍陣名。《宋書·禮志一》云："將領部曲先獵一日，遣屯布圍。領軍將軍一人督右甄；護軍一人督左甄；大司馬一人居中，董正諸軍，悉受節度。"　落：亦爲軍陣名。《太平廣記》卷三九五："其左右落隊。各有五萬甲馬。"

[4]箕張翼舒：形容軍隊行止有序，進退自如。《文選》卷三張衡《東京賦》云："鵝鸛魚麗，箕張翼舒。"薛綜注云："鵝鸛、魚麗，並陣名也，謂武士發于此而列行如箕之張、翼之舒也。"

[5]欃搶：亦作"欃槍"，彗星的别稱。《爾雅·釋天》云："彗星爲欃槍。"《文選》張衡《東京賦》："欃槍旬始，群凶靡餘。"

[6]獫（xiǎn）狁（yǔn）：中國北方古族名。又有"獫允""薰粥""薰育""薰鬻"等稱謂，爲匈奴前身。

[7]投秦阬而盡沸：形容殺敵衆多。《史記》卷七三《白起王翦列傳》記載，長平之戰，趙國軍隊四十萬戰敗降秦，秦將武安君白起"乃挾詐而盡阬殺之，遺其小者二百四十人歸趙"。

[8]噎滍水而不流：《文苑英華》卷四四七"滍水"作"濉水"，中華本據改。典出《史記》卷七《項羽本紀》："楚又追擊至靈壁東睢水上。漢軍却，爲楚所擠，多殺，漢卒十餘萬人皆入睢水，睢水爲之不流。"古濉水自今河南開封東南分出，東南流經今河南杞縣、商丘、永城，安徽濉溪、宿州、靈壁，江蘇睢寧等市縣，於宿遷南注入古泗水。

一相居中，[1]自折彝鼎，[2]五湖小守，妄懷同惡。[3]公夙駕兼道，衣製杖戎，[4]玉斧將揮，[5]金鉦具戒，[6]袄酋震慴，遽請灰釘。[7]此又公之功也。

[1]一相居中：一相當指王僧辯，因擁立蕭淵明之功，授大司馬，領太子太傅、揚州牧，控制京師，故稱"一相居中"。

[2]自折彝鼎：當指王僧辯居宰輔之位，力薄任重，自致禍殃。《易·鼎卦》："鼎折足，覆公餗，其行渥，凶。"

[3]五湖小守，妄懷同惡：當指王僧辯事敗身死之後，其黨羽故舊紛紛起兵，反抗陳霸先。

[4]衣製杖戎：意謂雷厲風行，迅速進兵。典出《左傳》哀公二十七年：晋軍征伐鄭國，鄭國求救於齊國，齊陳成子率軍救鄭，行進到濮水，天降大雨，不便渡河，"成子衣製杖戈，立於阪上，馬不出者，助之鞭之"。杜預注云："製，雨衣也。"衣製，大德本同，汲古閣本、殿本作"秉羽"。馬宗霍《南史校證》以爲："此文正用《左傳》成語，兼寓陳氏故實，當以作'衣製杖戈'爲是。'戎''戈'二字形近，'戎'蓋傳寫之誤。'秉羽'疑校者不得'衣製'之解而改之耳。"（第 181 頁）羅振玉以爲"'衣製'用《春秋》定公九年、《左傳》'東郭書皙幘而衣貍製'故事"（《羅振玉學術論著集》第八集下《五史校議·陳書校議》，上海古籍出版社 2013 年版，第 478 頁）。

[5]玉斧：即玉戚。古代武舞所持玉飾之斧。《禮記·明堂位》云："朱干玉戚，冕而舞《大武》。"

[6]金鉦：古樂器。《文選》卷三張衡《東京賦》云："戎士介而揚揮，戴金鉦而建黄鉞。"薛綜注云："金鉦，鐲鐃之屬也。"具：百衲本同，大德本、汲古閣本、殿本作"且"。

[7]請灰釘：灰，棺外鋪填的白堊。釘，加固棺木的鐵釘。灰釘有將死之意，請灰釘喻爲請死。《陳書》卷二六《徐陵傳》載徐氏《與齊尚書僕射楊遵彦書》："若鄙言爲謬，來旨必通，分請灰釘，甘從斧鑊。"

賊龕凶横，[1]陵虐具區，[2]阻兵安忍，[3]憑災怙亂。[4]公雖宗居汝潁，[5]世寓東南，眷言桑梓，[6]公私憤切，戮此大憝，[7]如烹小鮮。[8]此又公之功也。[9]

［1］龕：此指杜龕。

［2］具區：湖澤名。又名震澤、笠澤。即今江蘇太湖。

［3］阻兵安忍：憑恃兵威而安於爲殘忍之事。《左傳》隱公四年云："州吁阻兵而安忍。阻兵無衆，安忍無親，衆叛親離，難以濟矣。"

［4］憑災怙亂：《左傳》僖公十五年云："史佚有言曰：'無始禍，無怙亂。'" 杜預注云："恃人亂爲己利。"

［5］汝潁：汝，汝水；潁，潁水。汝潁流域相當於今河南禹州市、許昌市一帶。陳霸先自稱是東漢太丘縣長陳寔之後嗣，陳寔爲潁川郡許縣（今河南許昌市）人，故謂"宗居汝潁"。

［6］桑梓：本意父母所種之樹，遂爲故鄉代稱。《詩·小雅·小弁》云："維桑與梓，必恭敬止。" 毛傳云："父之所樹，己尚不敢不恭敬。"

［7］大憝：爲衆所怨之大惡人。《尚書·康誥》云："元惡大憝，矧惟不孝不友。" 僞孔傳云："大惡之人猶爲人所大惡，況不善父母，不友兄弟者乎，言人之罪惡莫大於不孝不友。"

［8］如烹小鮮：《老子》第六十章云："治大國如烹小鮮。" 小鮮，小魚。

［9］此又公之功也：《陳書》卷一《高祖紀上》此句後有"亂離永久，群盜孔多，浙左兇渠，連兵構逆，豈止千兵、五校、白雀、黃龍而已哉！公以中軍無率，選是親賢，奸寇途窮，渙然冰泮，刑溏之所，文命動其大威，雷門之閒，句踐行其嚴戮，英規聖迹，異代同風。此又公之功也" 一段。馬宗霍《南史校證》以爲，策文各段，本書多删其句，然未有删整段者，故疑此或傳寫偶奪（第181頁）。

同姓有扈，[1]頑凶不賓，憑藉宗盟，[2]圖危社稷。公論兵於廟堂之上，决勝於尊俎之間，[3]寇、賈、樊、滕，[4]浮江下瀨，[5]一朝翦撲，[6]無待甸師。[7]此又公之功也。

[1]同姓有扈：據《尚書·甘誓》記載，夏時，諸侯有扈氏叛亂，夏王啓率衆親征，戰於甘地之野。此指梁敬帝太平二年（557）二月，廣州刺史蕭勃舉兵對抗陳霸先。蕭勃爲梁武帝蕭衍之侄，屬宗室，故以“同姓有扈”代指。

[2]宗盟：天子與諸侯的盟會。亦指同宗同姓。

[3]决勝於尊俎之間：尊盛酒，俎置肉，均爲古代盛酒食的器具，故亦以尊俎泛指宴席。《晏子春秋·内篇雜上》記載，晋平公派范昭出使齊國，在宴席上爲晏子所折服。孔子聞而贊嘆曰：“善哉！不出尊俎之間，而折衝於千里之外，晏子之謂也。”

[4]寇、賈、樊、滕：俱爲漢代名將。寇，寇恂，字子翼，上谷昌平（今北京市昌平區）人。賈，賈復，字君文，南陽冠軍（今河南鄧州市）人。二人皆爲東漢開國勳臣，傳記分見《後漢書》卷一六、卷一七。樊，樊噲，泗水郡沛縣（今江蘇沛縣）人。滕，滕公夏侯嬰，亦爲沛縣人。二人俱爲西漢開國名將，《史記》卷九五、《漢書》卷四一皆有其傳。

[5]下瀨：瀨，沙石上急流之水。西漢武帝討伐南越國，以歸義侯甲爲下瀨將軍，從零陵郡出發，至蒼梧郡後，沿今西江順流東下，直逼番禺。

[6]翦撲：猶伏誅。翦，《陳書》卷一《高祖紀上》作“揃”。

[7]甸師：古官名。據《周禮·天官·甸師》，王族有罪當刑者，由甸師來執行。

豫章祆寇，依憑山澤，繕甲完聚，[1]多歷歲時，結從連横，[2] 爰泊交、廣。[3] 吕嘉既獲，[4] 吴濞已鏦，[5] 命我還師，征其不恪，連營盡拔，僞黨斯禽。[6] 此又公之功也。

[1] 繕甲完聚：《左傳》隱公元年云："大叔完聚，繕甲兵，具卒乘，將襲鄭。"杜預注云："完城郭，聚人民。"

[2] 從：同"縱"。

[3] 交、廣：二州名。時屬蕭勃勢力範圍。

[4] 吕嘉：西漢南越國相。西漢武帝元鼎六年（前 111）殺南越王及太后，與漢對抗，兵敗被俘。事迹詳見《漢書》卷九五《西南夷兩粤朝鮮傳》。

[5] 吴濞已鏦（cōng）：吴濞指吴王劉濞，西漢高祖劉邦之侄，封吴王。後不滿朝廷削藩，於景帝三年（前 154）聯合楚、趙等七個諸侯王起兵反叛，史稱"吴楚之亂"或"七國之亂"。劉濞兵敗後逃入東越，爲越人所殺。《史記》卷一〇六《吴王濞列傳》云："漢使人以利啗東越，東越即紿吴王，吴王出勞軍，即使人鏦殺吴王，盛其頭，馳傳以聞。"鏦，本義爲短矛，引申爲以短矛等武器刺擊。大德本、汲古閣本同，殿本作"摐"。

[6] 連營盡拔，僞黨斯禽：此指陳霸先部將周文育斬蕭勃、擒歐陽頠、余孝頃等之事。事詳《陳書》卷八《周文育傳》。

自八紘九野，[1] 瓜剖豆分，[2] 竊帝偷王，連州比縣。公武靈已暢，文德又宣，折簡馳書，[3] 風猷斯遠。[4] 此又公之功也。

[1] 八紘九野：中國古代地理術語，極言地廣。八紘，指九州、八殥之外，八極之内的地方。《淮南子·墬形訓》云："九州之大，

純方千里。九州之外，乃有八殥，亦方千里……八殥之外，而有八紘，亦方千里。自東北方曰和丘，曰荒土；東方曰棘林，曰桑野；東南方曰大窮，曰衆女；南方曰都廣，曰反户；西南方曰焦僥，曰炎土；西方曰金丘，曰沃野；西北方曰一目，曰沙所；北方曰積冰，曰委羽。凡八紘之氣，是出寒暑，以合八正，必以風雨。八紘之外，乃有八極。”高誘注云：“紘，維也。維落天地而爲之表，故曰紘也。”九野，古代分野觀念中關於星空的區劃，對應於地上九州。《淮南子·天文訓》云：“何謂九野？中央曰鈞天，其星角、亢、氐；東方曰蒼天，其星房、心、尾；東北曰變天，其星箕、斗、牽牛；北方曰玄天，其星須女、虚、危、營室；西北方曰幽天，其星東壁、奎、婁；西方曰顥天，其星胃、昴、畢；西南方曰朱天，其星觜巂、參、東井；南方曰炎天，其星輿鬼、柳、七星；東南方曰陽天，其星張、翼、軫。”

[2]瓜剖豆分：比喻國土被分割。《文選》卷一一鮑明遠《蕪城賦》云：“出入三代，五百餘載，竟瓜剖而豆分。”

[3]折簡：東晋之前主要書寫載體是竹木簡牘，長度通常爲一尺（約合今23釐米）。折簡即折半書寫，有禮輕、輕便之意。《晋書》卷一《宣帝紀》云：“（王淩）面縛水次，曰：‘淩若有罪，公當折簡召淩，何苦自來耶？’帝曰：‘以君非折簡之客故耳。’”

[4]風猷斯遠：風範道德傳播甚遠。

京師禍亂，[1]亟積寒暄，[2]雙闕低昂，[3]九門寥豁。[4]公求衣昧旦，[5]仄食高舂，[6]興構宫闈，具瞻遐邇。郊庠宗稷之典，[7]六符十等之章，[8]還聞太始之風流，[9]重覩永平之遺事。[10]此又公之功也。

[1]京師禍亂：此指梁元帝承聖元年（552）三月，王僧辯入據臺城，縱兵剽掠之事。《梁書》卷四五《王僧辯傳》云：“僧辯令

衆將入據臺城。其夜，軍人採梠失火，燒太極殿及東西堂等。時軍人鹵掠京邑，剥剔士庶，民爲其執縛者，袒衣不免。盡驅逼居民以求購贖，自石頭至于東城，緣淮號叫之聲，震響京邑。”

［2］寒暄：本指冷暖，引申爲歲月。東漢荀悦《申鑒·俗嫌》云：“故喜怒哀樂，思慮必得其中，所以養神也；寒暄虚盈，消息必得其中，所以養體也。”

［3］雙闕：建康宫城正門大司馬門前有神龍、仁虎二闕，建於梁武帝天監七年（508）。

［4］九門寥豁：形容京師遭禍亂之後，地曠人稀。九門，古制天子所居有九門，即路門、應門、雉門、庫門、皋門、城門、近郊門、遠郊門、關門。亦泛指宫城。寥豁，空曠。按，《陳書》卷一《高祖紀上》本句後有“寧秦宫之可顧，豈魯殿之猶存。五都簪弁，百僚卿士，胡服縵纓，咸爲戎俗，高冠厚履，希復華風，宋微子《麥穟》之歌，周大夫《黍離》之歎，方之於斯，未足爲悲矣”一段文字。

［5］求衣昧旦：意謂心憂國事，天未破曉就穿衣起床。《漢書》卷五一《鄒陽傳》云：“始孝文皇帝據關入立，寒心銷志，不明求衣。”

［6］昃（zè）食高舂：早飯從早上推遲到過午，又從過午推遲到傍晚。喻忙於政事，無暇進食。昃，日西斜。《尚書·無逸》云：“（文王）自朝至于日中昃，不遑暇食，用咸和萬民。”高舂，傍晚時刻。《淮南子·天文訓》云：“（日）至于淵虞，是謂高舂。”高誘注云：“淵虞，地名。高舂，時加戌。民碓舂時也。”

［7］郊庠宗稷：均爲禮制建築。郊，南北郊壇。南郊壇祭天，在都城建康正南秣陵縣牛頭山（今牛首山）下；北郊壇祭地，在鍾山北原道西（大致位於今江蘇南京市太平門外鎖金村至新莊附近），與南郊壇遥相對應（參見張學鋒《南朝建康的都城空間與葬地》，《中華文史論叢》2019 年第 3 期）。庠，指太學、儒學、國子學等官辦教育機構。宗，指太廟，是祭祀祖宗之所，在今南京市第一醫

院至白紙坊略南一帶。稷，此指太社，是祭祀社神（土地神）和稷神（穀神）之所，大致在今南京市建鄴路内橋灣一綫以北、小火瓦巷一綫以南、洪武路以西、大香爐及木料市以東範圍内（參見賀雲翱《六朝瓦當與六朝都城》，第165頁）。

[8]六符：謂三臺六星的符驗。《漢書》卷六五《東方朔傳》云："願陳《泰階六符》，以觀天變。"顔師古注引孟康曰："泰階，三台也。每台二星，凡六星。符，六星之符驗也。"

[9]太始：即泰始。西晋武帝司馬炎年號（265—274）。

[10]永平之遺事：永平，東漢明帝劉莊年號（58—75）。明帝在位期間，嚴於吏治，務存儉約，後世效法，稱"永平故事"。

公有濟天下之勳，重之以明德，凝神體道，合德符天。用百姓以爲心，[1]隨萬機以成務，[2]上德不德，[3]無爲以爲。[4]夏長春生，顯仁藏用，[5]功成化洽，[6]樂奏《咸》《雲》，[7]安上御人，[8]禮兼文質。是以天無藴寶，地有呈祥，既景焕於圖書，[9]方葳蕤於史牒，高勳踰於象緯，[10]積德冠於嵩、華，[11]固無得而稱者矣。

[1]用：大德本、汲古閣本、殿本作"周"。中華本校勘記云各本作"周"，據《陳書》改爲"用"。似未參此底本。馬宗霍《南史校證》云"按《陳書》'周'作'用'"，似亦未參此底本。

[2]以：《陳書》卷一《高祖紀上》作"而"。中華本據之改"以"爲"而"。

[3]上德不德：語出《老子》第三十八章："上德不德，是以有德。下德不失德，是以無德。"

[4]無爲以爲：語出《老子》第三十八章："上德無爲而無以

爲，下德無爲而有以爲。”

[5]顯仁藏用：語出《易·繫辭上》:“顯諸仁，藏諸用。”韓康伯注云:“衣被萬物，故曰顯諸仁；日用而不知，故曰藏諸用。”

[6]功成化洽：《陳書·高祖紀上》作“功成治定”。本書避唐高宗李治名諱，改“治定”爲“化洽”。

[7]《咸》《雲》：並爲古樂舞名。《咸》即《大咸》，相傳爲堯時之樂。《雲》即《雲門大卷》，相傳爲黄帝時之舞。《周禮·春官·大司樂》云:“以樂舞教國子，舞《雲門大卷》《大咸》《大磬》《大夏》《大濩》《大武》。”鄭玄注云:“此周所存六代之樂。黄帝曰《雲門大卷》。黄帝能成名萬物，以明民共財。言其德如雲之所出，民得以有族類。《大咸》，《咸池》，堯樂也。堯能殫均刑法以儀民，言其德無所不施。”

[8]安上御人：《陳書·高祖紀上》作“安上治民”。本書避唐高宗李治、太宗李世民名諱，改“治民”爲“御人”。

[9]既景焕於圖書：中華本校勘記云:“‘景’本字‘炳’，此避唐諱改。”炳焕，光彩明亮。

[10]象緯：日月五星。緯，大德本、殿本同，汲古閣本作“魏”。

[11]嵩、華：嵩即中嶽嵩山，華即西嶽華山。

朕又聞之：前王宰世，茂賞尊賢，[1]式樹藩長，總征群伯。二南崇絶，[2]四履遐曠，[3]泱泱表海，祚土維齊，巖巖泰山，俾侯于魯。汜復經營宇宙，[4]寧惟斷鼇足之功，[5]弘濟蒼生，非直鑿龍門之險。[6]而疇庸報德，寂爾無聞，朕所以垂拱當宁，載懷慙悸者也。今授公相國，以南豫州之陳留南丹楊宣城、揚州之吴興東陽新安新寧、南徐州之義興、江州之鄱陽臨川十郡，[7]封公爲陳公。錫兹青土，苴以白茅，[8]爰定爾邦，用建冢社。昔旦、奭分陜，[9]俱爲保師，[10]晋、鄭諸侯，咸作卿士。兼其内外，禮實攸宜。今命使持節、兼太尉王通授相國印綬，[11]陳公璽紱；使持節、兼司空王瑒授陳公茅土，[12]金武符第一至第五左，[13]竹使符第一至第十左。[14]相國秩踰三鉉，[15]任總百司，位絶朝班，禮由事革。以相國總百揆，除録尚書之號，上所假節、侍中貂蟬、中書監印章、中外都督太傅印綬、義興公印策，[16]其鎮衛大將軍、揚州牧如故。

[1]尊賢：尊貴賢能之人。

[2]二南：指周公與召公。最初封地皆在岐山之南，《詩》即有《周南》《召南》，故稱“二南”。　崇絶：至高無上。

[3]四履：四境所至。《左傳》僖公四年記管仲對楚子語云：“（召康公）賜我先君履，東至于海，西至于河，南至于穆陵，北至于無棣。”

[4]汜復經營宇宙：大德本、汲古閣本、殿本“汜”作“况”。底本誤。

[5]斷鼇足之功：《淮南子·覽冥訓》云：“往古之時，四極廢，九州裂，天不兼覆，地不周載……女媧鍊五色石以補蒼天，斷鼇足以立四極。”

[6]鑿龍門之險：《淮南子·脩務訓》云：“禹沐浴霪雨，櫛扶風，决江疏河，鑿龍門……隨山栞木，平治水土，定千八百國。”龍門，山名。在今陝西韓城市東北，東臨黄河。

[7]陳留：郡名。寄治石封縣，在今安徽廣德市。　南丹楊：郡名。治采石縣，在今安徽馬鞍山市西南。楊，大德本同，汲古閣

本、殿本作“陽”。　宣城：郡名。治宛陵縣，在今安徽宣城市宣州區。　東陽：郡名。治長山縣，在今浙江金華市。　新寧：郡名。治海寧縣，在今安徽休寧縣東北。　鄱陽：郡名。治鄱陽縣，在今江西鄱陽縣。　臨川：郡名。治南城縣，在今江西南城縣東南。

[8]錫兹青土，苴以白茅：古代帝王封建諸侯之禮。《尚書·禹貢》云：“厥貢惟土五色。”僞孔傳云：“王者封五色土爲社，建諸侯則各割其方色土與之，使立社。燾以黄土，苴以白茅，茅取其潔，黄取王者覆四方。”陳國在東，東方色青，故予青土。

[9]旦、奭分陜：旦，周公姬旦。奭，召公姬奭。二人皆爲周武王之弟，受命輔佐成王。陜，地名。在今河南三門峽市陜州區。《史記》卷三四《燕召公世家》云：“自陜以西，召公主之；自陜以東，周公主之。”

[10]保師：即太保、太師，官名。古時皆爲輔導、佐助帝王的官員。《史記》卷四《周本紀》記載，成王將伐淮夷，“召公爲保，周公爲師”。

[11]使持節：古代大臣奉皇帝之命出行，持符節以爲憑證並示威重。南北朝軍事長官的職權分爲使持節、持節、假節三等。使持節可誅殺二千石以下官員。　太尉：官名。與司徒、司空並爲三公。多作加官，無實際職掌。梁十八班。陳一品，秩萬石。　王通：字公達，琅邪臨沂（今山東臨沂市）人。梁武帝蕭衍外甥。本書卷二三有附傳，《陳書》卷一七有傳。

[12]王瑒：字子瑛（《陳書》作“子璵”），琅邪臨沂（今山東臨沂市）人。東晋名相王導之後。本書卷二一有附傳，《陳書》卷二三有傳。

[13]金武符第一至第五左：武符即虎符。本書避唐高祖李淵祖父李虎名諱，改“虎”爲“武”。武，大德本、汲古閣本、殿本作“虎”。虎符爲發兵符信，其形像虎，通常爲鎏金銅製，上有編號第一至第五。符分兩半，右半留朝廷，左半授與統兵將帥。調兵時由

使臣持符驗合，方可發兵。

[14]竹使符第一至第十左：竹使符亦爲發兵符信，以竹箭製成，上有編號，亦分兩半，右在朝廷，左在將帥。

[15]三鉉：三公。鼎爲三公之象，又有金鉉，故轉以鉉喻三公。《晉書》卷六二《劉琨傳》論曰："咸能自致三鉉，成名一時。"

[16]貂蟬：侍中的專用服飾。據《續漢書·輿服志下》，侍中戴武冠，"加黄金璫，附蟬爲文，貂尾爲飾"。

又加公九錫，其敬聽後命：以公禮爲楨榦，[1]律等銜策，[2]四維皆舉，[3]八柄有章，[4]是用錫公大輅、戎輅各一，[5]玄牡二駟。[6]以公賤寶崇穀，疏爵待農，室富京坻，[7]人知榮辱，是用錫公衮冕之服，[8]赤舄副焉。[9]以公調理陰陽，[10]燮諧風雅，[11]三靈允降，[12]萬國同和，是用錫公軒縣之樂，[13]六佾之儛。[14]以公宣導王猷，弘闡風教，光景所照，[15]鞮象必通，[16]是用錫公朱户以居。[17]以公抑揚清濁，褒德進賢，髦士盈朝，[18]幽人虚谷，[19]是用錫公納陛以登。[20]以公嶷然廊廟，爲世鎔範，折衝四表，[21]臨御八荒，是用錫公武賁之士三百人。[22]以公軌兹明罰，[23]期在刑厝，[24]象恭無赦，[25]干紀必誅，是用錫公斧、鉞各一。以公英猷遠量，跨厲嵩溟，[26]包一車書，[27]括囊寰寓，[28]是用錫公彤弓一、彤矢百，[29]盧弓十、盧矢千。[30]以公天經地義，貫徹幽明，春露秋霜，允供粢盛，[31]是用錫公秬鬯一卣，[32]圭瓚副焉。[33]陳國置丞相以下，一遵舊式。往欽哉！其恭循朕命，克相皇天，弘建邦家，允興鴻業，以光我高祖之休命。

［1］楨榦（gàn）：板築墻壁時，墻兩旁障土之木。引申爲支柱。《後漢書》卷四二《光武十王傳》載漢章帝詔令："昔周之爵封千有八百，而姬姓居半者，所以楨幹王室也。"

［2］銜策：馬嚼與馬鞭。引申爲準繩。銜，同"銜"。

［3］四維：指禮、義、廉、耻四種治國之要。《管子·牧民》云："國有四維……何謂四維？一曰禮，二曰義，三曰廉，四曰耻。"

［4］八柄：帝王統馭臣下的八種手段，即爵、禄、予、置、生、奪、廢、誅。典出《周禮·天官·大宰》："以八柄詔王馭群臣：一曰爵，以馭其貴。二曰禄，以馭其富。三曰予，以馭其幸。四曰置，以馭其行。五曰生，以馭其福。六曰奪，以馭其貧。七曰廢，以馭其罪。八曰誅，以馭其過。"

［5］大輅：也作"大路"。天子所乘坐的車。　戎輅：也作"戎路"。天子在軍中所乘坐的車。

［6］玄牡：黑色公馬，爲皇帝駕車的專用馬匹。牡，大德本、汲古閣本、殿本作"牲"。按，大輅、戎輅各一，玄牡二駟，皆屬車馬，爲"九錫"之一。

［7］京坻：糧食豐收。《詩·小雅·甫田》云："曾孫之庾，如坻如京。"謂穀米堆積如山。

［8］衮冕：古時帝王、上公專用的禮服和禮冠。衮，畫有捲龍的禮服。冕，旒冕，綴有十二串白珠的冠板，加於通天冠上。東晋、南朝時期，天子祭祀郊廟、正旦受朝及臨軒拜王公，皆服衮冕之服。

［9］赤舄（xì）：赤色重底鞋。具有禮儀性質，天子及諸侯出席重大禮儀活動時所穿。《詩·大雅·韓奕》云："玄衮赤舄。"舄，一種雙重底的鞋。爲重底以木爲之，浸塗蠟，不畏濕泥。朝鮮平壤樂浪彩篋冢曾出土東漢時期塗漆革舄，其底頗厚，内裝木楦，楦當

中有凹槽，其中應填以某種鬆軟之物。雖然如此，穿起來仍不會太靈便〔參見孫機《中國古輿服論叢（增訂本）》，文物出版社 2001 年版，第 353 頁〕。按，衮冕、赤舄屬衣服，爲“九錫”之一。

[10]調理陰陽：意謂宰相之職責。《史記》卷五六《陳丞相世家》云：“宰相者，上佐天子理陰陽，順四時，下育萬物之宜，外鎮撫四夷諸侯，内親附百姓，使卿大夫各得任其職焉。”

[11]燮諧風雅：意謂和諧道德風尚。風雅，本指《詩》之《國風》與《大雅》《小雅》，喻爲高貴典雅。

[12]三靈：指天神、地祇、人鬼。

[13]軒縣之樂：古時鐘磬等樂器懸挂於架上，懸挂形式根據身份地位而不同，諸侯三面懸挂陳列鐘、磬等樂器。縣，同“懸”。《周禮·春官·小胥》云：“正樂縣之位，王宫縣，諸侯軒縣，卿大夫判縣，士特縣，辨其聲。”鄭司農云：“宫縣四面縣，軒縣去其一面，判縣又去其一面，特縣又去其一面。四面象宫室四面有牆，故謂之宫縣。軒縣三面，其形曲。”

[14]六佾之儛：諸侯享用的六人六行的樂舞規制。按，軒縣之樂、六佾之舞屬樂則，爲“九錫”之一。

[15]光景：謂日月。《楚辭》屈原《九章·悲回風》云：“借光景以往來兮，施黄棘之枉策。”

[16]鞮（dī）象：通譯異族之語的人。

[17]朱户：“九錫”之一。紅色大門。古代視朱色爲最尊貴的顔色，賜朱户以示榮寵。

[18]髦士：英俊之士。

[19]幽人：隱居之士。

[20]納陛：“九錫”之一。鑿殿基爲登升陛級，納之於檐下，使尊貴者登臺階時不必暴露於外。

[21]折衝：意謂使敵人的戰車後撤。喻指克敵制勝。

[22]武賁：即虎賁。勇士稱號。《尚書·牧誓》云：“虎賁三百人。”僞孔傳云：“勇士稱也，若虎賁（奔）獸，言其猛也。”唐人

避高祖李淵祖父李虎名諱，改“虎”爲“武”。武賁亦爲“九錫”之一。

[23]軌兹明罰：《陳書》卷一《高祖紀上》“軌”作“執”。

[24]刑厝：置刑法而不用。《史記》卷四《周本紀》云：“故成康之際，天下安寧，刑錯四十餘年不用。”裴駰集解引應劭曰：“錯，置也。民不犯法，無所置刑。”

[25]象恭：貌似恭敬，實爲大奸。後多以喻巨奸大惡。《尚書·堯典》云：“静言庸違，象恭滔天。”

[26]嵩溟：山海。嵩即嵩山，溟即北溟。

[27]包一車書：車同軌，書同文。意謂統一制度。

[28]寓：“宇”字之異文。《陳書·高祖紀上》作“宇”。

[29]彤弓：朱漆弓。　彤矢：朱漆箭。

[30]盧弓：黑色弓。　盧矢：黑色箭。天子賜彤弓、彤矢、盧弓、盧矢，使大臣專掌征伐。按，弓矢爲“九錫”之一。

[31]粢盛：盛在祭器内以供祭祀的穀物。《公羊傳》桓公十四年云：“御廪者何？粢盛委之所藏也。”何休注云：“黍稷曰粢，在器曰盛。”

[32]秬（jù）鬯（chàng）一卣（yǒu）：秬鬯爲“九錫”之一。用黑黍和鬱金香草釀造的酒，用於祭祀降神，或賞賜有功諸侯。《詩·大雅·江漢》云：“秬鬯一卣。”毛傳云：“秬，黑黍也。鬯，香草也。築煮合而鬱之曰鬯。”卣，盛酒之器，口小腹大，有蓋和提梁。商周時期鬯爲酒中上品，常用高級青銅禮器卣盛貯，故文獻中常見“鬯一卣”或“鬯”若干“卣”的記録。

[33]圭瓚（zàn）：禮器名。瓚是飲鬯器，以圭爲柄者稱圭瓚。

十月戊辰，又進帝爵爲王。以揚州之會稽臨海永嘉建安、南徐州之晋陵信安、江州之尋陽豫章安成廬陵，[1]并前爲二十郡，益封陳國。其相國、揚州牧、鎮衛大將軍並如故。又命陳王冕十有二旒，[2]建天子旌旗，出警入蹕，[3]乘金根車，[4]駕六馬，[5]備五時副車，[6]置旄頭雲罕，[7]樂儛八佾，[8]設鍾虡宮縣。[9]王妃、王子、王女爵命之號，陳臺百官，一依舊典。

[1]臨海：郡名。治章安縣，在今浙江台州市椒江區章安街道。　永嘉：郡名。治永寧縣，在今浙江温州市。　建安：郡名。治建安縣，在今福建建甌市。　晉陵：郡名。治晉陵縣，在今江蘇常州市。　信安：郡名。治信安縣，在今浙江衢州市。《陳書》卷一《高祖紀上》作“信義”。　廬陵：郡名。治石陽縣，在今江西吉水縣東北。

[2]冕十有二旒：古制，天子有十二旒，上公有九旒。旒，冕前後所垂玉。

[3]出警入蹕（bì）：帝王出入時警戒清道，禁止行人。

[4]金根車：帝王所乘車名。車輪取自然圓曲之桑木製成，桑根色黄如金，車又以黄金爲飾，故名金根車。

[5]駕六馬：古代天子車輿馭六匹馬，稱“天子駕六”。

[6]五時副車：天子鹵簿組成部分。包括立車五乘、安車五乘，各駕四馬，分别塗成青、赤、黄、白、黑五種顔色，以備五時出行。《續漢書·祭祀志中》載，東漢明帝永平二年（59）采古禮定“五郊迎氣服色”之制，立春、立夏、先秋十八日、立秋、立冬分别於都城東、南、中、西、北舉行，其車輿及服飾依時節分别用青、赤、黄、白、黑，故名“五時車”，又謂“五帝車”。南朝偏安江左，儀制從簡，或以五牛車代替五時車。

[7]旄頭：古代皇帝儀仗中一種擔任先驅的騎兵。　雲罕：車名。即雲罕。有旌旗之車，爲皇帝外出時的車輿之一。

[8]八佾：也作“八溢”“八羽”。古代天子用的一種樂舞。舞者縱横都是八人，共六十四人。

[9]鍾虡（jù）：飾以猛獸形象的懸樂鐘的格架。　宮縣：即宮懸。帝王鐘磬等樂器懸挂四面，象徵宮室四面的墻壁，故名宮懸。

辛未，梁帝禪位于陳，策曰：[1]

[1]策：禪位策文或亦爲徐陵所撰。本書有删節，全文可參《陳書》卷一《高祖紀上》。

咨爾陳王！惟昔上古，厥初生人，驪連、栗陸之前，容成、大庭之世，[1]杳冥慌忽，[2]故靡得而詳焉。自羲、農、軒、昊之君，[3]陶唐、有虞之主，[4]或垂衣而御四海，[5]或無爲而子萬姓，[6]居之如馭朽索，[7]去之如脱弊屣，[8]裁遇許由，便能捨帝，[9]暫逢善卷，即以讓王。[10]故知玄扈琁璣，[11]非關尊貴，金根玉輅，示表君臨。及南觀河渚，[12]東沈刻璧，[13]菁華既竭，耄勤已倦，則抗首而笑，惟賢是與，謗然作歌，[14]簡能斯授。遺風餘烈，昭晰圖書，[15]漢、魏因循，[16]是爲故實，宋、齊授受，[17]又弘斯義。我高祖應期撫運，握樞御宇，三后重光，[18]祖宗齊聖。及時屬陽九，封豕荐食，[19]西都失馭，[20]夷狄交侵。乃聚天成，輕箄龜鼎，[21]慄慄黔首，若崩厥角，[22]黴黴皇極，[23]將甚綴旒。[24]

[1]驪連、栗陸之前，容成、大庭之世：驪連、栗陸、容成、大庭，皆爲傳説中自三皇以來有天下者之號。《初學記》卷九引《帝王世紀》云："女媧氏，亦風姓也。承庖犧制度。亦蛇身人首。

一號女希，是爲女皇。其末有諸侯共工氏，任知刑以强，伯而不王。以水承木，非行次，故《易》不載。及女媧氏没，次有大庭氏、柏皇氏、中央氏、栗陸氏、驪連氏、赫胥氏、尊盧氏、混沌氏、有巢氏、朱襄氏、葛天氏、陰康氏、無懷氏，凡十五世，皆襲庖犧之號。”《漢書·古今人表》有“大廷氏”，大廷即大庭。

[2]杳冥慌忽：久遠而模糊不清。

[3]羲、農、軒、昊之君：指庖羲氏、神農氏、黄帝軒轅氏、少昊金天氏，皆爲上古部落領袖。《藝文類聚》卷一一引《帝王世紀》云：“太昊帝庖羲氏，風姓也。蛇身人首。有聖德，都陳。作瑟三十六絃。”“炎帝神農氏，姜姓也。人首牛身。長於姜水，有聖德，都陳。作五絃之琴。始教天下種穀，故號神農氏。”“黄帝有熊氏，少典之子，姬姓也。生壽丘，長于姬水。龍顔。有聖德，受國於有熊，居軒轅之丘，故因以爲號。治五氣，設五量。及神農氏衰，黄帝修德撫民，諸侯咸去神農而歸之。”“少昊帝名摯，字青陽，姬姓也。降居江水。有聖德，邑于窮桑，以登帝位，都曲阜，故或謂之窮桑，即圖讖所謂白帝朱宣者也。故稱少昊，號金天氏。在位百年而崩。”

[4]陶唐：堯。　有虞：舜。

[5]垂衣而御四海：上古無衣，黄帝製作衣裳，以利百姓，又根據服制區别貴賤，治理天下。《易·繫辭下》云：“黄帝堯舜垂衣裳而天下治，蓋取諸乾坤。”垂衣，此處與下句“無爲”對仗，應指君主積極有爲。後世常以喻君主無爲而治。

[6]無爲而子萬姓：無爲而治。天子以百姓爲子，故稱“子萬姓”。

[7]居之如馭朽索：執政謹慎，常懷憂懼之心。語出《尚書·五子之歌》：“予臨兆民，懔乎若朽索之馭六馬。”朽索，指腐朽的繮繩。

[8]去之如脱弊屣：意謂不貪戀權位。語出《孟子·盡心上》：“舜視棄天下猶棄敝蹝也，竊負而逃，遵海濱而處，終身訢然，樂

而忘天下。”弊屣，破舊的草鞋。

［9］裁遇許由，便能捨帝：典出《莊子·逍遥遊》。堯知許由之賢，欲以天下相讓，許由不肯接受，遂隱居於箕山之下、潁水之陽，避世不出。

［10］暫逢善卷，即以讓王：典出《莊子·讓王》。舜欲將君位讓給善卷，善卷辭而不受，避入深山，莫知其處。此處意謂梁敬帝當效法堯舜，讓位於賢能的陳霸先。

［11］玄扈：相傳是黄帝受圖之處。一説是山名，《太平寰宇記》卷一四一《山南西道九·洛南縣》云："玄扈山，在縣西北一百里。《黄帝録》云：'帝在玄扈山上，與大司馬容光、左右輔周昌等一百二十人臨之，有鳳銜圖以至帝前。圖以黄玉爲匣，署曰"黄帝詔司命集帝行録"，帝令開之，其文可曉，黄帝再拜受圖。'"一説是室名，《初學記》卷三〇引《春秋合誠圖》云："黄帝坐玄扈洛水上。"宋均注云："玄扈，石室名。"　琁璣："琁"同"璇"。璇璣，亦作"璿璣"，測天象之器。《尚書·舜典》云："在璿璣玉衡，以齊七政。"

［12］南觀河渚：此爲堯受命之徵。《春秋元命苞》記載："堯遊河渚，赤龍負圖以出，圖赤如綈狀，龍没圖在。"

［13］東沈刻璧：意謂舜當受天命之傳。《尚書中候》云："帝堯刻璧，率群臣東沈於雒，書曰：'天子臣放勛德薄，施行不元。'"

［14］譑（lào）然作歌：譑，猶"灼"，爽朗明亮。歌，此指《大唐之歌》，堯時百姓贊美堯禪位於舜。《尚書大傳》云："執事還歸二年，譑然乃作《大唐之歌》。"

［15］昭晰圖書：清清楚楚地記録於典獻。晰，大德本同，汲古閣本、殿本作"晣"。馬宗霍《南史校證》云："元刊本《南史》'晰'作'晣'，從'折'不從'析'，與《陳書》同，是也。"（第183頁）

［16］漢、魏因循：東漢建安二十五年（220），漢獻帝劉協禪位於魏王曹丕，曹魏代漢。魏元帝咸熙二年（265），魏主曹奂禪位

於晉王司馬炎，晉代曹魏。

[17]宋、齊授受：南朝宋昇明三年（479），宋順帝劉準禪位於齊王蕭道成，宋亡齊建。齊中興二年（502），齊和帝蕭寶融禪位於梁王蕭衍，齊亡梁興。

[18]三后：指夏禹、商湯、周文王。《楚辭·離騷》云："昔三后之純粹兮，固衆芳之所在。"王逸注云："后，君也，謂禹、湯、文王也。"

[19]荐食：謂併吞。

[20]西都失馭：此指南朝梁元帝承聖三年（554）冬，西魏軍攻破江陵，殺梁元帝蕭繹之事。江陵居建康之西，故稱西都，又稱西京。

[21]乃聚天成，輕筭龜鼎：此指王僧辯廢蕭方智而立蕭淵明。天成，蕭淵明年號（555）。龜鼎，帝位。此句《陳書》卷一《高祖紀上》作"乃息天成，輕弄龜鼎"。聚，大德本同，汲古閣本空白闕字，殿本作"息"。筭，大德本、汲古閣本、殿本作"弄"。馬宗霍《南史校證》："元刊本《南史》'息'作'聚'，'弄'作'筭'，並誤。'息'爲古文'暨'字，義猶'及'也。"（第183頁）按，底本"聚""筭"並誤。

[22]若崩厥角：形容極度恐懼不安。語出《尚書·泰誓》："百姓懍懍，若崩厥角。"僞孔傳云："言民畏紂之虐，危懼不安，若崩摧其角，無所容頭。"

[23]皇極：帝位。

[24]綴旒：同"贅旒"。贅，多餘。旒，古代旗幟下懸垂的飾物。喻大臣干政，君權旁落。

惟王乃聖乃神，欽明文思，[1]二儀並運，[2]四時合序，天錫智勇，人挺雄傑，珠庭日角，[3]龍行武步。[4]爰初投袂，日廼勤王，[5]電埽番禺，雲撤彭蠹，翦其元惡，定我京畿。及王賀帝弘，[6]貿兹冠屨，[7]既行伊、霍，[8]用保沖人。[9]震澤、稽塗，[10]並懷叛逆，[11]獯、羯醜虜，三亂皇都，裁命偏師，二邦自殄，薄伐獫狁，[12]六戎盡殪。[13]嶺南叛换，湘、郢連結，賊帥既禽，凶渠傳首。用能百揆時序，四門允穆，[14]無思不服，無遠不届，上達穹昊，下漏深泉，[15]蛟魚並見，[16]謳歌攸屬。况乎長彗横天，已徵布新之兆，[17]璧日斯既，[18]寔表更姓之符。七百無常期，[19]皇王非一族。昔木德既季，[20]而傳祚于我有梁。天之歷數，允集明哲。式遵前典，廣詢群議，王公卿尹，莫不攸屬，敬從人祇之願，授帝位于爾躬。四海困窮，天禄永終，王其允執厥中，[21]軌儀前式，以副溥天之望。禋郊祀帝，[22]時膺大禮，永固洪業，豈不盛與！

[1]欽明文思：語出《尚書·堯典》。謂帝堯有四種美德。欽即敬，敬事節用謂之欽。明即明察，照臨四方謂之明。文即治理天下井井有條，經天緯地謂之文。思即深謀遠慮，慮深通敏謂之思。

[2]二儀：指天、地。

[3]珠庭：謂額頭圓潤飽滿如珠，屬貴人之相。

[4]武步：大德本、汲古閣本、殿本作“虎步”，本書避唐高祖祖父李虎名諱，改“虎”爲“武”。

[5]日廼勤王：中華本校勘記云:“‘曰’各本並訛‘日’，今改正。”

[6]王賀帝弘：王賀，指西漢昌邑王劉賀。元平元年（前 74）四月，昭帝崩，無嗣。大將軍霍光等决策，徵召昌邑王劉賀入繼大統。劉賀即位僅二十七天，便因淫亂失禮、多行不義而被廢黜。帝

弘，指西漢惠帝之子劉弘。初爲恒山王，吕太后四年（前184）立爲皇帝，是爲後少帝。吕太后去世，周勃、陳平等軍功貴族聯合劉氏宗室發動政變，剷除吕氏家族勢力，並以劉弘非惠帝親生子爲由將其廢黜殺害，隨後擁立代王劉恒爲帝，是爲漢文帝。此處以劉賀、劉弘二位廢帝喻蕭淵明。

[7]貿兹冠屨：冠屨易位。屨，當喻蕭淵明；冠，當喻蕭方智。《史記》卷一二一《儒林列傳》載黄生之言曰："冠雖敝，必加於首。履雖新，必關於足。何者，上下之分也。"屨，大德本、汲古閣本、殿本作"履"。

[8]伊、霍：伊指伊尹，商朝開國重臣，曾將不遵國策的商王太甲流放於桐宫，直至其反悔從善。霍指霍光，西漢中期名臣，官至大司馬大將軍。受武帝遺詔輔佐昭帝，昭帝死後，迎立昌邑王劉賀爲帝，旋又廢之，擁立宣帝，開創"昭宣中興"局面。二人被視爲輔政大臣的典範，後世並稱"伊、霍"。

[9]沖人：同"童人"，爲年少者自謙之辭。梁敬帝蕭方智時年十四，故自稱沖人。

[10]震澤、稽塗：泛指揚州地區。震澤，即今江蘇太湖。古時又有"笠澤""具區"等名。稽塗，《陳書》卷一《高祖紀上》作"稽陰"，中華本據改"塗"爲"陰"。馬宗霍《南史校證》亦云："稽陰連文，謂會稽、山陰也。"（第183頁）今按，塗，當指塗山，即今浙江紹興市境内的會稽山。禹治水成功，娶塗山氏女。又曾合諸侯於塗山。《國語·魯語下》云："禹致群神於會稽之山。""群神"即是諸侯（詳見顧頡剛、劉起釪《尚書校釋譯論·虞夏書》，中華書局2005年版，第272頁），"會稽之山"即是會稽塗山。《漢書·地理志上》載揚州地理風物有云："其山曰會稽，藪曰具區。"會稽、具區是揚州地區標志性的山澤，這一地理觀念由來已久。策文"震澤""稽塗"，澤、山對舉，與漢志正合。南朝確有將會稽、山陰合稱"稽陰"之例，但"震澤"與"稽陰"並稱，前爲地形，後爲政區，文意不及"震澤""稽塗"甚矣。因此，"稽塗"當爲

會稽塗山的省稱，不當强解爲“會稽山陰”而徑改“塗”爲“陰”。

［11］並懷叛逆：此指陳霸先襲殺王僧辯、擁立蕭方智，震州刺史杜龕、義興太守韋載等紛紛起兵反叛。

［12］薄伐獫狁：意謂討伐南侵的北方軍隊。語出《詩·小雅·六月》：“薄伐玁狁，至于太原。”

［13］六戎：泛指西方、北方少數民族。《周禮·夏官·職方氏》“五戎六狄”鄭玄注引《爾雅》云：“九夷、八蠻、六戎、五狄，謂之四海。”

［14］百揆時序，四門允穆：語出《尚書·舜典》：“納于百揆，百揆時叙。賓于四門，四門穆穆。”此謂陳霸先擔任相國，總領百官，朝廷秩序井然。

［15］深泉：即深淵。本書避唐高祖李淵名諱，改“淵”爲“泉”。

［16］蛟魚並見：祥瑞之象。《尚書大傳·虞傳》：“於是乃八風修通，慶雲叢蘖，蟠龍奮迅於其藏，蛟魚踴躍於其淵，龜鼈咸出於其穴，遷虞而事夏。”

［17］長彗横天，已徵布新之兆：古人天文觀念中，彗星形如掃帚，主掃除。彗星横天，預示人間有君主喪亡、政權更迭等事。

［18］璧日斯既：璧日，謂日圓如璧。既即食既，指日全食或月全食時，太陽、月亮被完全遮住的時刻。此爲舊國將絶之象。

［19］七百無常期：意謂國祚再長，亦不能永恒。《左傳》宣公三年云：“成王定鼎于郟鄏，卜世三十，卜年七百，天所命也。”

［20］木德既季：謂齊之將亡。據五德終始之説，南朝齊居木德。《梁書》卷五一《阮孝緒傳》云：“初，建武末，青溪宫東門無故自崩，大風拔東宫門外楊樹。或以問孝緒，孝緒曰：‘青溪皇家舊宅。齊爲木行，東者木位，今東門自壞，木其衰矣。’”

［21］允執厥中：言行中正，不偏不倚。語出《尚書·大禹謨》：“人心惟危，道心惟微，惟精惟一，允執厥中。”

[22]禋郊祀帝：《陳書·高祖紀上》作“禋祀上帝”。

又命璽書，遣兼太保、尚書左僕射王通，[1]兼太尉、司徒左長史王瑒，[2]奉皇帝璽紱，受終之禮，一依唐、虞故事。是日，梁帝遜于别宫。帝謙讓再三，群臣固請，乃許之。

[1]太保：官名。南朝時與太宰、太傅皆位上公，常作贈官，多用以安置元老勳舊大臣，無實際職掌。梁十八班。陳一品，秩萬石。　尚書左僕射：官名。尚書省次官。輔佐尚書令執行政務，參議大政，諫諍得失。南朝尚書令位尊權重，不親庶務，梁、陳時尚書令常缺，左、右僕射實爲尚書省主官。梁十五班。陳二品，秩中二千石。左僕射位在右僕射上。

[2]司徒左長史：官名。司徒長史爲司徒府僚屬之長，總管司徒府内諸曹，亦參預政務。魏晋南朝分置左、右長史。左長史位在右長史上。南朝或不設司徒，其府則常置，管理州郡農桑户籍、官吏考課，皆由左、右長史主持。司徒左長史南朝梁十二班。

永定元年冬十月乙亥，[1]皇帝即位于南郊，[2]柴燎告天，[3]曰：[4]

[1]永定：南朝陳武帝陳霸先年號（557—559）。

[2]南郊：南郊壇，禮制建築。南郊壇祭天，在都城建康正南秣陵縣牛頭山（今牛首山）下。

[3]柴燎告天：燔燒木柴並宣讀祝文以告上天的祭祀禮儀。《後漢書》卷一上《光武帝紀上》李賢注曰：“天高不可達，故燔柴以祭之，庶高煙上通也。”

[4]按，南郊告天文亦徐陵所作。本書有删節，全文可參《陳書》卷二《高祖紀下》。

皇帝臣霸先，敢用玄牡昭告于皇皇后帝：[1]

[1]敢用玄牡昭告于皇皇后帝：典出《尚書·湯誥》："敢用玄牡，敢昭告于上天神后，請罪有夏。"皇皇后帝，天帝。

梁氏以圮剥臻，[1]歷運有極，欽若天應，以命于霸先。夫肇有黎蒸，[2]乃樹司牧，[3]選賢與能，[4]未常厥姓。有梁末運，仍葉遘屯，[5]獯醜憑陵，[6]久移神器。承聖在外，[7]非能祀夏，[8]天未悔禍，復罹寇逆。嫡嗣廢黜，宗枝僭詐，[9]天地板蕩，紀綱泯絶。霸先爰初投袂，[10]大拯横流，[11]重舉義兵，實戡多難。廢王立帝，寔有厥功，安國定社，用盡其力，是謂小康，方期大道。既而煙雲表色，日月呈祥，除舊布新，既彰玄象，[12]遷虞事夏，[13]且協謳謌，[14]九域八荒，[15]同布衷款，百神群祀，皆有誠願，梁帝高謝萬邦，授以大寶。霸先自惟菲薄，讓德不嗣，至于再三，辭弗獲許。僉以百姓須主，萬機難曠，皇靈眷命，非可讓拒。畏天之威，用膺嘉祚，永言夙志，能無慙德。敬簡元辰，升壇受禪，告類上帝，[16]用答甿心，[17]永保于我有陳，惟明靈尚饗。

[1]圮剥：毀害。《後漢書》卷八〇《崔琦傳》："陵長閑舊，圮

剥至親。”　臻：大德本、汲古閣本作“荐臻”，殿本作“薦臻”。按，底本“剥”後脱“荐”字。荐臻，意謂屢至。《詩·大雅·雲漢》：“天降喪亂，饑饉薦臻。”

[2]黎蒸：黎民百姓。《陳書》卷二《高祖紀下》作“烝民”。本書避唐太宗李世民名諱，改作“黎蒸”。蒸，同“烝”。

[3]司牧：管理之人。語出《左傳》襄公十四年：“天生民而立之君，使司牧之，勿使失性。”

[4]選賢與能：語出《禮記·禮運》：“大道之行也，天下爲公，選賢與能，講信脩睦。”鄭玄注云：“公，猶共也。禪位授聖，不家之。”

[5]仍葉：猶言累世。　邅屯：謂邅遇艱難。屯，卦名。爲艱險難進之象。《易·屯卦》：“剛柔始交而難生。”

[6]憑陵：威逼。《左傳》襄公二十五年云：“今陳忘周之大德，蔑我大惠，棄我姻親，介恃楚衆，以憑陵我敝邑，不可億逞。”

[7]承聖在外：指梁元帝蕭繹在江陵建立政權。

[8]祀夏：繼承華夏正統。《左傳》哀公元年云：“（少康）復禹之績，祀夏配天，不失舊物。”楊伯峻《春秋左傳注》云：“依古禮，祀天以先祖配之，此則祀夏祖而同時祀天帝也。”

[9]宗枝：此指貞陽侯蕭淵明，本爲梁武帝兄長沙王梁懿之子，故稱“宗枝”。　僭詐：奸詐狡猾。

[10]投袂：甩袖而起，意謂即刻行動。《左傳》宣公十四年云：“楚子聞之，投袂而起，屨及于室皇。”杜預注云：“投，振也。袂，袖也。”

[11]擴流：大德本、汲古閣本、殿本、百衲本作“横流”。按，底本誤。横流，水四處漫溢。喻禍難動盪。《晉書》卷八四《殷仲堪傳》云：“苟亂亡見懼，則滄海横流。”

[12]玄象：天象。

[13]遷虞事夏：意謂天下棄梁而從陳。典出《史記》卷二《夏本紀》：“帝舜薦禹於天，爲嗣。十七年而帝舜崩。三年喪畢，

禹辭辟舜之子商均於陽城。天下諸侯皆去商均而朝禹。禹於是遂即天子位，南面朝天下，國號曰夏后，姓姒氏。”

[14]且協謳謌：典出《史記·夏本紀》：“皋陶於是敬禹之德，令民皆則禹。不如言，刑從之。舜德大明。於是夔行樂，祖考至，群后相讓，鳥獸翔舞，《簫韶》九成，鳳皇來儀，百獸率舞，百官信諧。帝用此作歌曰：‘陟天之命，維時維幾。’乃歌曰：‘股肱喜哉，元首起哉，百工熙哉！’皋陶拜手稽首揚言曰：‘念哉，率爲興事，慎乃憲，敬哉！’乃更爲歌曰：‘元首明哉，股肱良哉，庶事康哉！’又歌曰：‘元首叢脞哉，股肱惰哉，萬事墮哉！’帝拜曰：‘然，往欽哉！’於是天下皆宗禹之明度數聲樂，爲山川神主。”謌，同“歌”。

[15]九域：九州之域，意謂天下。　八荒：八方。《説苑·辨物》云：“八荒之内有四海，四海之内有九州。”

[16]告類：遇到特殊事件如皇帝登位或立太子等而舉行的祭天儀式。

[17]用答甿心：《陳書·高祖紀下》作“用答民心”。本書避唐太宗李世民名諱，改“民”爲“甿”。

先是，氛霧雨雪，晝夜晦冥。至是日，景氣清晏。禮畢，輿駕還宫，臨太極前殿，[1]大赦，改元。[2]賜百官爵二級，[3]文武二等。鰥寡孤獨不能自存者，人穀五斛。[4]逋租宿責，[5]皆勿復收。有犯鄉論清議、贓污淫盜者，[6]皆洗除先注，[7]與之更始。其長徒敕繫，[8]特皆原之。亡官失爵，禁錮奪勞，[9]一依舊典。又詔以江陰郡奉梁主爲江陰王，[10]行梁正朔，車旗服色，一依前準。梁皇太后爲江陰國太妃，[11]皇后爲江陰國妃。又詔百司各依位攝職。景子，[12]幸鍾山，祭蔣帝廟。[13]戊寅，幸華林園，[14]覽辭訟，臨赦囚徒。己卯，分遣大使，宣勞四方。庚辰，詔出佛牙於杜姥宅，[15]集四部設無遮大會。[16]辛巳，追尊皇考曰景皇帝，廟號太祖，妣董太夫人曰安皇后，[17]前夫人錢氏爲昭皇后，[18]世子克爲孝懷太子。[19]立夫人章氏爲皇后。癸未，尊景帝陵曰瑞陵、昭皇后陵曰嘉陵，依梁初園陵故事。立删定郎，[20]刊定律令。戊子，遷景皇帝神主祔于太廟。

[1]太極前殿：太極殿的主體建築之一。太極殿是建康皇宫正殿，由前殿、東堂、西堂等建築組成。南朝天子駕崩，嗣君往往在太極前殿即位。

[2]改元：改梁敬帝太平二年爲陳武帝永定元年（557）。

[3]百官：大德本、汲古閣本、殿本作“百姓”。底本誤。

[4]斛：容量單位。南朝量制，一斛十斗，一斗十升，一升十合。一合約當今三十毫升。

[5]逋租：拖欠未交的租税。　宿責：舊債。責，同“債”。

[6]鄉論清議：鄉黨、士人對個人的評價。東漢有以風謡考覈官員的制度，魏晋南朝沿襲，並把鄉論清議對個人的評價記録在户籍中，作爲品行考覈依據，稱爲籍注。籍注中若有贓、污、淫、盗等污點記録，則影響仕途。

[7]注：登記，記録，此指籍注，即户籍中記録本人品德資歷的欄目。

[8]長徒：長期服勞役的刑徒。

[9]禁錮：官吏因犯罪而被剥奪從政爲官的權利。　奪勞：剥奪勞績。漢代以來，以功、勞考覈官吏，决定升遷黜陟。功即功績，勞即累計的勞動日數，相當於工齡。如有犯罪或其他過錯，消除勞動日數，謂之“奪勞”。

[10]江陰：郡名。治江陰縣，在今江蘇江陰市。

[11]梁皇太后：當指梁元帝蕭繹之妃徐昭佩，東海郯（今山東郯城縣）人。梁武帝天監十六年（517）十二月拜湘東王妃，生世子蕭方等、益昌公主蕭含貞。太清三年（549）五月被譴死。《梁書》卷七有傳。

[12]景子：即丙子。大德本、汲古閣本、殿本作“丙子”。

[13]蔣帝廟：在今江蘇南京市玄武區紫金山。三國吴時在鍾山西北麓爲都中侯（或作“中都侯”）蔣子文立廟，後世崇祀，稱蔣帝廟，轉稱鍾山爲蔣山。《初學記》卷八引《丹陽記》云：“蔣子文爲秣陵尉，自言己將死，當爲神。後爲賊所殺，故吏忽見子文乘白馬，如平生。孫權發使封子文而爲都中侯。立廟鍾山，因改爲蔣山。”

[14]華林園：宮苑名。本三國吴時宮苑，東晋稱華林園，以仿魏洛陽之華林園。故址在今江蘇南京市雞籠山南古臺城内。園内有聽訟觀，爲皇帝審録囚徒之處。

[15]杜姥宅：東晋成帝杜皇后母裴氏立第於建康臺城南掖門外，故名。由於交通便利，南朝時爲高官顯貴集中居住之地，“杜姥宅”遂由宅第名演變爲地標名。

[16]四部：佛家語。亦曰四部衆，謂比丘、比丘尼、優婆塞、優婆夷。　無遮大會：源於梵文，意謂聖賢道俗上下貴賤無遮，平等行財施和法施的法會。

[17]妣：大德本、汲古閣本、殿本作“皇妣”。

[18]錢氏：吴興錢仲方之女，嫁給同郡陳霸先，早卒。

[19]世子克爲孝懷太子：陳克早卒，此爲追謚。

[20]刪定郎：官名。掌改定律令，屬吏部。陳四品，秩六百石。

是月，西討都督周文育、侯安都於郢州敗績，[1]没于王琳。

[1]郢州：州名。治夏口城，在今湖北武漢市武昌區。

十一月景申，[1]封皇兄子長城縣侯蒨爲臨川郡王，[2]頊襲封始興郡王，[3]皇弟子曇朗襲封南康郡王。[4]庚申，都下火。

[1]景申：即丙申。

[2]蒨：即陳文帝陳蒨。本書卷九、《陳書》卷三有紀。　郡王：爵名。以郡爲國。始封郡王爲正王，被封者唯皇帝之弟或子。嗣位爲郡王者，則稱嗣王。據《陳書》卷二《高祖紀下》，臨川郡王食邑二千户。

[3]頊：即陳宣帝陳頊。本書卷一〇、《陳書》卷五有紀。

[4]曇朗：陳曇朗，陳霸先同母弟陳休先之子。本書卷六五、《陳書》卷一四有傳。按，曇朗雖爲嗣王，禮秩一同正王。

十二月庚辰，皇后謁太廟。

是歲，周閔帝元年。[1]及九月，冢宰宇文護廢閔帝而奉明帝，[2]又爲明帝元年。

[1]周閔帝：宇文覺。北周開國皇帝。西魏權臣宇文泰第三子。《周書》卷三、《北史》卷九有紀。本書中記北周紀元，爲李延壽奉周爲正、尊周抑齊所致。錢大昕《廿二史考異》卷三五云："自東、西魏分峙以後，東魏元象、興和、武定紀元，皆不書於《南史》。齊既受禪，《南史》亦不載齊之紀年，而於周改元，則必書之……延壽之尊周而抑齊如此。"

[2]冢宰：官名。全稱爲大冢宰卿。西魏恭帝三年（556）仿《周禮》建六官，置大冢宰卿一人，爲天官冢宰府最高長官。正七

命。掌邦治，以建邦之六典佐皇帝治邦國。北周沿置，然其權力却因人而異，若有五府總於天官之命，則稱冢宰，能總攝百官，實爲大權在握之宰輔；若無此命，即稱太宰，與五卿並列，僅統本府官。　宇文護：字薩保，代郡武川（今内蒙古武川縣西）人。西魏權臣宇文泰之侄，迫使魏恭帝拓跋廓禪位於宇文泰之子宇文覺，建立周朝，是爲北周。《周書》卷一一有傳，《北史》卷五七有附傳。　明帝：北周明帝宇文毓。宇文泰庶長子。北周建立。官拜柱國，轉爲岐州刺史。周孝閔帝元年（557）九月，晋公宇文護廢黜孝閔帝，徵召宇文毓即位，是爲周明帝。《周書》卷四、《北史》卷九有紀。

二年春正月乙未，以車騎將軍、開府儀同三司侯瑱爲司空。[1]辛丑，祀南郊，大赦。甲寅，遣中書舍人韋鼎策吴興楚王神爲帝。[2]戊午，祀明堂。[3]

[1]侯瑱：字伯玉，巴西充國（今四川閬中市）人。本書卷六六、《陳書》卷九有傳。

[2]韋鼎：字超盛，京兆杜陵（今陕西西安市長安區）人。本書卷五八有附傳，《隋書》卷七八有傳。按，《隋書》本傳詳記其入陳宦歷："及受禪，拜黄門侍郎，俄遷司農卿、司徒右長史、貞威將軍，領安右晋安王長史、行府國事，轉廷尉卿。太建中，爲聘周主使，加散騎常侍。尋爲秘書監、宣遠將軍，轉臨海王長史，行吴興郡事。入爲太府卿。"未見任中書舍人事。

[3]明堂：古代禮制建築，爲天子宣明政教之所。南朝明堂始建於宋孝武帝大明四年（460），在宫城東南，地近太廟。據《通典》卷四四《吉禮三》，陳時"祀昊天上帝、五帝於明堂，牲以太牢，粢盛六飯，鉶羹蔬備薦焉……堂制，殿屋十二間，中央六間，依前代安六座。四方帝各依其方，黄帝居坤維，而配饗座依梁法"。

隋平陳，建康明堂毀於兵燹。隋煬帝時，主持營建東都洛陽的將作大將宇文愷上奏《明堂儀表》，其中記録了他考察建康明堂遺迹時親眼所見："平陳之後，臣得目觀，遂量步數，記其尺丈。猶見基内有焚燒殘柱，毀斫之餘，入地一丈，儼然如舊。柱下以樟木爲跗，長丈餘，闊四尺許，兩兩相並。凡安數重。"（《隋書》卷六八《宇文愷傳》）

二月壬申，南豫州刺史沈泰奔齊。[1]辛卯，詔司空侯瑱總督水陸衆軍以禦齊。

[1]二月壬申，南豫州刺史沈泰奔齊：《北齊書》卷四《文宣帝紀》記其事爲："（天保九年八月）陳江州刺史沈泰以三千人内附。"

三月，王琳立梁永嘉王蕭莊以奉梁後，[1]即位于郢州。

[1]蕭莊：梁元帝蕭繹長孫。元帝承聖元年（552）封爲永嘉王。敬帝立，出質於北齊。陳霸先受禪後，王琳將其從北齊迎回，於郢州稱帝，以續梁嗣。後奔北齊，受封梁王。本書卷五四有附傳。

夏四月甲子，祀太廟。乙丑，江陰王殂，[1]陳志也。[2]追謚梁敬帝。詔太宰弔祭，司空監護喪事。以梁武林侯蕭諮子季卿嗣爲江陰王。[3]戊辰，重雲殿東鴟尾有紫煙屬天。[4]

[1]江陰王殂（cú）：《陳書》卷二《高祖紀下》記作“江陰王薨”。江陰王之死，實爲陳霸先加害所致。趙翼《陔餘叢考》卷七《陳書書法》云：“《陳書》避諱處太多……武帝始受禪。即以江陰郡奉梁主爲江陰王，車旗正朔，一如故事。宫館資給，務極優隆。永定二年，江陰王薨，詔遣太宰弔祭。絶不見篡弑之迹，此固循宋、齊、梁書之舊例也，然其事終不可没。則應錯見於列傳中。按《南史·沈恪傳》：武帝欲令恪勒兵衛敬帝出宫，恪叩頭曰：‘身經事蕭家來，不忍見此事。’武帝乃使王僧志代之。又《劉師知傳》：武帝令師知往害敬帝，帝覺之，繞牀走曰：‘我本不須作天子，何意見殺？’師知執帝衣，行事者加刃焉。此敬帝被害情事也。乃《陳書》於《恪傳》尚載其叩頭數語，而《師知傳》全不書此事，則紀與傳俱没之矣。”馬宗霍《南史校證》亦云：“《陳書·武帝紀》作‘江陰王薨’，一若得善終者，非實録也。《南史》易‘薨’爲‘殂’，而以陳志繫之，此李延壽書法之善者。《通鑑》卷一六七直書‘上使人害梁敬帝’，得其實矣。”（第184頁）

[2]陳志也：王鳴盛《十七史商榷》卷五五《誅劉燮等》以爲，本書記蕭道成殺害汝陰王劉準事爲“汝陰王殂，齊志也”，記陳霸先殺害江陰王蕭方智之事爲“江陰王殂，陳志也”，所謂“齊志”“陳志”，均是直書彰惡之舉，也是本書勝於《南齊書》《陳書》之處。

[3]季卿：蕭季卿。梁武林侯蕭諮之子。陳武帝永定二年（558）嗣爲江陰王，後因擅買梁陵中樹，坐免。

[4]重雲殿：在京師建康宫城華林園内。梁武帝時期建造，爲重閣構造，上名重雲殿，下名興光殿。據《隋書·天文志上》記載，梁之重雲殿前置有銅儀，亦即渾天儀。

五月乙未，都下地震。壬寅，立梁邵陵攜王廟室，[1]祭以太牢。辛酉，帝幸大莊嚴寺，[2]捨身。[3]壬戌，群臣表請還宫。

[1]邵陵攜王：蕭綸。字世調，梁武帝第六子。武帝天監十三年（514）封邵陵郡王。梁末時亂，率軍東討侯景，西抗西魏。簡文帝大寶二年（551）三月，在汝南城爲西魏楊忠所執，不屈而死，時年三十三歲。尸體投於江岸，數日顔色不變，鳥獸莫敢近食。百姓憐之，爲立祠廟。梁元帝追謚曰攜。本書卷五三、《梁書》卷二九有傳。

[2]大莊嚴寺：在建康宣陽門外。東晋穆帝永和四年（348），鎮西將軍謝尚捐捨其宅，造莊嚴寺。南朝宋孝武帝大明中，路太后於宣陽門外太社西藥園造莊嚴寺，舊莊嚴寺遂改名爲謝鎮西寺。按，建康又有小莊嚴寺，在建康定陰里，梁武帝天監六年，由道度禪師起造。

[3]捨身：佛教徒爲宣揚佛法，消灾免禍，或爲布施寺院，自動去寺院做苦行，謂之“捨身”。

六月己巳，詔司空侯瑱、領軍將軍徐度討王琳。[1]初，侯景之平也，太極殿被焚，承聖中議欲營之，獨闕一柱。秋七月，有樟木大十八圍，長四丈五尺，[2]流泊陶家後渚，[3]監軍鄒子度以聞。[4]詔中書令沈衆兼起部尚書，[5]構太極殿。

[1]領軍將軍：官名。掌禁衛軍及京都諸軍。梁十五班。陳三品，秩中二千石。

[2]長四丈五尺：南朝度制，一尺約合今 24. 5 釐米。四丈五尺則合今 1102. 5 釐米。

[3]陶家後渚：省稱後渚。是建康城西南淮水（今秦淮河）南

岸碼頭，地近長江，南朝時常爲迎送北使及士大夫餞行之所。《梁書》卷二《武帝紀中》云：天監九年春正月“新作緣淮塘，北岸起石頭迄東冶，南岸起後渚籬門迄三橋”。或以爲當在瓦官寺附近。瓦官寺舊址在今江蘇南京市集慶門里花露崗，六朝時臨近長江（參見魏斌《南朝建康的東郊》，《中國史研究》2016 年第 3 期）。

[4]監軍：官名。通常指朝廷設在軍中、負有監察之責的官員。亦指在都督缺位之州設置的監諸軍事，簡稱監軍，爲該地區軍政長官，位在都督諸軍事下、督諸軍事上，職掌略同。

[5]中書令：官名。與中書監並爲中書省長官，掌出納帝命。東晋以後，中書出令之權歸他省或中書侍郎、中書舍人，中書令漸成閑職，僅掌文章之事，多用於重要大臣之加官。陳二品，秩中二千石。　沈衆：字仲師，吴興武康（今浙江德清縣）人。梁名臣、文士沈約之孫。本書卷五七有附傳、《陳書》卷一八有傳。　起部尚書：官名。掌營造宗廟宫室。不常置，常以他官兼領，事畢即省，以其事分屬都官、左民二尚書。陳三品，秩中二千石。

八月，周文育、侯安都等於王琳所逃歸，自劾廷尉，[1]即日引見，宥之，並復本官。丁亥，加江州刺史周迪平南將軍、開府儀同三司。[2]

[1]廷尉：官名。南朝梁、陳稱廷尉卿。職掌國家刑獄事。陳三品，秩中二千石。

[2]周迪：臨川南城（今江西南城縣東南）人。本書卷八〇、《陳書》卷三五有傳。　平南將軍：官名。與平東、平西、平北並爲四平將軍。多持節都督或監某一地區軍事，或作爲刺史等地方官員監理軍務的加官。陳擬三品，比秩中二千石。

冬十月庚午，遣鎮南將軍周文育都督衆軍出豫章，[1]討余孝勱。[2]乙亥，幸莊嚴寺，發《金光明經》題。[3]丁酉，[4]加高州刺史黄法𣰋平南將軍、開府儀同三司。[5]

[1]鎮南將軍：官名。南朝梁、陳時鎮前、鎮後、鎮左、鎮右將軍與鎮東、鎮西、鎮南、鎮北將軍合稱八鎮將軍，爲重號將軍，是内官專用之軍號。梁二十二班。陳擬二品，比秩中二千石。

[2]余孝勱：余孝頃之弟。

[3]《金光明經》：佛經名。凡四卷。北涼高僧曇無讖所譯。

[4]丁酉：中華本校勘記云："上有冬十月庚午、乙亥。按永定二年十月辛酉朔，是月無丁酉。《陳書》丁酉下有甲寅，十一月庚寅朔，丁酉十八日，甲寅二十五日，是'丁酉'上當加'十一月'三字。"

[5]黄法𣰋：字仲昭，巴山新建（今江西樂安縣）人。本書卷六六、《陳書》卷一一有傳。1989年，南京市雨花區西善橋鎮磚瓦廠南朝墓出土黄法𣰋墓誌，題爲"陳故司空義陽郡公黄君墓誌銘"，碑文存四十行，每行三十四字，文多漫漶，猶有可參之處。碑文"𣰋"作"氍"（詳見王素《陳黄法氍墓誌校證》，《文物》1993年第11期）。　平南將軍：《陳書》卷二《高祖紀下》作"鎮南將軍"，誤，當以本書爲是。説詳林礽乾《陳書本紀校注》（第107頁）。

十二月甲子，幸大莊嚴寺，設無㝵大會，[1]捨乘輿法物，[2]群臣備法駕奉迎，[3]即日還宫。景戌，[4]加北江州刺史熊曇朗平西將軍、開府儀同三司。[5]

[1]無㝵大會：即無遮大會，或稱無碍大會。是佛教舉行的以

布施爲主的法會，通常每五年一次。無遮，即没有遮攔的意思，意謂不分貴賤、智愚、善惡將一切加以平等看待、寬容對待。㝵，大德本同，汲古閣本、殿本作“碍”。林礽乾《陳書本紀校注》云：“無㝵，宋浙本、三朝本、南監本、北監本、汲古本、《御覽》卷一三三引同。《南史·陳武帝紀》作‘無碍’，《册府》卷一九四作‘無遮’。按作‘無㝵’或‘無碍’，其義與作‘無遮’同，俱爲印度梵語‘般闍于瑟’之義譯。原義爲寬容無阻，聖賢道俗貴賤上下，一律參預，平等行法之謂。‘般闍于瑟’，宋浙本譯作‘無㝵大會’，《南史·陳武帝紀》作‘無碍大會’，《正字通》云：‘碍，礙之俗字。’《集韻》：‘㝵同礙。’是作‘無㝵’，與作‘無碍’同也。《説文·石部》：‘礙，止也。’《辵部》：‘遮，遏也。’‘遏’猶‘止’也，是《册府》卷一九四作‘無遮’之義，又與宋浙本之作‘無㝵’者同。”（第108頁）馬宗霍《南史校證》：“‘碍’本‘礙’之俗，浮屠書作‘㝵’，又‘碍’之省也。”（第187頁）

［2］法物：帝王儀仗隊伍所用器物。

［3］法駕：皇帝御用車駕的一種。《史記》卷九《吕太后本紀》云：“迺奉天子法駕，迎代王於邸。”裴駰集解引蔡邕云：“天子有大駕、小駕、法駕。法駕上所乘，曰金根車，駕六馬，有五時副車，皆駕四馬，侍中參乘，屬車三十六乘。”

［4］景戌：即丙戌。大德本、汲古閣本、殿本作“丙戌”。

［5］北江州：州名。寄治南陵縣，在今安徽池州市貴池區西南。按，北江州本梁之南陵郡，陳初置州。　熊曇朗：豫章南昌（今江西南昌市）人。本書卷八〇、《陳書》卷三五有傳。　平西將軍：官名。與平東、平南、平北將軍並爲四平將軍。多持節都督或監某一地區軍事，或作爲刺史等地方官員監理軍務的加官。陳擬三品，比秩中二千石。

三年春正月丁酉，鎮南將軍、廣州刺史歐陽頠即本號開府儀同三司。是夜大雪，及旦，太極殿前有龍迹見。甲子，[1]廣州言仙人見于羅浮山寺小石樓。[2]

[1]甲子：中華本校勘記云："'甲子'《陳書》作'甲午'。按是年正月己丑朔，無甲子，有甲午；然甲午在'丁酉'前三日，不得在後。又《陳書》其下更出'辛丑''戊申'，其間惟有丙午，疑此'甲子'及'甲午'並爲'丙午'之譌，則前後日辰無一違戾。"

[2]仙人見于羅浮山寺小石樓：《陳書》卷二《高祖紀下》詳記其事："仙人見于羅浮山寺小石樓，長三丈所，通身潔白，衣服楚麗。"《隋書·五行志下》所記同《陳書》，且云："京房占曰：'長人見，亡。'後二歲，帝崩。"羅浮山，在今廣東博羅縣東，是浮山與羅山的並體，故曰羅浮。

二月辛酉，加平西將軍、桂州刺史淳于量鎮西大將軍、開府儀同三司。[1]

[1]平西將軍：《陳書》卷一一《淳于量傳》記其爲"平西大將軍"。 桂州：州名。治始安縣，在今廣西桂林市。 淳于量：字思明，其先濟北（今山東肥城市）人，世居建鄴（今江蘇南京市）。本書卷六六、《陳書》卷一一有傳。 鎮西大將軍：官名。較鎮西將軍進一階。鎮西將軍，陳擬二品，比秩中二千石。

夏閏四月甲午，詔依前代置西省學士，[1]兼取伎術士。[2]是時久不雨。景午，[3]幸鍾山，祭蔣帝廟。是日降雨，迄于月晦。[4]

[1]西省學士：官名。西省即秘書省，掌管國史修撰及圖籍收藏，因在皇帝内殿西側，故名。東晋孝武帝招延儒學之士，在西省侍讀。梁武帝時常招才學之士萃聚西省，從事校書、修史、撰譜等事務，稱西省學士。學士隨所用而置，無定員，無定品（參見趙翼《陔餘叢考》卷二六《學士》）。

[2]伎術士：精通方技數術之人。

[3]景午：即丙午。大德本、汲古閣本、殿本作“丙午”。

[4]月晦：月終。

五月景辰朔，[1]日有蝕之。有司奏：“舊儀，帝御前殿，服朱紗裦、通天冠。”[2]詔曰：“此乃前代承用，意有未同。合朔仰助太陽，宜備衮冕之服，自今永可爲準。”景子，[3]扶南國遣使朝貢。[4]乙酉，北江州刺史熊曇朗殺都督周文育，舉兵反。王琳遣其將常衆愛、曹慶率兵援余孝勱。[5]

[1]景辰：即丙辰。大德本、汲古閣本、殿本作“丙辰”。

[2]朱紗裦、通天冠：皆爲天子正式禮服。宋明帝泰始四年(468)八月甲寅下詔，以通天冠、朱紗袍爲天子聽政之服。朱紗裦，當爲紅色紗質寬袍。“裦”，大德本作“褎”，汲古閣本、殿本作“袍”。通天冠，天子朝服所冠，《隋書・禮儀志六》記其形制云：“通天冠，高九寸，正竪頂，少斜却，乃直下，鐵爲卷梁，前有展筩，冠前加金博山、述。乘輿所常服。”因金博山高立醒目，故又稱高山冠。

[3]景子：即丙子。大德本、汲古閣本、殿本作“丙子”。馬宗霍《南史校證》云：“《陳書・武帝紀》‘丙子’作‘丙寅’。考五月朔爲‘丙辰’，則‘丙寅’爲五月十一日，‘丙子’爲二十一日，相差十日，未詳孰是。”(第185頁)

[4]扶南國：南海古國名。公元1世紀建國，7世紀中葉爲真臘所滅。統治中心在今柬埔寨境内，盛時擁據湄公、湄南二河下游之地。出産金、銀、銅、錫、沈木香、象牙、孔雀、五色鸚鵡等物。晋初遣使貢獻方物，南朝通好如故。本書卷七八、《晋書》卷九七、《南齊書》卷五八、《梁書》卷五四皆有傳。按，南北朝時期，南北雙方政權互争正統，往往將四夷藩國貢獻視爲正統與否的標志，故史家予以著録。

[5]常衆愛：王琳部將。後爲陳將侯安都所敗，逃奔廬山，爲村人所殺。　曹慶：本爲王琳部將，梁主蕭莊封爲左衛將軍、吴州刺史。王琳敗，降陳，官至長沙太守。後隨華皎起兵叛亂，兵敗被殺。

六月戊子，儀同侯安都敗衆愛等於左里，[1]獲琳從弟襲、主帥羊暕等四十餘人，[2]衆愛遁走。庚寅，廬山人斬之，[3]傳首建鄴。甲午，衆軍凱歸。

[1]左里：城名。又作“左蠡”。東晋盧循所築，在今江西都昌縣左里鎮。

[2]四十：《陳書》卷二《高祖紀下》作“三十”。

[3]廬山人：《陳書·高祖紀下》作“廬山民”。本書避唐太宗李世民諱，改“民”爲“人”。廬山，山名。在今江西九江市南。

丁酉，帝不豫，[1]遣兼太宰、尚書右僕射王通以疾告太廟，[2]兼太宰、中書令謝哲告大社、南北郊。[3]辛丑，帝小瘳。[4]故司空周文育之柩至自建昌。[5]壬寅，帝素服哭于朝堂，[6]哀甚。癸卯，上臨訊獄訟。是夜，熒惑在天尊。[7]上疾甚。景午，[8]帝崩于璿璣殿，[9]時年五十七。[10]遺詔追臨川王蒨入纘大業。[11]甲寅，殯于太極殿西階。八月甲午，群臣上謚曰武皇帝，廟號高祖。景申，[12]葬萬安陵。[13]

[1]不豫：意謂不復豫政。天子病重的隱諱之辭。

[2]尚書右僕射：官名。尚書僕射爲尚書省次官，輔佐尚書令執行政務，參議大政，諫諍得失。南朝尚書令位尊權重，不親庶務，梁、陳時尚書令常缺，左、右僕射實爲尚書省主官。梁十五班。陳二品，秩中二千石。右僕射位在左僕射下。按，據本書卷二三、《陳書》卷一七《王通傳》，王通自高祖受禪終高祖之世，俱爲尚書左僕射，疑此處"右"字爲"左"字之訛（參見林礽乾《陳書本紀校注》，第113頁）。

[3]謝哲：字穎豫，陳郡陽夏（今河南太康縣）人。本書卷二〇有附傳，《陳書》卷二一有傳。　大社：即太社，帝王祭祀社神（土地神）和稷神（穀神）之所。南朝建康太社大致在今南京市建鄴路内橋灣一綫以北、小火瓦巷一綫以南、洪武路以西、大香爐及木料市以東範圍内（參見賀雲翱《六朝瓦當與六朝都城》，第165頁）。大，同"太"。

[4]小瘳：疾病稍微好轉。

[5]建昌：縣名。治所在今江西永修縣艾城鎮。

[6]朝堂：即尚書朝堂。東晋、南朝時期，異姓諸侯、都督發喪舉哀，常在朝堂舉行。按，《陳書》卷二《高祖紀下》作"東堂"。

[7]熒惑在天尊：熒惑，火星别名，因隱現不定，令人迷惑，故名。古代天象觀念中，熒惑多喻亂、賊、疾、喪、饑、兵，故其行迹備受重視。《漢書·天文志六》："熒惑，天子理也，故曰雖有明天子，必視熒惑所在。"天尊，即天樽，又作"天罇"。星宿名，有三星，屬井宿。《晋書·天文志上》："五諸侯南三星曰天樽，主

盛饘粥以給貧餒。"《隋書·天文志上》:"五諸侯南三星曰天樽，主盛饘粥，以給酒食之正也。"

[8]景午：即丙午。大德本、汲古閣本、殿本作"丙午"。

[9]璿璣殿：宫殿名。梁武帝時修建。《建康實録》卷一九作"璇璣殿"。據《輿地志》，梁武帝普通年間建同泰寺，内有大殿六所、小殿及堂十餘所，璇璣殿在其東南，殿外積石種樹爲山，又有蓋天儀，激水隨滴而轉，故名"璇璣"。

[10]五十七:《建康實録》卷一九作"五十八"。

[11]入纘大業:《陳書·高祖紀下》作"入纂"。

[12]景申：即丙申。大德本、汲古閣本、殿本作"丙申"。

[13]萬安陵：陳武帝陳霸先陵墓。在今江蘇南京市江寧區上坊社區。

帝雄武多英略，性甚仁愛。及居阿衡，[1]恒崇寬簡，雅尚儉素，常膳不過數品，私饗曲宴，[2]皆瓦器蚌盤，[3]肴核庶羞，[4]裁令充足，不爲虛費。初平侯景，及立敬帝，子女玉帛，皆班將士。其充闈房者，[5]衣不重采，飾無金翠。[6]聲樂不列於前。踐祚之後，彌厲恭儉。故能隆功茂德，光于江左云。[7]

[1]阿衡：本指商初名臣伊尹，助湯滅夏，後又輔佐湯孫太甲穩定統治，被尊爲阿衡。後世遂以阿衡代指輔政大臣。

[2]曲宴：猶私宴。尤指在内苑留臣下賜宴。

[3]瓦器蚌盤：形容食器簡陋。瓦器，即陶器。蚌盤，以蚌殼爲盤。馬宗霍《南史校證》:"'蜯盤'《陳書·武帝紀》作'蚌盤'。《玉篇》:'蜯'與'蚌'同。《説文》有'蚌'無'蜯'。《干禄字書》以'蜯'爲'蚌'之俗。《通鑑》卷一六七亦作'蚌'，胡三省注:'蚌盤者，髹器以蚌爲飾，今謂之螺鈿。'余謂蚌

之大者，其殼即可爲盤，故與瓦器爲類，陳武雅尚儉素，未必以蚌飾髹器也。"（第186頁）

［4］肴核：一作"殽核"，指蔬果、肉類。　庶羞：多種美味。羞，同"饈"。

［5］闈房：后妃居處。

［6］金翠：以黄金、翠羽製成的奢侈裝飾品。

［7］光于江左云：《陳書》卷二《高祖紀下》作"光有天下焉"。江左，本指長江下游以東地區。東晋、南朝建都於建康，其地在江左，故用以指稱六朝政權。

世祖文皇帝諱蒨，字子華，始興昭烈王之長子也。[1]少沈敏有識量，美容儀，留意經史。武帝甚愛之，常稱"吾家英秀"。梁太清初，帝夢兩日鬭，一大一小，大者光滅墜地，色正黄，其大如斗，帝三分取一懷之。侯景之亂，避地臨安縣郭文舉舊宅。[2]及武帝舉兵南下，景遣吴興太守信都遵收帝及衡陽獻王出都。[3]帝乃密袖小刀，候見景欲圖之。及至，以付郎中王翻幽守，[4]故其事不遂。武帝圍石頭，景欲加害者數矣，會景敗，乃得出。

［1］始興昭烈王：陳霸先之兄陳道談。

［2］臨安：縣名。治所在今浙江杭州市臨安區北。　郭文舉：一作郭文。河内軹（今河南濟源市）人。晋代高士。性愛山水，隱於嵩山。晋末南渡，在吴興餘杭大辟山隱居十餘年。司徒王導聞其名，迎居西園，七年未嘗出入。後遁歸臨安，結廬舍於山中，終身不仕。

［3］及武帝舉兵南下，景遣吴興太守信都遵收帝及衡陽獻王出

都：《陳書》卷三《世祖紀》作“及高祖舉義兵，侯景遣使收世祖及衡陽獻王”，無“出都”二字，或爲衍字。衡陽獻王，陳昌。字敬業，陳霸先第六子。本書卷六五、《陳書》卷一四有傳。

[4]郎中：官名。尚書省郎曹長官，位次尚書、左右丞，分曹執行公務。

起家吴興太守。武帝之討王僧辯也，先召帝與謀。時僧辯壻杜龕據吴興，兵衆甚盛，武帝密令帝還長城，立栅備之。龕遣將杜泰乘虛掩至，將士相視失色，帝言笑自若，部分益明，於是衆心乃定。及武帝遣周文育討龕，帝遣將軍劉澄、蔣元舉攻下龕。拜會稽太守。武帝受禪，立爲臨川王。[1]夢梁武帝以寶刀授己。周文育、侯安都之敗於沌口，[2]武帝詔帝入總軍政。尋命率兵城南晥。[3]永定三年六月景午，[4]武帝崩，皇后稱遺詔徵帝入纂皇統。[5]甲寅，至自南晥，入居中書省。[6]皇后令帝嗣膺寶籙，[7]帝辭讓至于再三，公卿固請，其日即皇帝位於太極前殿，大赦，詔州郡悉停奔赴。

[1]臨川王：即臨川郡王，食邑二千户。

[2]沌（zhuàn）口：古鎮名。在今湖北武漢市蔡甸區沌口鎮。上接沔陽諸水，下通長江，爲軍事要地。

[3]南晥：即南皖，亦稱南皖口。在今安徽懷寧縣東。皖水注入長江處。晥，同“皖”。

[4]景午：即丙午。大德本、汲古閣本、殿本作“丙午”。

[5]武帝崩，皇后稱遺詔徵帝入纂皇統：《陳書》卷二《世祖紀》作“高祖崩，遺詔徵世祖入纂”。據本書，陳武帝是否立有遺詔，遺詔是否確定由侄子陳蒨繼承皇統，皆出自章皇后之口。“皇

后稱”三字，透射出史家對陳蒨即位的合法性持懷疑態度。據《陳書》，陳蒨是陳武帝指定的皇位繼承人，當是姚察父子有意迴護前朝故主。

[6]中書省：官署名。南朝時掌納奏、擬詔、出令等職，爲國家政務中樞。長官爲中書令、中書監，位高職閑，多由宗室或大臣擔任，由寒素吏員出任的中書舍人入值禁中，直接聽命於皇帝，位顯權重，實爲中書省核心要職。《隋書·百官志上》載陳時官制云：“國之政事，並由中書省。有中書舍人五人，領主事十人，書吏二百人。書吏不足，并取助書。分掌二十一局事，各當尚書諸曹，並爲上司，總國内機要，而尚書唯聽受而已。”

[7]寶籙：皇帝之位。

秋七月景辰，[1]尊皇后爲皇太后。[2]辛酉，以司空侯瑱爲太尉，以南豫州刺史侯安都爲司空，以南徐州刺史徐度爲侍中、中撫軍將軍、開府儀同三司。[3]乙丑，重雲殿災。

[1]景辰：即丙辰。大德本、汲古閣本、殿本作“丙辰”。

[2]尊皇后爲皇太后：陳文帝尊皇后爲皇太后詔，爲徐陵所撰。《徐陵集》收《陳文帝登祚尊皇太后詔》，其辭云：“朕以虚薄，才非弘濟，竊守蕃維，常懼盈滿。豈圖蒼昊不弔，國步艱難，皇嗣元良，藐在崤渭。二臣奉迎，川塗靡從；六傳還朝，淹留永日。令國圖無主，家業事隆，上奉父母之嚴規，下逼群公之庭諍。遂以庸質，升纂帝基，對揚大化，彌增號懼。今宜式遵舊則，奉上皇后尊號爲皇太后。御慈訓宫，一依前典。若中流静晏，皇嗣歸來，輒當解紱於箕山之陽，歸老於琅邪之國。復子明辟，還承寶圖，若問與夷，無媿園寢。”

[3]中撫軍將軍：官名。即中撫將軍。與中軍、中衛、中權將

軍合稱四中將軍，專授予在京師任職的官員，地位顯要。陳擬二品，比秩中二千石。

八月庚戌，立皇子伯茂爲始興王，[1]奉昭烈王後，徙封始興嗣王瑱爲安成王。[2]

[1]伯茂：陳伯茂。字鬱之，陳文帝第二子。本書卷六五、《陳書》卷二八有傳。

[2]始興嗣王瑱：大德本同，汲古閣本、殿本“瑱”作“頊”。按，此始興嗣王指陳宣帝陳頊，武帝永定元年，襲封始興郡王。“瑱”字誤，應作“頊”。下文“安成王瑱開府儀同三司”句“瑱”亦誤，不再出注。

九月辛酉，[1]立皇子伯宗爲皇太子，王公以下賜帛各有差。乙亥，立妃沈氏爲皇后。[2]

[1]九月辛酉:《陳書》卷三《世祖紀》同。本書本卷《廢帝紀》作“八月庚戌”。

[2]沈氏：陳文帝皇后沈妙容。吴興武康（今浙江德清縣）人。本書卷一二、《陳書》卷七有傳。

冬十月甲子，[1]齊文宣帝殂。[2]

[1]冬十月甲子：中華本校勘記云:“按永定三年十月乙酉朔，初十日甲午，是月無甲子，‘甲子’爲‘甲午’之譌。《北齊書·文宣帝紀》，帝死於十月甲午。”

[2]齊文宣帝殂：錢大昕《廿二史考異》卷三五《梁本紀下》:

“周諸帝稱崩，而齊諸帝稱殂。延壽之尊周而抑齊如此。”齊文宣帝，北齊皇帝高洋。字子進，齊神武帝高歡第二子。《北齊書》卷四、《北史》卷七有紀。

十一月乙卯，王琳寇大雷，詔太尉侯瑱、司空侯安都、儀同徐度禦之。[1]

[1]儀同：開府儀同三司的省稱。

是歲，周明帝改天王稱皇帝，復建年號曰武成元年。[1]

[1]武成：北周明帝宇文毓年號（559—560）。

天嘉元年春正月癸丑，[1]大赦，改元。[2]詔賜鰥寡孤獨不能自存者，人粟五斛。孝悌力田，[3]殊行異等，[4]加爵一級。甲寅，分遣使者宣勞四方。辛酉，祀南郊。詔賜人爵一級。[5]

[1]天嘉：南朝陳文帝陳蒨年號（560—566）。

[2]改元：改永定四年爲天嘉元年。

[3]孝悌力田：漢代設立的兩類教化模範，爲後世沿用。孝悌，即孝弟，本指孝敬長輩、友愛兄弟的人。力田，本指努力耕田、勤於稼穡的人。國家從基層鄉里選拔孝悌、力田之人作爲楷模名目，意在以德導民，勸民務農，教化鄉里。可免除徭役，優先獲得賞賜，但不屬於鄉官，亦無俸禄。

[4]殊行異等：操行卓異之人。

［5］賜人爵一級：賜給編户齊民男子爵一級。秦漢爵制，民爵八級，遇有喜慶大事，可賜民爵，級數不等，後世沿用此制。按，《陳書》卷三《世祖紀》作“賜民爵一級”。本書避唐太宗李世民名諱，改“民”爲“人”。

二月景申，[1]太尉侯瑱敗王琳于梁山，敗齊兵于博望，[2]禽齊將劉伯球。[3]王琳及其主蕭莊奔齊。庚子，分遣使者齎璽書宣勞四方。乙巳，遣太尉侯瑱鎮盆城。庚戌，立武帝第六子昌爲衡陽王。

［1］景申：即丙申。大德本、汲古閣本、殿本作“丙申”。

［2］博望：山名。博望山，亦稱東梁山，在今安徽當塗縣西南。與長江對岸和縣西梁山相對。

［3］劉伯球：山名。北齊官員。時職爲開府儀同三司，率北齊軍隊助陣王琳，兵敗被浮。

三月景辰，[1]蕭莊所署郢州刺史孫瑒舉州内附。[2]丁巳，江州刺史周迪平南中，[3]斬賊帥熊曇朗，傳首建鄴。戊午，齊軍棄魯山城走，[4]詔南豫州刺史程靈洗守之。[5]景子，[6]衡陽王昌沈于江。[7]

［1］景辰：即丙辰。大德本、汲古閣本、殿本作“丙辰”。

［2］孫瑒：字德璉，吴郡吴（今江蘇蘇州市）人。本書卷六七、《陳書》卷二五有傳。

［3］南中：指南江（今江西境内贛江）流經的南康、安成、廬陵、臨川、豫章等地。

［4］魯山城：在今湖北武漢市漢陽區東北漢江南岸。

[5]程靈洗：字玄滌，新安海寧（今安徽休寧縣）人。本書卷六七、《陳書》卷一〇有傳。

[6]景子：即丙子。大德本、汲古閣本、殿本作“丙子”。

[7]衡陽王昌沈于江：馬宗霍《南史校證》云：“此《南史》直筆，《陳書·文帝紀》作‘衡陽王昌薨’，飾詞也。《通鑑》卷一六八叙此事云：‘三月甲戌，衡陽獻王昌入境，詔主書舍人緣道迎候。丙子，濟江，中流殞之，使以溺告。’蓋采《南史》衡陽王昌本傳之文，可與此互參。”（第186頁）

夏四月丁亥，立皇子伯信爲衡陽王，[1]奉獻王後。

[1]伯信：陳伯信。字孚之，陳文帝第七子。本書卷六五有附傳，《陳書》卷二八有傳。

辛丑，周明帝崩。[1]

[1]周明帝崩：帝王之死謂之崩。王鳴盛《十七史商榷》卷五五《北周爲正》云：“《陳本紀》永定三年書‘齊文宣殂’，天嘉元年書‘周明帝崩’。李延壽意以北周爲正，北齊爲僞，蓋唐承隋、隋承周故也。”

六月辛巳，改謚皇祖妣景安皇后曰景文皇后。壬辰，詔改葬梁元帝於江寧舊塋，[1]車旗禮章，[2]悉用梁典，仍依魏葬漢獻帝故事。[3]甲午，追策故始興昭烈王妃曰孝妃。辛丑，國哀周忌，[4]上臨于太極前殿，百僚陪哭。赦建鄴殊死以下。[5]

［1］江寧舊塋：梁元帝蕭繹死後，草葬於江陵津陽門外。陳文帝於天嘉元年（560）將其遷葬於舊塋，符合時人喪葬觀念。然蕭梁先帝諸陵集中於武進縣（梁武帝天監元年改爲蘭陵縣）東城里（今江蘇丹陽市雲陽鎮三城巷一帶），遠離江寧，故“江寧舊塋”並非蕭氏祖塋。《梁書》卷七《皇后傳》記載，蕭繹生母阮太后死後葬在江寧通望山，“江寧舊塋”當指阮太后墓園。今江蘇南京市江寧區江寧街道建中村方旗廟田中存有兩隻六朝石辟邪，或與梁元帝陵有關。

［2］車旗禮章：大德本、汲古閣本、殿本“旗”作“騎”。中華本校勘記云：“‘旗’各本作‘騎’，據《陳書》改。”禮章，禮儀規章。

［3］魏葬漢獻帝故事：漢獻帝劉協，靈帝之中子。中平六年（189）九月即位，在位三十二年，延康元年（220）被迫禪位給魏王曹丕，受封山陽公。魏明帝青龍二年（234）去世，魏以漢天子禮儀規格葬於禪陵，並爲設置看護陵園的園邑令丞。《後漢書》卷九有紀。天子葬儀，可參《續漢書·禮儀志下》。

［4］國哀周忌：陳武帝駕崩一周年忌日。

［5］殊死：指犯謀反、大逆不道等重罪而當處以死刑者，因其犯罪性質惡劣，殊異於普通死罪，故稱“殊死”。殊死者通常不在國家赦免範圍之内。

秋七月景辰，［1］立皇子伯山爲鄱陽王。［2］

［1］景辰：即丙辰。大德本、汲古閣本、殿本作“丙辰”。

［2］伯山：陳伯山。字静之，陳文帝第三子。本書卷六五、《陳書》卷二八有傳。

八月壬子，［1］齊孝昭帝廢其主殷而自立。［2］戊子，詔非兵器及國容所須，金銀珠玉，衣服雜玩，悉皆禁斷。丁酉，幸正陽堂閲武。[3]

[1]壬子：大德本、汲古閣本、殿本作“壬午”。

[2]齊孝昭帝廢其主殷而自立：齊孝昭帝，即高演。字延安，神武帝高歡第六子，文襄帝高澄、文宣帝高洋同母弟，封常山王。《北齊書》卷六、《北史》卷七有紀。殷，齊廢帝高殷，字正道，小字道人，高洋之子。《北齊書》卷五、《北史》卷七有紀。天保十年（559），文宣帝高洋駕崩，太子高殷即位，常山王高演以太傅輔政，漸生嫌隙。次年，高演發動兵變，廢齊帝高殷爲濟南王，自立爲帝，是爲齊孝昭帝。

[3]正陽堂：殿堂名。南朝宋孝武帝大明中，在樂游苑内盛建正陽殿。梁末侯景之亂，其殿焚毁。至陳文帝天嘉二年（561），重加修葺。堂臨玄武湖，可檢閲水軍。

九月癸丑，彗星見。乙卯，周將獨孤盛領水軍趣巴、湘，[1]與賀若敦水陸俱進，[2]太尉侯瑱自尋陽禦之。

[1]獨孤盛：西魏、北周將領。入隋爲車騎將軍、右衛將軍，死於宇文化及江都之變。《隋書》卷七一有傳，《北史》卷七三有附傳。　巴：州名。治巴陵縣，在今湖南岳陽市。

[2]賀若敦：西魏、北周將領。河南洛陽（今河南洛陽市）人。隋名將賀若弼之父。《周書》卷二八、《北史》卷六八有傳。

冬十月癸巳，侯瑱襲破獨孤盛於楊葉洲，[1]盛登岸築城自保。丁酉，詔司空侯安都率衆會侯瑱，南拒周軍。

［1］楊葉洲：地名。在今湖北鄂州市鄂城區楊葉鎮一帶，時爲長江中沙洲。

十二月己亥，周巴陵城主尉遲憲降。[1]庚子，獨孤盛潛遁走。

［1］巴陵：郡名。治巴陵縣，在今湖南岳陽市。按，陳朝初建，巴陵所在的巴州、湘州之地爲王琳所據。及文帝天嘉元年（560），王琳敗，其地或入周、後梁。　城主：主管城池防衛等軍政事務的主將。

二年春正月庚戌，大赦。辛未，周湘州城主殷亮降，湘州平。

二月庚寅，曲赦湘州諸郡。[1]

［1］曲赦：因特殊情况而赦免。

三月乙卯，太尉、湘州刺史侯瑱薨。

夏六月己亥，齊人通好。

秋七月景午，[1]周將賀若敦遁歸，武陵、天門、南平、義陽、河東、宜都郡悉平。[2]

［1］景午：即丙午。大德本、汲古閣本、殿本作“丙午”。

［2］武陵：郡名。治臨沅縣，在今湖南常德市。　天門：郡名。治澧陽縣，在今湖南石門縣。　南平：郡名。治孱陵縣，在今湖北公安縣西南。　義陽：郡名。僑寄安鄉縣，在今湖南安鄉縣西南。　河東：郡名。治松滋縣，在今湖北松滋市西北。　宜都：郡名。

治夷陵縣，在今湖北枝江市。

九月甲寅，詔以故太尉侯瑱、故司空周文育、故開府儀同三司杜僧明、故中護軍胡穎、故領軍陳擬配食武帝廟庭。[1]

[1]中護軍：官名。南朝禁衛軍將領，與領軍並爲中軍統帥。總領臺城外宿衛諸軍，掌京城防衛，權任頗重。資輕者爲中護軍，資重者爲護軍將軍。陳三品，秩中二千石。按，南朝宿衛京師諸軍總稱中軍，分爲六軍，首領分别是領軍、護軍、左衛、右衛、驍騎、游擊六將軍。此外還有左軍、右軍、前軍、後軍四將軍；虎賁中郎將、冗從僕射、羽林監三將；屯騎、步兵（梁時改爲步騎）、越騎、長水、射聲五校尉；積射、强弩二將軍等所統軍隊。梁武帝曾改驍騎爲雲騎，游擊爲游騎，另設左、右驍騎將軍，左、右游擊將軍，位在雲騎、游騎將軍之上，也屬中軍系統。另有稱作禁防、左右御刀、左右夾轂等的近侍，分别由閹人和特别募選的武吏組成。中軍中的左、右二衛宿衛宫闕，其餘諸軍宿衛京師（參見汪奎《南朝中外軍研究》，博士學位論文，華東師範大學，2008 年，第 20 頁）。　胡穎：字方秀，吴興東遷（今浙江湖州市南潯區）人。本書卷六七、《陳書》卷一二有傳。　領軍：官名。領軍將軍的省稱。爲南朝禁衛軍將領，與護軍並爲中軍統帥，合稱“領護”。總領駐扎在建康臺城之内的中軍諸部（即内軍，又稱臺軍），宿衛宫闕。職位顯要，梁時有“領軍管天下兵要”“總一六軍，非才勿授”（《梁書》卷四二《臧盾傳》）之説。資輕者稱中領軍，資重者稱領軍將軍。陳三品，秩中二千石。　陳擬：字公正，陳武帝從子。入陳封永脩縣侯。本書卷六五、《陳書》卷一五有傳。

冬十月癸丑，[1]霍州西山蠻率部内屬。[2]乙卯，高麗國遣使朝貢。[3]

[1]冬十月癸丑：中華本校勘記云："十月癸酉朔，無'癸丑''乙卯'。十一月癸卯朔，有癸丑、乙卯；但不得在'甲辰'前。疑當删'十月'二字，著'冬'字於'十一月甲辰'上，而移'癸丑''乙卯'記事之文於'齊孝昭帝殂'後，則合矣。"

[2]霍州：州名。治霍山縣，在今安徽霍山縣。

[3]高麗國：古國名。"高麗"亦作"句麗""高句麗"。其先爲扶餘（一説爲貊）别支，漢時居處於今鴨緑江及渾河流域，其後占有今中國遼寧南部及朝鮮國北部之地，與新羅、百濟鼎峙於朝鮮半島。傳二十八世，爲唐高宗所滅。東晋安帝義熙九年（413），高麗王高璉遣使奉表貢獻，晋安帝以璉爲使持節、都督營州諸軍事、征東將軍、高麗王、樂浪公。其後宋、齊、梁、陳時期，貢獻册命，通好不斷。本書卷七九有傳。

十一月甲辰，齊孝昭帝殂。

十二月甲申，立始興國廟于都下，用王者禮。以國用不足，立煮海鹽傳及榷酤科。[1]先是縉州刺史留異應王琳，[2]景戌，[3]詔司空侯安都討之。

[1]立煮海鹽傳及榷酤科：中華本校勘記云："'鹽賦'各本作'鹽傳'，據《陳書》及《册府元龜》四九三改。"煮海鹽賦，向煮海鹽者收取賦税。　榷酤科：官府控制酒的産售，實行壟斷。按，據《陳書》卷三《世祖紀》，太子中庶子虞荔、御史中丞孔奂以國用不足，上奏請設煮海鹽賦及榷酤之科。

[2]縉州：州名。治長山縣，在今浙江金華市。　留異：東陽長山（今浙江金華市）人。本書卷八〇、《陳書》卷三五有傳。

[3]景戌：即丙戌。大德本、汲古閣本、殿本作"丙戌"。

是歲，周武帝保定元年。[1]

[1]周武帝：宇文邕。北周第三任皇帝，廟號高祖。《周書》卷五、卷六，《北史》卷一〇有紀。　保定：北周武帝宇文邕年號（561—565）。

三年春正月庚戌，設帷宫於南郊，[1]幣告胡公以配天。[2]辛亥，祀南郊，詔賜人爵一級，[3]孝悌力田加一等。

[1]帷宫：帝王出行時以帷幕布置成的行宫。

[2]胡公：相傳爲舜之後裔，周武王滅商，封於陳，世稱陳胡公，爲陳氏始祖。　配天：帝王祭天而以先祖配之，同享祭祀。

[3]賜人爵一級：《陳書》卷三《世祖紀》作“賜民爵一級”。本書避唐太宗李世民名諱，改“民”爲“人”。

二月，梁宣帝殂。[1]

[1]二月，梁宣帝殂：“二月”當作“閏二月”。中華本校勘記云：“‘二月’《通鑑》作‘閏二月’，是。《周書》：保定二年二月癸丑，梁主蕭詧薨。周閏正月，陳閏二月，周二月實陳之閏二月也。”

閏月己酉，[1]以百濟王餘明爲撫東大將軍，[2]高麗王高湯爲寧東將軍。[3]江州刺史周迪舉兵應留異。甲子，改鑄五銖錢。[4]

[1]閏月：閏二月。

[2]百濟：古國名。故地在今朝鮮半島西南部。東晋安帝義熙十二年（416），晋安帝封百濟君主餘映爲使持節、都督百濟諸軍事、鎮東將軍、百濟王。其後宋、齊、梁、陳四朝，貢獻册命，通好不斷。梁武帝普通五年（524），以餘明爲持節、督百濟諸軍事、綏東將軍、百濟王。陳文帝進爲撫東大將軍，有獎掖之意。本書卷七九有傳。

[3]高麗王高湯爲寧東將軍：梁武帝時詔封高麗王爲寧東將軍，陳文帝繼之。

[4]五銖錢：貨幣名。西漢武帝時始鑄，銅質，外圓内方，上有“五銖”二字，重如其文。兩漢習用，延及魏晋。其後銅貴鐵賤，五銖錢地位受到動摇。梁武帝普通年間鑄用鐵錢，梁末喪亂，鐵錢無法正常流通，民間私自使用鵝眼錢、綖環錢等劣幣，商貨不行。陳文帝天嘉年間改鑄五銖錢，一五銖值當十鵝眼。

三月景子，[1]安成王頊至自周。丁丑，以安石將軍吴明徹爲安南將軍、江州刺史，[2]督衆軍南討。甲申，大赦。庚寅，司空侯安都破留異於桃支嶺異奔晋安，[3]東陽郡平。

[1]景子：即丙子。大德本、汲古閣本、殿本作“丙子”。

[2]安石將軍：大德本、汲古閣本、殿本作“安右將軍”。底本誤，應據諸本改。安右將軍，官名。南朝梁、陳時爲八安（安東、安南、安西、安北，安前、安後、安左、安右）將軍之一。梁二十一班。陳擬三品，比秩中二千石。　吴明徹：字通炤（《陳書》作“通昭”），秦郡（今江蘇南京市六合區）人。仕梁官至使持節、散騎常侍、安東將軍、南兗州刺史，封安吴縣侯。入陳，官至司空、侍中、都督南北兗南北青譙五州諸軍事、南兗州刺史，進

爵爲公。宣帝太建九年（577），受命北伐，爲北周所俘，後卒於長安。本書卷六六、《陳書》卷九有傳。　安南將軍：官名。南朝梁、陳時爲八安將軍之一，班、品與安右將軍相同，位在其上。

[3]桃支嶺：即桃枝嶺。在今浙江縉雲縣西南。《讀史方輿紀要》卷九四《浙江六・縉雲縣》云："馮公嶺，縣西南三十里。一名木合嶺。崎嶇盤屈，長五十里。有桃花隘，爲絶險處，郡北之鎖鑰也。《志》云：桃花隘嵯峨險仄，勢接雲霄，周圍壘石三四里，容百千人，山麓去郡城不過二十里。亦曰桃花嶺，即古桃枝嶺。"中華本校勘記云："'桃枝嶺'各本作'姚支嶺'。按《侯安都傳》《陳書》《建康實録》《通鑑》並作'桃枝嶺'，今據改。"按，大德本、汲古閣本、殿本作"姚支嶺"。

夏四月癸卯，曲赦東陽郡。乙巳，齊人來聘。

秋七月己丑，皇太子納妃王氏，[1]在位文武賜帛各有差，孝悌力田爲父後者，[2]賜爵二級。

[1]秋七月己丑，皇太子納妃王氏：王氏，即廢帝王皇后，琅邪臨沂（今山東臨沂市）人。金紫光禄大夫王固之女。本書卷一二、《陳書》卷七有傳。按，王氏爲皇太子妃時間，本卷記在天嘉三年（562），本書卷一二、《陳書》卷七均記作天嘉元年，不知何者爲是。陳伯宗於天嘉元年七月立爲皇太子，抑或王氏當時已爲其婦，至天嘉三年秋七月己丑，方正式策命爲皇太子妃，遂致歧解。

[2]孝悌：大德本同，汲古閣本、殿本作"孝弟"。

九月戊辰朔，日有蝕之。以侍中到仲舉爲尚書右僕射。[1]丁亥，周迪請降。

[1]到仲舉：字德言，彭城武原（今江蘇邳州市）人。本書卷二五有附傳，《陳書》卷二〇有傳。

四年春正月景子，[1]干陁利國遣使朝貢。[2]甲申，周迪走投閩州，[3]刺史陳寶應納之。[4]

[1]景子：即丙子。大德本、汲古閣本、殿本作"丙子"。

[2]干（gàn）陁（tuó）利國：古國名。在今印度尼西亞蘇門答臘島或馬來半島。風俗與扶南、林邑略同。出斑布、古貝、檳榔。梁武帝世，數次遣使奉表通貢。本書卷七九、《梁書》卷五四有傳。

[3]閩州：州名。治東候官縣，在今福建福州市。

[4]陳寶應：晋安候官（今福建福州市）人。聯合留異、周迪抗陳，兵敗被殺。本書卷八〇、《陳書》卷三五有傳。

夏四月辛丑，設無㝵大會，[1]捨身於太極前殿。乙卯，加驃騎將軍、揚州刺史安成王頊開府儀同三司。[2]

[1]㝵：大德本同，汲古閣本、殿本作"碍"。

[2]驃騎將軍：官名。陳擬一品，比秩中二千石。加"大"爲驃騎大將軍，位進一階。多加授重臣，無具體職掌。

六月癸巳，司空侯安都賜死。

秋九月壬戌，開府儀同三司、廣州刺史歐陽頠薨。癸亥，曲赦都下。辛未，周迪復寇臨川，詔護軍將軍章昭達討平之。[1]

[1]護軍將軍：官名。掌守衛京城的宫外禁衛軍，權任頗重。梁十五班。陳三品，秩中二千石。　章昭達：字伯通，吴興武康（今浙江德清縣）人。本書卷六六、《陳書》卷一一有傳。

冬十二月景申，[1]大赦。詔昭達進軍建安，討陳寶應。

[1]景申：即丙申。大德本、汲古閣本、殿本作"丙申"。

五年春三月壬午，詔以故護軍將軍周鐵武配食武帝廟庭。

夏五月，周、齊並遣使來聘。

秋七月丁丑，曲赦都下。

九月，城西城。

冬十一月己丑，章昭達禽陳寶應、留異，送建鄴，晋安郡平。甲辰，以護軍將軍章昭達爲鎮軍將軍、開府儀同三司。[1]

[1]鎮軍將軍：本書卷六六《章昭達傳》同。《陳書》卷三《世祖紀》及卷一一《章昭達傳》皆作"鎮前將軍"。據南朝四史及《隋書·百官志》，南朝宋、齊皆有鎮軍將軍，宋三品。齊在四征將軍之上。梁、陳不見此職。故當依《陳書》，改鎮軍將軍爲鎮前將軍。鎮前將軍，南朝梁、陳時爲八鎮將軍之一。陳擬二品，比秩中二千石。

十二月甲子，曲赦建安、晋安二郡。討陳寶應將士死王事者，並給棺槥，[1]送還本鄉，并復其家。癸未，齊人來聘。

[1]槥（huì）：簡陋小棺。

六年春正月甲午，皇太子加元服。王公以下，賜帛各有差。孝悌力田爲父後者，賜爵一級。鰥寡孤獨不能自存者，穀人五斛。

夏四月甲寅，以開府儀同三司、揚州刺史安成王頊爲司空。

五月，[1]齊武成帝傳位於太子緯，[2]自號太上皇帝。

[1]五月：中華本校勘記云："按齊武成帝傳位事，《北齊書》《通鑑》並繫於四月丙子，此'五月'二字疑衍文。"今按，《北史》卷八《齊本紀下》亦記爲"四月丙子"。

[2]齊武成帝：高湛。北齊神武帝高歡第九子，公元561年至565年在位，廟號世祖。《北齊書》卷七、《北史》卷八有紀。　太子緯：高緯。字仁綱，齊武成帝高湛嫡長子，公元565年至577年在位。《北齊書》卷八、《北史》卷八有紀。

六月辛酉，彗星見于上台北。[1]周人來聘。

[1]彗星見于上台北：《隋書·天文志下》記陳文帝天嘉六年（565）六月"辛酉，有彗長可丈餘。占曰：'陰謀姦宄起。'一曰：'宮中火起。'後安成王録尚書、都督中外諸軍事，廢少帝而自立，陰謀之應。"　上台：星官名。《晉書·天文志上》云："三台六星，兩兩而居……西近文昌二星曰上台，爲司命，主壽。"

秋七月癸未，有大風自西南至，廣百餘步，激壞靈臺候樓。[1]甲申，儀賢堂無故自壞。[2]景戌，[3]臨川太守駱牙斬周迪，[4]傳首建鄴，梟於朱雀航。[5]

[1]激壞靈臺候樓：《隋書·五行志下》亦記此事，並解讀云："《洪範五行傳》，以爲大臣專恣之咎。時太子沖幼，安成王頊專政，帝不時抑損。明年崩，皇太子嗣位，頊遂廢之。"靈臺，禮制建築名。是觀察天象的機構。候樓，瞭望天象的小樓。

[2]儀賢堂無故自壞：儀賢堂在宮城北華林園内（一説在都城宣陽門内路西）。本名延賢堂，宋時名聽訟堂，梁武帝天監年間改稱儀賢堂，常在此禮賢講學，聽者甚衆。《隋書·五行志上》解讀此事云："時帝盛修宮室，起顯德等五殿，稱爲壯麗，百姓失業，故木失其性也。儀賢堂者，禮賢尚齒之謂，無故自壓，天戒若曰，帝好奢侈，不能用賢使能，何用虚名也。帝不悟，明年竟崩。"

[3]景戌：即丙戌。大德本、汲古閣本、殿本作"丙戌"。

[4]駱牙：即駱文牙。字旗門，吴興臨安（今浙江杭州市臨安區）人。本書卷六七、《陳書》卷二二有傳。

[5]朱雀航：浮橋名。即朱雀橋，又稱大航。在東晋、南朝建康城南淮水（今秦淮河）上，與城南朱雀門相對，故名。故址在今江蘇南京市秦淮區鎮淮橋附近，是建康城南最重要的橋梁。始建於東晋成帝咸康二年（336）。《建康實録》卷七記載："冬十月，更作朱雀門，新立朱雀浮航。航在縣城東南四里，對朱雀門，南度淮水，亦名朱雀橋。"注引《地志》云："本吴南津大吴橋也。王敦作亂，温嶠燒絶之，遂權以浮航往來。至是，始議用杜預河橋法作之。長九十步，廣六丈，冬夏隨水高下也。"

八月己卯，立皇子伯固爲新安王，[1]伯恭爲晋安王，[2]伯仁爲廬陵王，[3]伯義爲江夏王。[4]

[1]伯固：陳伯固。字牢之，陳文帝第五子。本書卷六五、《陳書》卷三六有傳。　新安：郡名。治始新縣，在今浙江淳安縣西北。

[2]伯恭：陳伯恭。字肅之，陳文帝第六子。本書卷六五、《陳書》卷二八有傳。

[3]伯仁：陳伯仁。字壽之，陳文帝第八子。本書卷六五、《陳書》卷二八有傳。

[4]伯義：陳伯義。字堅之，陳文帝第九子。本書卷六五、《陳書》卷二八有傳。　江夏：郡名。治夏口城，在今湖北武漢市武昌區。

九月，新作大航。[1]

[1]大航：即朱雀航。舊時建康城南秦淮河上有二十四航，朱雀航最大，故名大航。

冬十月辛亥，齊人來聘。

十二月乙卯，立皇子伯禮爲武陵王。[1]癸亥，曲赦都下。

[1]伯禮：陳伯禮。字用之，陳文帝第十子。本書卷六五、《陳書》卷二八有傳。

天康元年春二月景子，[1]大赦，改元。[2]

[1]天康：南朝陳文帝陳蒨年號（566）。　景子：即丙子。大德本、汲古閣本、殿本作“丙子”。

[2]改元：改天嘉七年爲天康元年。

三月己卯，以司空安成王頊爲尚書令。[1]

[1]尚書令：官名。尚書省長官。守宰相之任，位尊權重，不親庶務，南朝梁、陳時常闕而不置，尚書省日常政務通常由僕射主持。梁十六班。陳一品，秩中二千石。

夏四月乙卯，皇孫至澤生，[1]賜在位文武帛各有差，爲父後者賜爵一級。癸酉，皇帝崩于有覺殿。[2]遺詔：皇太子可即君臨，山陵務存儉速，[3]大斂竟，[4]群臣三日一臨，公除之制，[5]率依舊典。六月甲子，群臣上謚曰文皇帝，廟號世祖。景寅，[6]葬永寧陵。[7]

[1]至澤：太子陳伯宗之子。伯宗即位後被立爲太子。

[2]皇帝崩于有覺殿：史書不載文帝歲數，令人費解。王鳴盛《十七史商榷》卷五五《陳文帝無年數》云："《陳書》本紀世祖文帝之崩，獨不言年數。《南史》同。即如其子廢帝僅二年，而廢尚有年數，在帝何以獨無？姚察身爲陳臣修《陳書》，無容不知，此不可解。"本書此處筆法，亦有因删致疑之嫌。馬宗霍《南史校證》云："《陳書·文帝紀》，是年春二月丙子大赦改元之詔有云'兼疹患淹時'，是帝先已患病也。下文云'四月癸酉，世祖疾甚，是日崩于有覺殿'。甚之者，由淹時而加篤也。《通鑑》卷一六九叙此事先言上不豫，次言疾篤，而後言癸酉上殂，與《陳書》合。《南史》初不言疾，遽言帝崩，失之疏矣。"（第 188 頁）

[3]山陵：帝王陵墓。帝陵封土高大，遠望如山，故稱山陵。

[4]大斂：喪禮名。亦作"大殮"。將已裝裹的尸體放入棺材。

《儀禮·既夕禮》云:“大斂于阼。”鄭玄注云:“主人奉尸斂于棺。”

[5]公除:指帝王或高官以爲身負國家重任,因公權宜禮制,守喪未滿而除喪服。以天下爲公而除服,故稱“公除”。

[6]景寅:即丙寅。大德本、汲古閣本、殿本作“丙寅”。

[7]永寧陵:陳文帝陳蒨陵墓。遺址在今江蘇南京市棲霞區棲霞街道甘家巷東南獅子沖。《元和郡縣圖志》卷二五《江南道一·上元縣》載:“文帝蒨永寧陵,在縣東北四十里蔣山東北。”

文帝起自布衣,知百姓疾苦,國家資用,務從儉約。妙識真僞,下不容姦。一夜内刺閨取外事分判者,[1]前後相續。每雞人伺漏傳籤於殿中者,[2]令投籤於階石上,鎗然有聲,云:“吾雖得眠,亦令驚覺。”其自彊若此云。

[1]刺閨:《資治通鑑》卷一六九《陳紀三》胡三省注云:“以錐𧠨物曰刺;閨,宫中小門也。就閨中刺取外事,故曰‘刺閨’。”閨,宫中小門。

[2]雞人:官名。負責報曉。大祭祀時,負責在夜漏將盡、雞鳴之時,警起百官。　籤(qiān):即更籤,又稱漏籤、更籌,古代夜間計時之具。

廢帝諱伯宗,字奉業,小字藥王,文帝嫡長子也。梁承聖三年五月庚寅生。永定二年二月戊辰,拜臨川王世子。三年,文帝嗣位,八月庚戌,[1]立爲皇太子。自梁室亂離,東宫焚爐,[2]太子居于永福省。[3]

[1]八月庚戌:《陳書》卷四《廢帝紀》同。本書本卷《世祖

紀》、《陳書》卷三《世祖紀》作“九月辛酉”。

[2]東宫：太子所居之宫，位於臺城東北。其地本爲東晋之永樂宫，宋文帝元嘉十五年（438）築成東宫，齊末毁於火灾。梁武帝天監五年（506）重建，梁末又毁於侯景之亂。陳初置太子於永福省，宣帝太建九年（577）再修東宫，太子始居新宫。宫内有徽光殿、乾明殿等太子居處殿堂，有太傅府、少傅府、左詹事府、右詹事府、左率府、右率府、家令寺、典客省等官屬府寺，玄圃園林位於北部。

[3]永福省：宫省名稱。位於皇宫内，南朝宋以來爲太子未冠時所居之所，取福祚永長之意。與東宫有别，故又稱西省。

天康元年四月癸酉，文帝崩。是日，太子即皇帝位于太極前殿，大赦。詔内外文武，各復其職，遠方悉停奔赴。

五月己卯，尊皇太后曰太皇太后，[1]皇后曰皇太后。[2]庚寅，以司空、楊州刺史、新除尚書令安成王頊爲司徒、録尚書、都督中外諸軍事。[3]丁酉，以中軍大將軍、開府儀同三司徐度爲司空，[4]以鎮東將軍、東楊州刺史始興王伯茂爲征東將軍、開府儀同三司。以吏部尚書袁樞爲尚書左僕射。[5]以吴興太守沈欽爲右僕射。[6]

[1]皇太后：此指陳武帝皇后章要兒。

[2]皇后：此指陳文帝皇后沈妙容。

[3]司徒：官名。與司空、太尉並爲三公。魏晋南北朝時爲名譽宰相，多爲大臣加官，無實際職掌。梁十八班。陳一品，秩萬石。　録尚書：官名。録尚書事的省稱。總領尚書省事務，多由公卿重臣擔任，位在三公之上。南朝梁、陳以其威權過重，不常置。

［4］中軍大將軍：官名。較中軍將軍進一階。中軍將軍，南朝梁、陳時與中衛、中撫、中權將軍合稱四中將軍，專授予在京師任職的官員，地位顯要。梁二十三班。陳擬二品，比秩中二千石。

［5］吏部尚書：官名。南朝尚書省六尚書之一，領吏部、刪定、三公、比部四曹，掌官吏銓選考課，職任隆重，位居列曹尚書之上。陳三品，秩中二千石。　袁樞：字踐言，陳郡陽夏（今河南太康縣）人。本書卷二六、《陳書》卷一七有附傳。

［6］沈欽：吴興武康（今浙江德清縣）人。陳文帝皇后沈妙容之兄。本書卷一二、《陳書》卷七有附傳。

秋七月丁酉，立妃王氏爲皇后。

冬十月庚申，享太廟。

十一月乙亥，周人來弔。

十二月甲子，高麗國遣使朝貢。

是歲，周天和元年。[1]

［1］天和：北周武帝宇文邕年號（566—572）。

光大元年春正月癸酉，[1]尚書左僕射袁樞卒。乙亥，大赦，改元，[2]賜孝悌力田爵一級。辛卯，祀南郊。

［1］光大：南朝陳廢帝陳伯宗年號（567—568）。

［2］改元：改天康二年爲光大元年。

二月辛亥，南豫州刺史余孝頃謀反，伏誅。

三月甲午，以尚書右僕射沈欽爲侍中、尚書僕射。[1]

[1]以尚書右僕射沈欽爲侍中、尚書僕射：魏晋以來，尚書僕射有時分置左、右二僕射，有時不分，徑稱尚書僕射。沈欽自尚書右僕射遷尚書僕射，當是僕射合二爲一之故。至陳宣帝太建元年(569)，又置二僕射，以王勱爲尚書右僕射，沈欽自尚書僕射遷尚書左僕射（參見《陳書》卷四《廢帝紀》中華本校勘記）。

夏五月乙未，湘州刺史華皎不從執政，[1]景申，[2]以中撫軍大將軍淳于量爲征南大將軍，[3]總舟師討之。

[1]華皎：晋陵暨陽（今江蘇江陰市）人。仕陳爲湘州刺史、安南將軍，封重安縣侯，深得陳文帝信任。廢帝時權歸安成王陳頊(即陳宣帝)，遂起兵叛亂，與後梁、北周聯軍拒陳，兵敗身死。本書卷六八、《陳書》卷二〇有傳。　不從執政：《陳書》卷四《廢帝紀》作“謀反”。

[2]景申：即丙申。大德本、汲古閣本、殿本作“丙申”。

[3]征南大將軍：官名。征南將軍與征東、征西、征北將軍合稱四征將軍，多授持節都督，出鎮方面，地位顯要。梁二十三班。陳擬二品，比秩中二千石。加“大”爲征南大將軍，位進一階。

六月壬寅，以中軍大將軍、司空徐度爲車騎將軍，總督都下衆軍，自步道襲湘州。

秋七月戊申，立皇子至澤爲皇太子，賜天下爲父後者爵一級，王公以下賚帛各有差。

九月景辰，[1]百濟國遣使朝貢。是月，周將拓拔定入郢州，[2]與華皎水陸俱進，都督淳于量、吴明徹等大破之，皎單舸奔江陵，禽定送建鄴。

[1]景辰：即丙辰。大德本、汲古閣本、殿本作“丙辰”。

[2]拓跋定：即元定。字願安，河南洛陽（今河南洛陽市）人。北周官員。封長湖郡公。時任左武伯中大夫、大將軍。《周書》卷三四、《北史》卷六九有傳。

冬十月辛巳，曲赦湘、巴二州爲皎所詿誤者。

十一月甲子，中權將軍、開府儀同三司王沖薨。[1]

[1]中權將軍：官名。與中軍、中衛、中撫合稱四中將軍，專授予在京師任職的官員，地位顯要。梁二十三班。陳擬二品，比秩中二千石。　王沖：字長深，琅邪臨沂（今山東臨沂市）人。梁武帝蕭衍外甥。本書卷二一有附傳，《陳書》卷一七有傳。

十二月庚寅，以儀同三司兼從事中郎孔英哲爲奉聖亭侯，[1]奉孔子祀。

[1]從事中郎：官名。爲王公府屬官，職參謀議。梁皇弟、皇子公府從事中郎九班，嗣王、庶姓公府從事中郎八班。陳皇弟、皇子公府從事中郎第五品，嗣王府、庶姓公府從事中郎第六品，秩六百石。　孔英哲：孔子後人。　奉聖亭侯：封爵名。陳爵制，亭侯與鄉侯屬列侯，在王與公侯伯子男五等爵之下。亭侯在鄉侯下，爲十二級中的第十二級，第八品。

二年春正月己亥，司徒、安成王頊進位太傅，領司徒，[1]加殊禮。[2]以新除征南大將軍淳于量爲中軍大將軍，及安南將軍、湘州刺史吳明徹即本號並開府儀同三司。庚子，詔討華皎軍人死王事者，並給棺櫬，送還本鄉，仍復其家。甲子，司空徐度薨。

[1]領：官制術語。於本官之外以高官攝卑職。

[2]殊禮：此指“劍履上殿”“入朝不趨”“贊拜不名”等特殊的禮遇。

夏五月景辰，[1]太傅安成王頊獻王璽一。[2]

[1]景辰：即丙辰。大德本、汲古閣本、殿本作“丙辰”。

[2]王：大德本、汲古閣本、殿本作“玉”。

六月丁亥，[1]彗星見。

[1]丁亥：《陳書》卷四《廢帝紀》作“丁卯”。

秋七月戊申，新羅國遣使朝貢。[1]壬戌，立皇弟伯智爲永陽王，[2]伯謀爲桂陽王。[3]

[1]新羅國：古國名。亦稱斯羅。故地在今朝鮮半島東南部，以金城（今韓國慶州）爲都。本辰韓十二國中之斯盧國，公元4世紀後逐漸强大，與高麗、百濟鼎足争雄。本書卷七九有傳。

[2]伯智：陳伯智。字策之，陳文帝第十二子。本書卷六五、《陳書》卷二八有傳。　永陽：郡名。治營浦縣，在今湖南道縣西北。

[3]伯謀：陳伯謀。字深之，陳文帝第十三子。本書卷六五、《陳書》卷二八有傳。　桂陽：郡名。治郴縣，在今湖南郴州市。

九月，林邑、狼牙脩國並遣使朝貢。[1]

[1]林邑：東南亞古國名。都城在今越南廣南省維川縣南茶橋。本書卷七九有傳。　狼牙脩：東南亞古國名。在今泰國南部馬來半島西側。本書卷七九有傳。

冬十一月甲寅，兹訓太后令曰：[1]

[1]兹訓太后：即陳武帝皇后章要兒。文帝即位，尊爲皇太后，宫爲慈訓，故稱慈訓太后。本書卷一二、《陳書》卷七有傳。兹，大德本、汲古閣本、殿本作"慈"。按，令文詳見《陳書》卷四《廢帝紀》，本書有删節。

伯宗昔在儲宫，本無令問，及居崇極，遂騁凶淫。太傅親承顧託，義深垣屏，[1]而攢塗未御，[2]翌日無淹，仍遣劉師知、殷不佞等顯言排斥，[3]陰謀禍亂，賴元相維持，[4]但除君側。又以余孝頃密邇京師，便相徵召，宗社之靈，祆氛是滅。於是密詔華皎，[5]稱兵上流，國祚憂惶，幾移醜類。又别敕歐陽紇等攻逼衡州，[6]嶺表紛紜，[7]殊淹弦望。[8]但賊豎皆亡，日望懲改，而悖禮忘德，情性不悛。盪主侯法喜等，太傅麾下，恒游府内，[9]啗以深利，謀興肘腋；又盪主孫泰等潛相連結，大有交通，天誘其衷，自然開發。[10]此諸文迹，今以相示，豈可復肅恭禋祀，臨御生靈？[11]今可特降爲臨海郡王，送還藩邸。

[1]義深垣屏：情義深於諸王。垣屏，藩屏，指諸侯。

[2]攢塗：古代喪葬禮儀，停殯時以木圍棺，以泥塗之。攢，同“欑”。

[3]劉師知：沛國相（今安徽濉溪縣）人。任中書舍人，掌制誥。本書卷六八、《陳書》卷一六有傳。　殷不佞：字季卿，陳郡長平（今河南西華縣）人。時任東宫通事舍人。本書卷七四、《陳書》卷三二有附傳。

[4]元相：宰相。此指安成王陳頊，時任太傅，領司徒，總領朝政。

[5]詔：大德本同，汲古閣本、殿本作“謂”。馬宗霍《南史校證》:“元刊本《南史》‘謂’作‘詔’，與《陳書·廢帝紀》合，是也。作‘謂’蓋殿本之誤。”（第189頁）

[6]歐陽紇：字奉聖，長沙臨湘（今湖南長沙市）人，歐陽頠之子。本書卷六六、《陳書》卷九有附傳。　衡州：州名。治含洭縣，在今廣東英德市浛洸鎮。陳朝後改爲西衡州。

[7]嶺表：一作嶺外、嶺南。泛指五嶺以南地區，相當於今廣東、廣西兩省及越南北部一帶。

[8]殊淹弦望：拖延數月。淹，久。弦望，月相術語。從地表觀察，月亮離日90°時的月相爲弦，因月相呈半月如弓狀，故稱弦月。月亮與日黄經相差180°時，月相呈滿月，爲望。

[9]府内：《陳書》卷四《廢帝紀》作“府朝”。

[10]自然：《陳書·廢帝紀》作“同然”。

[11]生靈：《陳書·廢帝紀》作“兆民”。本書避唐太宗李世民名諱，改“兆民”爲“生靈”。

太傅安成王，固天生德，[1]齊聖廣深，[2]二后鍾心，[3]三靈佇眷。[4]目前朝不豫，[5]任總邦家，威惠相宣，刑禮兼設。且地彰靈璽，[6]天表長彗，[7]布新除舊，禎祥咸顯。文皇知子之鑒，事甚帝堯，[8]傳弟之懷，久符太伯。[9]今可還申舊志，崇立賢君，外宜依舊典，[10]奉迎輿駕。

[1]固天生德：意謂德合天地。魯哀公三年（前492），宋司馬桓魋欲殺孔子，子曰："天生德于予，桓魋其如予何！"（《論語·述而》）

[2]齊聖廣深：中華本校勘記云："'深'本字'淵'，此避唐諱改。"

[3]二后：《詩·周頌·昊天有成命》："昊天有成命，二后受之。"二后指周文王與周武王。此處當指陳朝的兩位先帝陳武帝、陳文帝。

[4]三靈：天神，地神，人鬼。

[5]目：大德本、汲古閣本、殿本作"自"。

[6]地彰靈璽：此即指前文言"五月景辰，太傅安成王頊獻玉璽一"。

[7]天表長彗：此即指前文言"六月丁亥，彗星見"。

[8]知子之鑒，事甚帝堯：典出《史記》卷一《五帝本紀》："堯知子丹朱之不肖，不足授天下，於是乃權授舜。授舜，則天下得其利而丹朱病；授丹朱，則天下病而丹朱得其利。堯曰'終不以天下之病而利一人'，而卒授舜以天下。"此言陳文帝早知其子伯宗不肖，故臨終以陳頊輔伯宗，有意以天下傳授。

[9]傳弟之懷，久符太伯：太伯，春秋吳國始祖吳太伯。《史記》卷三一《吳太伯世家》云："吳太伯，太伯弟仲雍，皆周太王之子，而王季歷之兄也。季歷賢，而有聖子昌，太王欲立季歷以及昌，於是太伯、仲雍二人乃犇荆蠻，文身斷髮，示不可用，以避季歷。季歷果立，是爲王季，而昌爲文王。"久，大德本、殿本同，汲古閣本、《陳書》卷四《廢帝紀》、《資治通鑑》卷一七〇《陳紀

四》臨海王光大二年條作“又”。

[10]外宜依舊典：大德本同，汲古閣本、殿本及《陳書·廢帝紀》作“中外宜依舊典”。底本脱“中”字。

是日，帝出居别第。太建二年四月乙卯薨，時年十九。

帝性仁弱，無人君之器，及即尊位，刑政皆歸冢宰，[1]故宣太后稱文帝遺志而廢焉。

[1]刑政：大德本、汲古閣本、殿本作“政刑”。

論曰：[1]陳武帝以雄毅之姿，屬殷憂之運，[2]功存拯溺，道濟横流，應變無方，蓋惟人傑。及乎西都盪覆，江表阽危，[3]僧辯任同伊尹，空結桐宫之恨，[4]貞陽入假秦兵，不息穆嬴之泣。[5]帝乘隙以舉，乃蹈玄機，王業所基，始自於此，柴天改物，[6]蓋有憑云。文帝以宗枝承統，情存兢惕，[7]加以崇尚儒術，愛悦文義，恭儉行己，勤勞濟物，志度弘遠，有前哲之風，至於臨下明察，得永平之政矣。[8]臨海懦弱，有同於帝摯，[9]文后雖欲不鑒殷道，蓋亦其可得邪。[10]

[1]論曰：馬宗霍《南史校證》：“《陳書·武帝紀》《文帝紀》《廢帝紀》各自爲卷，各有一論。《武帝紀》《文帝紀》兩論皆題陳吏部尚書姚察，是此二卷思廉用其父成書也。《南史》合三帝紀爲一卷，則於《陳書》兩論兼采之。”（第190頁）

[2]殷憂：深憂。《文選》卷二三阮嗣宗《詠懷詩十七首（其

七）》："感物懷殷憂，悄悄令心悲。"

［3］江表：江外。指長江以南的地區。

［4］僧辯任同伊尹，空結桐宫之恨：此處指梁元帝承聖四年（555）王僧辯黜梁王蕭方智爲太子事。

［5］貞陽入假秦兵，不息穆嬴之泣：此指貞陽侯蕭淵明在北齊扶持下登基。穆嬴，即秦穆公，春秋時秦國君主，春秋五霸之一。因姓嬴氏，故稱嬴穆。《史記》卷五《秦本紀》記載，穆公三十三年，不顧百里奚、蹇叔等老臣的反對，派百里孟明視、西乞術、白乙丙三將帶兵千里奔襲鄭國，結果在崤山一帶被晋軍截擊，三將被俘，全軍覆没。後晋釋三將，穆公素服郊迎，"嚮三人哭曰：'孤以不用百里傒、蹇叔言以辱三子，三子何罪乎？'"中華本校勘記云："'息'《陳書》作'思'。"

［6］柴天：柴燎告天。　改物：改變前朝的典章制度。

［7］兢惕：戒懼。

［8］臨下明察，得永平之政：此謂陳文帝與漢明帝劉莊一樣心細善察，治績與永平時期相類。《後漢書》卷二《明帝紀》云："明帝善刑理，法令分明。日晏坐朝，幽枉必達。内外無倖曲之私，在上無矜大之色。斷獄得情，號居前代十二。故後之言事者，莫不先建武、永平之政。"

［9］帝摯：帝嚳之子。《史記》卷一《五帝本紀》云："帝嚳崩，而摯代立。帝摯立，不善，而弟放勳立，是爲帝堯。"正義云："《帝王紀》云：'帝摯之母於四人中班最在下，而摯於兄弟最長，得登帝位。封異母弟放勛爲唐侯。摯在位九年，政微弱，而唐侯德盛，諸侯歸之。摯服其義，乃率群臣造唐而致禪。'"

［10］邪：大德本、汲古閣本、殿本作"耶"。

南史　卷一〇

陳本紀下第十

高宗孝宣皇帝諱頊，字紹世，小字師利，始興昭烈王第二子也。[1]梁中大通二年七月辛酉生，[2]有赤光滿室。少寬容，多智略。及長，美容儀，身長八尺三寸，[3]垂手過膝，有勇力，善騎射。武帝平侯景，[4]鎮京口，[5]梁元帝徵武帝子姪入侍，[6]武帝遣帝赴江陵。[7]累官爲中書侍郎。[8]時有軍主李總與帝有舊，[9]每同游處。帝嘗夜被酒，張燈而寐，總適出，尋反，[10]乃見帝是大龍，便驚走他室。魏平江陵，[11]遷于長安。[12]帝貌若不慧，魏將楊忠門客張子煦見而奇之，[13]曰："此人武頭，[14]當大貴也。"

[1]始興昭烈王：陳道談。陳武帝之兄，陳文帝、陳宣帝之父。仕梁爲東宮直閤將軍，侯景之亂，中流箭而死。陳朝建立，追封爲始興昭烈王。事迹詳《陳書》卷一《高祖紀上》、卷二八《始興王伯茂傳》。始興，郡名。治曲江縣，在今廣東韶關市南武水西岸。

[2]中大通：《陳書》卷五《宣帝紀》作"大通"。馬宗霍《南史校證》以爲，宣帝以太建十四年（582）正月崩，時年五十三，從彼時上推，則生年正爲中大通二年（530），故《陳書》誤奪"中"字，當以《南史》爲是（湖南教育出版社 2008 年版，第

191 頁)。中大通，南朝梁武帝蕭衍年號（529—534)。

［3］八尺三寸：約合今 203 釐米。南朝度制，一尺爲十寸，約合今 24.5 釐米。

［4］武帝：南朝陳武帝陳霸先。字興國，小字法生，吴興長城(今浙江長興縣）人。本書卷九，《陳書》卷一、卷二有紀。　侯景：字萬景。原爲東魏大將，後叛至南朝梁，於梁武帝太清二年(548）在壽陽發動叛亂，次年攻克都城建康，擅行廢立，禍亂朝野，史稱“侯景之亂”。本書卷八〇、《梁書》卷五六有傳。

［5］京口：又稱京城、京，爲南徐州鎮所，在今江蘇鎮江市。東晋、南朝時爲軍事重鎮。《隋書・地理志下》云:“京口東通吴、會，南接江、湖，西連都邑，亦一都會也。”

［6］梁元帝：蕭繹。小字七符，梁武帝第七子。初封湘東郡王，後爲荆州刺史，出鎮江陵。簡文帝大寶三年（552）於江陵即位，年號承聖。承聖三年（554)，西魏圍攻江陵，城陷身死。廟號世祖。本書卷八、《梁書》卷五有紀。

［7］江陵：縣名。治所在今湖北荆州市荆州區。本爲荆州刺史治所，時爲梁元帝都城。

［8］中書侍郎：官名。中書省屬官，舊掌詔誥，後流爲清職，漸成諸王起家官。梁九班。陳四品，秩千石。

［9］軍主:“軍”爲軍隊編制名稱，所統兵力多少不一，一軍之統帥即稱軍主，其下設軍副（參見周一良《魏晋南北朝史札記》“軍主、幢主、隊主”條，中華書局 1985 年版，第 408—411 頁)。《陳書・宣帝紀》作“馬軍主”。

［10］反：同“返”。

［11］魏：此指西魏。

［12］長安：地名。在今陝西西安市。時爲西魏都城。

［13］楊忠：隋文帝楊堅之父。字掾于，小名奴奴，弘農華陰(今陝西華陰市）人。仕西魏爲驃騎大將軍、開府儀同三司，封陳留郡公。仕北周爲大司空、柱國大將軍，封隨國公。隋朝建立，追

謚武元皇帝，廟號太祖。《周書》卷一九有傳。

[14]武頭：虎頭。唐人避高祖李淵祖父李虎名諱，改“虎”爲“武”。按，大德本、汲古閣本、殿本作“虎頭”。

永定元年，[1]遥襲封始興郡王。文帝嗣位，[2]改封安成王。[3]天嘉三年，[4]自周還，授侍中、中書監、中衛將軍，[5]置佐吏。[6]歷位司空、尚書令。[7]廢帝即位，[8]拜司徒、録尚書、都督中外諸軍事。[9]光大二年正月，[10]進位太傅，[11]領司徒，[12]加殊禮，[13]劍履上殿。[14]十一月甲寅，慈訓太后黜廢帝爲臨海王，[15]以帝入纘皇統。

[1]永定：南朝陳武帝陳霸先年號（557—559）。

[2]文帝：南朝陳文帝陳蒨。字子華，陳武帝兄始興昭烈王陳道談長子，廟號世祖。本書卷九、《陳書》卷三有紀。

[3]安成：郡名。治平都縣，在今江西安福縣東南。

[4]天嘉：南朝陳文帝陳蒨年號（560—566）。

[5]侍中：官名。門下省長官。職掌奏事，侍奉皇帝左右，應對顧問等，爲中樞要職。陳三品，秩中二千石。　中書監：官名。與中書令同爲中書省長官，但通常不並置。本掌撰詔命，記會時事，典作文書，南朝時漸演變爲貴顯而不任事的高級虚位官職，多作重臣加官。陳二品，秩中二千石。　中衛將軍：官名。與中軍、中權、中撫將軍合稱四中將軍，專授予在京師任職的官員，地位顯要。陳擬二品，比秩中二千石。

[6]佐吏：大德本、汲古閣本、殿本同，中華本據《陳書》卷五《宣帝紀》改作“佐史”。

[7]司空：官名。與太尉、司徒並爲三公。南朝時爲名譽宰相，多爲大臣加官，無實際職掌。陳一品，秩萬石。　尚書令：官名。尚書省長官，居宰相之位，爲百官之長。位尊權重，故常闕而不

置，由僕射主持尚書省事務。陳一品，秩中二千石。

［8］廢帝：南朝陳廢帝陳伯宗。字奉業，小字藥王，陳文帝嫡長子。性仁弱，文帝死後即位，光大二年（568）被廢爲臨海郡王。本書卷九、《陳書》卷四有紀。

［9］司徒：官名。與司空、太尉並爲三公。南朝時爲名譽宰相，多爲大臣加官，無實際職掌。陳一品，秩萬石。　録尚書：官名。總領尚書省事務，多以公卿重臣擔任，位在三公之上。南朝梁、陳以其威權過重，不常置。　都督中外諸軍事：官名。總統禁衛軍、地方軍等全國各種軍隊，爲最高軍事統帥。權力極大，不常置。

［10］光大：南朝陳廢帝陳伯宗年號（567—568）。

［11］太傅：官名。南朝時與太宰、太保皆位上公，常作贈官，多用以安置元老勳舊大臣，無實際職掌。陳一品，秩萬石。

［12］領：官制術語。於本官之外以高官攝卑職。

［13］殊禮：此指“劍履上殿”“入朝不趨”“贊拜不名”等特殊的禮遇。

［14］劍履上殿：少數大臣上殿朝見時可佩劍，且不必脱鞋，以示尊崇。

［15］慈訓太后：陳武帝皇后章要兒。文帝即位，尊爲皇太后，宮爲慈訓，故稱慈訓太后。本書卷一二、《陳書》卷七有傳。　臨海王：封爵名。臨海郡王的省稱。臨海，郡名。治章安縣，在今浙江台州市椒江區章安街道。

是月，齊武成帝殂。[1]

［1］齊武成帝：高湛。北齊神武帝高歡第九子，公元561年至565年在位，廟號世祖。《北齊書》卷七、《北史》卷八有紀。　殂（cú）：死。錢大昕《廿二史考異》卷三五云：“周諸帝稱崩，而齊諸帝稱殂。延壽之尊周而抑齊如此。”

太建元年春正月甲午，[1]皇帝即位於太極前殿，[2]大赦，改元。文武賜位一階，孝悌力田及爲父後者，[3]賜爵一級，鰥寡不能自存者，人賜穀五斛。復太皇太后尊號曰皇太后。[4]立妃柳氏爲皇后，[5]世子叔寶爲皇太子。[6]封皇子江州刺史康樂侯叔陵爲始興王，[7]奉昭烈王祀。乙未，謁太廟。[8]丁酉，分命大使，觀省四方風俗。以尚書僕射沈欽爲左僕射，[9]度支尚書王勱爲右僕射。[10]辛丑，祀南郊。[11]壬寅，封皇子建安侯叔英爲豫章王，[12]豐城侯叔堅爲長沙王。[13]

[1]太建：南朝陳宣帝陳頊年號（569—582）。

[2]太極前殿：太極殿的主體建築之一。太極殿是建康皇宫正殿，由前殿、東堂、西堂等建築組成。南朝天子駕崩，嗣君往往在太極前殿即位。

[3]孝悌力田：漢代設立的兩類教化模範，爲後世沿用。孝悌，即孝弟，本指孝敬長輩、友愛兄弟的人。力田，本指努力耕田、勤於稼穡的人。國家從基層鄉里選拔孝悌、力田之人作爲楷模名目，意在以德導民，勸民務農，教化鄉里。可免除徭役，優先獲得賞賜，但不屬於鄉官，亦無俸禄。

[4]復太皇太后尊號曰皇太后：章要兒於陳廢帝爲祖母，故爲太皇太后；於陳宣帝爲嬸母，故稱皇太后。

[5]柳氏：陳宣帝皇后柳敬言。河東解（今山西臨猗縣）人。本書卷一二、《陳書》卷七有傳。

[6]叔寶：即南朝陳後主陳叔寶。

[7]江州：州名。治湓口城，在今江西九江市。　康樂侯：封爵名。即康樂縣侯。縣侯，開國縣侯的省稱。食邑爲縣，故常冠以所封縣名。在梁位視孤卿、重號將軍、光禄大夫，班次之。在陳爲

九等爵之第三等，第三品。康樂，縣名。治所在今江西萬載縣東北。　叔陵：陳叔陵。字子嵩，陳宣帝陳頊第二子，封始興郡王。本書卷六五、《陳書》卷三六有傳。

［8］太廟：天子奉祀祖宗之所。東晋、南朝太廟位居建康都城南面正門宣陽門前御道東側，大致在今江蘇南京市中華路以東、長樂路以南、信府河以西、中華門以北範圍内（參見賀雲翱《六朝瓦當與六朝都城》，文物出版社 2005 年版，第 163 頁）。

［9］尚書僕射：官名。尚書省次官，輔佐尚書令執行政務，參議大政，諫諍得失。南朝尚書令位尊權重，不親庶務，梁、陳時尚書令常缺，左、右僕射實爲尚書省主官。尚書僕射有時分置左、右二僕射，右僕射位在左僕射下；有時不分，徑稱尚書僕射。陳二品，秩中二千石。　沈欽：吴興武康（今浙江德清縣）人。陳文帝皇后沈妙容之兄。本書卷一二、《陳書》卷七有附傳。

［10］度支尚書：官名。南朝尚書省六尚書之一，領度支、金部、倉部、起部四曹，掌管全國貢税租賦的統計、調撥等事務。陳三品，秩中二千石。　王勱：字公齊（《陳書》作“公濟”），琅邪臨沂（今山東臨沂市）人。本書卷二三、《陳書》卷一七有附傳。

［11］南郊：南郊壇，禮制建築。南郊壇祭天，在都城建康正南秣陵縣牛頭山（今江蘇南京市牛首山）下。

［12］建安：縣名。治所在今福建建甌市。　叔英：陳叔英。字子烈，陳宣帝第三子。本書卷六五、《陳書》卷二八有傳。　豫章：郡名。治南昌縣，在今江西南昌市。

［13］豐城：縣名。治所在今江西豐城市南。　叔堅：陳叔堅。字子成，陳宣帝第四子。本書卷六五、《陳書》卷二八有傳。　長沙：郡名。治臨湘縣，在今湖南長沙市。

二月乙亥，耕藉田。[1]

[1]藉田：亦作籍田。古代君主於孟春之月至田間象徵性地耕種，以示勸農。《漢書》卷四《文帝紀》前二年詔云："夫農，天下之本也。其開藉田，朕親率耕，以給宗廟粢盛。"顔師古注引韋昭云："藉，借也。借民力以治之，以奉宗廟，且以勸率天下，使務農也。"據《宋書·禮志一》記載，宋文帝元嘉二十年（443），恢復天子親耕籍田之制。在宫城東南方位八里之外的建康東郊，劃定一千畝耕地爲籍田，中間修建兩條主道，南北向主道稱阡，東西向稱陌，在阡西陌南居中處立先農壇，阡東陌北居中處立御耕壇。梁武帝普通二年（521）遷至南郊。

夏五月甲午，齊人來聘。丁巳，以吏部尚書徐陵爲尚書右僕射。[1]

[1]吏部尚書：官名。南朝尚書省六尚書之一，領吏部、删定、三公、比部四曹，掌官吏銓選考課，職任隆重，位居列曹尚書之上。陳三品，秩中二千石。　徐陵：字孝穆，東海郯（今山東郯城縣）人。南朝梁、陳時文學名家，善詩賦駢文，作品綺艷輕靡，與庾信並爲當時宫廷文學的代表，時號"徐庾體"。梁武帝時任東宫學士。仕陳歷左僕射、中書監、侍中、左光禄大夫等要職，封建昌縣侯。《隋書·經籍志四》集部别集類著録"陳尚書左僕射《徐陵集》三十卷"。本書卷六二有附傳，《陳書》卷二六有傳。

秋七月辛卯，皇太子納妃沈氏，[1]王公以下賜帛各有差。

[1]沈氏：陳後主皇后沈婺華。吴興武康（今浙江德清縣）人。本書卷一二、《陳書》卷七有傳。

冬十月，新除左衛將軍歐陽紇據廣州反。[1]辛未，遣開府儀同三司章昭達討之。[2]

[1]左衛將軍：官名。禁衛軍六軍之一。與右衛將軍合稱二衛將軍，掌宫廷宿衛營兵，多由近臣擔任。陳三品，秩二千石。　歐陽紇：字奉聖，長沙臨湘（今湖南長沙市）人，歐陽頠之子。本書卷六六、《陳書》卷九有附傳。　廣州：州名。治番禺縣，在今廣東廣州市。

[2]開府儀同三司：官名。大臣加號，意謂與三司（太尉、司徒、司空）禮制、待遇相同，許開設府署，自辟僚屬。陳一品，秩萬石。　章昭達：字伯通，吴興武康（今浙江德清縣）人。本書卷六六、《陳書》卷一一有傳。

二年春二月癸未，章昭達禽歐陽紇送都，斬于建康市，[1]廣州平。

[1]建康市：南朝宋山謙之《丹陽記》云："京師四市。建康大市，孫權所立。建康東市，同時立。建康北市，永安中立。秣陵鬬場市，隆安中發樂營人交易因成市也。"（參見劉緯毅《漢唐方志輯佚》，北京圖書館出版社 1997 年版，第 176 頁）古代行刑於市，意謂與衆棄之。

三月景申，皇太后崩。[1]景午，[2]曲赦廣、衡二州。[3]丁未，大赦。又詔自討周迪、華皎以來兵所有死亡者，[4]並令收斂，并給棺櫘，[5]送還本鄉。

[1]三月景申，皇太后崩：《陳書》卷五《宣帝紀》同。《建康

實録》卷二〇作“太建二年春正月丙申，皇太后崩於紫極殿”。景申，即丙申。唐人避高祖李淵父李昞名諱，改“丙”爲“景”。大德本、汲古閣本、殿本、百衲本作“丙申”。本卷下同，不另注。

[2]景午：即丙午。

[3]曲赦：因特殊情况而赦免。　衡：當指西衡、東衡二州。梁及陳初有衡州，治曲江縣，在今廣東韶關市南武水西岸。陳文帝天嘉元年（560），改衡州桂陽郡之汝城、晋寧二縣爲盧陽郡，又分衡州之始興、安遠二郡，合三郡之地置東衡州，治曲江縣。原衡州改爲西衡州，治所由曲江縣改爲含洭縣。

[4]周迪：臨川南城（今江西南城縣東南）人。仕梁爲高州刺史、臨川内史、使持節、散騎常侍、信威將軍、衡州刺史、江州刺史，封臨汝縣侯。入陳，以功加平南將軍、開府儀同三司，進號安南將軍。後以官賞不至，謀反被殺。本書卷八〇、《陳書》卷三五有傳。　華皎：晋陵暨陽（今江蘇江陰市）人。仕陳爲湘州刺史、安南將軍，封重安縣侯，深得陳文帝信任。廢帝時權歸安成王陳頊（即後來的陳宣帝），遂起兵叛亂，與後梁、北周聯軍拒陳，兵敗身死。本書卷六八、《陳書》卷二〇有傳。

[5]櫘（huì）：簡陋小棺。

夏四月乙卯，臨海王伯宗薨。[1]戊寅，皇太后祔葬于萬安陵。[2]

[1]臨海王伯宗：即陳廢帝。

[2]祔葬：合葬。　萬安陵：陳武帝陵墓。在今江蘇南京市江寧區上坊社區。

五月壬午，齊人來弔。

六月戊子，新羅國遣使朝貢。[1]辛卯，大雨雹。乙巳，分遣大使巡州都，[2]省冤屈。

[1]新羅國：古國名。亦稱斯羅。故地在今朝鮮半島東南部，以金城（今韓國慶州）爲都。本辰韓十二國中之斯盧國，公元4世紀後逐漸强大，與高麗、百濟鼎足争雄。本書卷七九有傳。

[2]大使：皇帝臨時派遣的特使。　都：大德本、汲古閣本、殿本作“郡”。底本誤。

冬十一月辛酉，高麗國遣使朝貢。[1]

[1]高麗國：古國名。高麗，亦作句麗、高句麗。其先爲扶餘（一説爲貊）别支，漢時居處於今鴨緑江及渾河流域，其後占有中國遼寧南部及朝鮮國北部之地，與新羅、百濟鼎峙於朝鮮半島。傳二十八世，爲唐高宗所滅。東晋安帝義熙九年（413），高麗王高璉遣使奉表貢獻，晋安帝以璉爲使持節、都督營州諸軍事、征東將軍、高麗王、樂浪公。其後宋、齊、梁、陳時期，貢獻册命，通好不斷。本書卷七九有傳。

十二月癸巳，雷。[1]

[1]十二月癸巳，雷：《陳書》卷五《宣帝紀》作“十二月癸巳夜，西北有雷聲”。《隋書·五行志下》記作“陳太建二年十二月，西北有聲如雷”，並以當年湘州刺史華皎舉兵造反爲之應。

三年春正月癸丑，以尚書右僕射徐陵爲尚書僕射。辛酉，祀南郊。

二月辛巳，祀明堂。[1]丁酉，耕藉田。

[1]明堂：古代禮制建築，爲天子宣明政教之所。南朝明堂始建於宋孝武帝大明四年（460），在宫城東南，地近太廟。據《通典》卷四四《吉禮三》，陳時“祀昊天上帝、五帝於明堂，牲以太牢，粢盛六飯，鉶羹蔬備薦焉……堂制，殿屋十二閒，中央六閒，依前代安六座。四方帝各依其方，黄帝居坤維，而配饗座依梁法”。隋平陳，建康明堂毁於兵燹。隋煬帝時，主持營建東都洛陽的將作大將宇文愷上奏《明堂儀表》，其中記録了他考察建康明堂遺迹時親眼所見：“平陳之後，臣得目觀，遂量步數，記其尺丈。猶見基内有焚燒殘柱，毁斫之餘，入地一丈，儼然如舊。柱下以樟木爲跗，長丈餘，闊四尺許，兩兩相並。凡安數重。”（《隋書》卷六八《宇文愷傳》）

三月丁丑，大赦。

夏四月壬辰，齊人來聘。

五月辛亥，高麗、新羅、丹丹、天竺、盤盤等國並遣使朝貢。[1]

[1]丹丹：古國名。在今印度東南海岸的泰米爾（參見韓振華《公元六、七世紀中印關係史料考釋三則——婆利國考、赤土國考、丹丹國考》，《厦門大學學報》1954 年第 1 期）。一説在今馬來半島西岸海中。　天竺：古國名。即今印度。《梁書》卷五四《中天竺國傳》云：“身毒即天竺，蓋傳譯音字不同，其實一也。”　盤盤：古國名。在今馬來西亞的加里曼丹北部砂拉越或沙巴和文萊境内，或説在今泰國南部索叻他尼灣一帶。

六月丁亥，江陰王蕭季卿以罪免。[1]甲辰，封東中郎長沙王府諮議參軍蕭彝爲江陰王。[2]

[1]江陰王：封爵名。江陰，郡名。治江陰縣，在今江蘇江陰市。　蕭季卿：梁武林侯蕭諮之子。梁敬帝禪位後被封爲江陰王，陳武帝永定二年（558）四月死，季卿嗣爵爲江陰王，後因擅買梁陵中樹坐免。

[2]東中郎長沙王府諮議參軍：官名。諮議參軍，又稱諮議參軍事。府屬僚佐之一。掌咨詢謀議軍事，位在諸參軍之上。皇弟皇子府諮議參軍，陳五品。其時長沙王爲陳宣帝第四子陳叔堅。東中郎，《陳書》卷五《宣帝紀》作“東中郎將”，本書誤删“將”字，當據補（參見馬宗霍《南史校證》，第191—192頁）。

冬十月乙酉，周人來聘。

十二月壬辰，司空章昭達薨。

四年春正月景午，[1]以尚書僕射徐陵爲左僕射，中書監王勱爲右僕射。

[1]景午：即丙午。

二月乙酉，立皇子叔卿爲建安王。[1]

[1]叔卿：陳叔卿。字子弼，陳宣帝第五子。本書卷六五、《陳書》卷二八有傳。　建安：郡名。治建安縣，在今福建建甌市。

三月乙丑，扶南、林邑國並遣使朝貢。[1]

[1]扶南：南海古國。公元1世紀建國，7世紀中葉爲真臘所滅。統治中心在今柬埔寨境内，盛時擁據湄公、湄南二河下游之地。出産金、銀、銅、錫、沈木香、象牙、孔雀、五色鸚鵡等物。

晋初遣使貢獻方物，南朝通好如故。本書卷七八、《晋書》卷九七、《南齊書》卷五八、《梁書》卷五四皆有傳。按，南北朝時期，南北雙方政權互争正統，往往將四夷藩國貢獻視爲正統與否的標志，故史家予以著録。　林邑：東南亞古國名。都城在今越南廣南省維川縣南茶橋。本書卷七九有傳。

夏五月癸卯，尚書右僕射王勱卒。

是月，[1]周人誅冢宰宇文護。[2]

[1]是月：中華本校勘記云："宇文護之死，《周書》《通鑑》並繫於三月丙辰，此'是月'當移置上文'三月'記事之下方合。"

[2]冢宰：官名。全稱爲大冢宰卿。西魏恭帝三年（556）仿《周禮》建六官，置大冢宰卿一人，爲天官冢宰府最高長官。正七命。掌邦治，以建邦之六典佐皇帝治邦國。北周沿置，然其權力却因人而異，若有五府總於天官之命，則稱冢宰，能總攝百官，實爲大權在握之宰輔；若無此命，即稱太宰，與五卿並列，僅統本府官。　宇文護：字薩保，代郡武川（今内蒙古武川縣西）人。西魏權臣宇文泰之侄，迫使魏恭帝拓跋廓禪位於宇文泰之子宇文覺，建立周朝，是爲北周。《周書》卷一一有傳，《北史》卷五七有附傳。

秋八月辛未，周人來聘。

九月庚子朔，日有蝕之。辛亥，大赦。景寅，[1]以故太尉徐度，[2]儀同三司杜稜、程靈洗配食武帝廟庭；[3]故司空章昭達配食文帝廟庭。

[1]景寅：即丙寅。

[2]太尉：官名。與司徒、司空並爲三公。多作加官，無實際

職掌。陳一品，秩萬石。　徐度：字孝節，安陸（今湖北安陸市）人。本書卷六七、《陳書》卷一二有傳。

［3］儀同三司：開府儀同三司的省稱。　杜稜：字雄盛，吴郡錢唐（今浙江杭州市）人。本書卷六七、《陳書》卷一二有傳。　程靈洗：字玄滌，新安海寧（今安徽休寧縣）人。本書卷六七、《陳書》卷一〇有傳。

冬十一月己亥，[1]地震。

［1］冬十一月己亥：馬宗霍《南史校證》云："按《陳書·宣帝紀》作'十月己亥夜地震'。殿本《陳書考證》曰：'案上文書冬十月乙酉祀太廟，戊戌以沈恪爲領軍，則此不應復書十月。若《南史》作十一月而不書朔，以上戊戌證之，説恐有誤。'余按《南史》上文書九月庚子朔，自庚子至己亥爲六十日，《通鑑》卷一七一書是年冬十月庚午，自庚午至己亥爲三十日。若己亥已屬十一月，則九月與十月必有一爲小月，止二十九日，而己亥當爲十一月朔，《南史》雖不書朔，固不誤也。《陳書》復出十月，蓋下文'十月'二字之間傳寫誤落'一'字耳。"（第192頁）

是歲，周建德元年。[1]

［1］建德：北周武帝宇文邕年號（572—578）。

五年春正月癸酉，以吏部尚書沈君理爲尚書右僕射，[1]領吏部。辛巳，祀南郊。

［1］沈君理：字仲倫，吴興（今浙江湖州市）人。後主沈皇后

之父。本書卷六八、《陳書》卷二三有傳。

二月辛丑，祀明堂。乙卯夜，有白氣如虹，自北方貫北斗、紫宫。[1]

[1]北斗、紫宫：皆爲中官之星。紫宫即紫微垣，爲帝皇所居。北斗象徵發號施令之主及帝王乘輿。

三月壬午，以開府儀同三司吴明徹都督征討諸軍事，[1]略地北邊。景戌，[2]西衡州獻馬生角。[3]己丑，皇孫胤生，[4]内外文武賜帛各有差，爲父後者賜爵一級。

[1]吴明徹：字通炤（《陳書》作"通昭"），秦郡（今江蘇南京市六合區）人。仕梁官至使持節、散騎常侍、安東將軍、南兖州刺史，封安吴縣侯。入陳，官至司空、侍中、都督南北兖南北青譙五州諸軍事、南兖州刺史，進爵爲公。宣帝太建九年（577），受命北伐，爲北周所俘，後卒於長安。本書卷六六、《陳書》卷九有傳。

[2]景戌：即丙戌。

[3]西衡州：州名。治含洭縣，在今廣東英德市浛洸鎮。　馬生角：古代五行灾異學説視之爲兵戎之象、敗亡之徵。《隋書·五行志下》亦記此事，並解讀云："是時宣帝遣吴明徹出師吕梁，與周師拒。連兵數歲，衆軍覆没，明徹竟爲周師所虜。"

[4]胤：陳胤。字承業，陳後主長子。宣帝太建十年封永康縣公。後主即位，立爲皇太子。禎明二年，廢爲吴興王。本書卷六五、《陳書》卷二八有傳。

夏六月癸卯，周人來聘。[1]

[1]夏六月癸卯，周人來聘：中華本改“癸卯”爲“癸亥”，其校勘記云:“‘癸亥’各本作‘癸卯’。按是月乙未朔，癸卯爲九日，《陳書》於其前出‘乙卯’爲二十一日，則‘癸卯’必譌，今據《陳書》改。又《陳書》書周之聘陳與陳將黄法氍克合州城在同一日辰，而《通鑑》則繫克合州於‘癸亥’爲二十九日，是。”

秋九月癸未，尚書右僕射沈君理卒。壬辰晦，夜明。

冬十月己亥，以特進周弘正爲尚書右僕射。[1]乙巳，吴明徹剋壽陽城，[2]斬王琳，[3]傳首建鄴，[4]梟于朱雀航。[5]

[1]特進：官名。南朝爲加官名號，用以安置閑退大臣。陳二品，秩中二千石。　周弘正：字思行，汝南安成（今河南汝南縣）人。陳時任尚書右僕射、祭酒。著《周易講疏》《論語疏》等，並行於世。本書卷三四有附傳，《陳書》卷二四有傳。

[2]壽陽：縣名。即壽春。治所在今安徽壽縣。

[3]王琳：字子珩，會稽山陰（今浙江紹興市）人。梁元帝蕭繹心腹將領。江陵陷落後，擁立梁元帝之孫蕭莊，依附北齊，盤踞於湘、郢諸州，對抗陳朝。陳文帝天嘉元年（560）在蕪湖之役中慘敗，逃奔北齊。本書卷六四、《北齊書》卷三二有傳。

[4]建鄴：東晋、南朝都城，又稱建業、建康，在今江蘇南京市。東漢獻帝建安十六年（211），孫權徙治丹陽郡秣陵縣，次年改名建業。吴大帝黄龍元年（229），正式定都於建業。西晋滅吴，恢復秣陵舊名。晋武帝太康三年（282），以秦淮水爲界兩分秣陵縣

境，以南爲秣陵，以北爲建業，並改名建鄴。建興元年（313）因避愍帝司馬鄴諱，改名建康。其後宋、齊、梁、陳沿用爲都城，故稱六朝古都。《太平寰宇記》卷九〇《江南東道二·昇州》引《金陵記》云："梁都之時，城中二十八萬餘户。西至石頭城，東至倪塘，南至石子岡，北過蔣山，東西南北各四十里。"城市西界至石頭城，位於今南京市水西門以北至清涼山；東界爲倪塘，在今南京市江寧區上坊街道泥塘社區附近；南界石子岡，是包含今雨花臺在内的城南東西走向的一系列岡阜；北界逾過蔣山，也就是鍾山，今稱紫金山（參見張學鋒《南朝建康的都城空間與葬地》，《中華文史論叢》2019 年第 3 期）。

[5] 梟：梟懸，斬首後懸挂示衆。　朱雀航：浮橋名。即朱雀橋，又稱大航。在東晋、南朝建康城南淮水（今秦淮河）上，與城南朱雀門相對，故名。故址在今江蘇南京市秦淮區鎮淮橋附近，是建康城南最重要的橋梁。始建於東晋成帝咸康二年（336）。《建康實録》卷七記載："冬十月，更作朱雀門，新立朱雀浮航。航在縣城東南四里，對朱雀門，南度淮水，亦名朱雀橋。"注引《地志》云："本吴南津大吴橋也。王敦作亂，温嶠燒絶之，遂權以浮航往來。至是，始議用杜預河橋法作之。長九十步，廣六丈，冬夏隨水高下也。"

十二月壬辰，詔熊曇朗、留異、陳寶應、周迪、鄧緒等及王琳首並還親屬，[1] 以弘廣宥。乙巳，立皇子叔明爲宜都王，[2] 叔獻爲河東王。[3]

[1] 熊曇朗、留異、陳寶應、周迪、鄧緒等及王琳首並還親屬：熊曇朗，豫章南昌（今江西南昌市）人。世爲郡著姓。侯景之亂時據豐城爲栅。梁元帝時爲巴山太守。敬帝紹泰二年（556），以南川豪帥，除游騎將軍。又以抗王琳軍授平西將軍。後殺都督周文育以

應王琳，爲陳霸先軍所敗，逃亡中爲村民所殺。本書卷八〇、《陳書》卷三五有傳。留異，東陽長山（今浙江金華市）人。陳文帝天嘉三年（562）被侯安都擊敗，逃奔陳寶應，後被斬於建康。本書卷八〇、《陳書》卷三五有傳。陳寶應，晋安候官（今福建福州市）人。聯合留異、周迪抗陳，兵敗被殺。本書卷八〇、《陳書》卷三五有傳。按，南北朝沿用舊俗，將首級加漆處理，標示姓名，藏於武庫，以爲後世逆臣賊子之鑑（參見周一良《魏晋南北朝史札記》，中華書局 1985 年版，第 293—295 頁）。

[2]叔明：陳叔明。字子昭，陳宣帝第六子。宣帝太建五年（573）封宜都王。本書卷六五、《陳書》卷二八有傳。　宜都：郡名。治夷陵縣，在今湖北枝江市。

[3]叔獻：陳叔獻。字子恭，陳宣帝第九子。宣帝太建五年封河東王。本書卷六五、《陳書》卷二八有傳。　河東：郡名。治松滋縣，在今湖北松滋市西北。

是歲，諸軍略地，所在剋捷。

六年春正月壬戌，赦江右淮北諸州。[1]甲申，周人來聘。高麗國遣使朝貢。

[1]江右淮北諸州：據《陳書》卷五《宣帝紀》，此指南司州、定州、霍州、光州、建州、朔州、合州、豫州、北徐州、仁州、北兗州、青州、冀州、南譙州、南兗州十五州，及郢州之齊安郡、西陽郡，江州之齊昌郡、新蔡郡、高唐郡，南豫州之歷陽郡、臨江郡。

二月壬辰朔，日有蝕之。辛亥，耕藉田。

夏四月庚子，彗星見。

六月壬辰，尚書右僕射周弘正卒。

冬十一月乙亥，詔北邊行軍之所，並給復十年。

十二月戊戌，以吏部尚書王瑒爲尚書右僕射。[1]

[1]王瑒：字子瑛（《陳書》作“子璵”），琅邪臨沂（今山東臨沂市）人，東晋名相王導之後。本書卷二一有附傳，《陳書》卷二三有傳。

七年春正月辛未，祀南郊。

三月辛未，詔豫、二兗、譙、徐、合、霍、南司、定九州及南豫、江、郢所部在江北諸郡，[1]置雲旗義士，[2]往大軍及諸鎮備防。

[1]豫：州名。寄治壽陽縣，在今安徽壽縣。　二兗：南兗州與北兗州。南兗州寄治廣陵縣，在今江蘇揚州市西北蜀岡上。北兗州寄治淮陰城，在今江蘇淮安市淮陰區西南甘羅城。　譙：州名。治渦陽縣，在今安徽蒙城縣。　徐：州名。當指北徐州。僑寄鍾離郡，治燕縣，在今安徽鳳陽縣臨淮關鎮。　合：州名。治合肥城，在今安徽合肥市。　霍：州名。治霍山縣，在今安徽霍山縣。　南司：州名。或即司州。寄治黄城縣，在今湖北武漢市黄陂區東。陳宣帝太建五年（573），陳軍攻克北齊南司州鎮所黄城，改置司州。太建十一年復歸北周。　定：州名。治蒙籠城，在今湖北麻城市東北。　南豫、江、郢所部在江北諸郡：南豫州之歷陽、臨江二郡，江州之齊昌、新蔡、高唐三郡，郢州之齊安、西陽二郡（參見錢大昕《廿二史考異》卷二七）。南豫，州名。治姑孰，在今安徽當塗縣。郢，州名。治夏口城，在今湖北武漢市武昌區。

[2]雲旗義士：陳朝收復江淮州郡後在當地招募組建的臨時

武裝。

夏四月景戌，[1]有星孛于大角。[2]庚寅，監豫州陳桃根獻青牛，[3]詔以還百姓。乙未，桃根又上織成羅紋錦被表各二，[4]詔於雲龍門外焚之。[5]壬子，郢州獻瑞鍾六。[6]

[1]景戌：即丙戌。

[2]有星孛于大角：《隋書·天文志下》亦記此事，並解讀爲"人主亡"。大角，星名。又稱棟星、天棟。在元宿之北、攝提六星之間。色橙黄，爲夏夜天空的中心。古代星象觀念中，爲人君之象。《史記·天官書》云："大角者，天王帝廷。"

[3]監豫州：州無刺史，以他官代行刺史職權，監理該州事務，稱監州。

[4]又上織成羅紋錦被表各二：《陳書》卷五《宣帝紀》作"又表上織成羅又錦被各二百首"，本書"各二"後脱"百首"二字。張元濟《陳書校勘記》以爲"首"爲"耑"字之誤。

[5]雲龍門：建康臺城内城（或稱禁城）之東門。

[6]瑞鍾：鍾爲古代青銅樂器。後世偶見，視爲祥瑞之器。

六月景戌，[1]詔爲北行將士死王事者，剋日舉哀。[2]壬辰，以尚書右僕射王瑒爲尚書僕射。己酉，改作雲龍、神獸門。[3]

[1]景戌：即丙戌。

[2]剋日：限定日期。

[3]神獸門：即神虎門。建康臺城内城（或稱禁城）之東門。

唐人避高祖李淵祖父李虎名諱，改“虎”爲“獸”。

秋八月癸卯，周人來聘。

閏九月壬辰，都督吴明徹大破齊軍於吕梁。[1]是月，甘露頻降樂游苑。[2]丁未，輿駕幸苑採甘露，宴群臣，詔於苑龍舟山立甘露亭。[3]

[1]吕梁：地名。在今江蘇徐州市銅山區東南。北齊彭城郡有吕縣，城臨泗水，泗水至吕縣積石爲梁，故號吕梁。北齊爲防備陳軍，在吕縣城東二里築三城，一在泗水南，一在水中潭上，一在泗水北。此處水流湍急，爲軍事要地。

[2]樂游苑：南朝皇家苑囿。宋文帝元嘉年間，在覆舟山（今稱小九華山）及其南麓建造北苑，北臨玄武湖，南瞰都城及宫城，並有青溪在其東與玄武湖溝通。後改稱樂游苑，大設亭觀，山北有冰井，爲皇室藏冰之所。梁侯景之亂，苑囿盡毁。陳文帝天嘉二年(561)，重加修葺，於山上立甘露亭。陳亡並廢（參見賀雲翺《六朝瓦當與六朝都城》，第70—71頁）。

[3]龍舟山：即覆舟山，今稱小九華山，在今江蘇南京市太平門西側。山形似舟船倒覆，故稱覆舟山。陳宣帝時改稱龍舟山。北臨玄武湖，東接龍廣山（又稱寶貴山），與鍾山（即今紫金山）似形斷而脉連，六朝時爲屏藩京師建康的軍事重地，亦爲皇家苑囿所在。

冬十月己巳，立皇子叔齊爲新蔡王，[1]叔文爲晋熙王。[2]

[1]叔齊：陳叔齊。字子肅，陳宣帝第十一子。本書卷六五、

《陳書》卷二八有傳。　新蔡：郡名。僑寄黥布舊城，在今湖北黄梅縣西。陳宣帝太建五年（573），陳軍北伐，從北齊得江州之新蔡郡，故得於太建七年分封。

［2］叔文：陳叔文。字子才，陳宣帝第十二子。本書卷六五、《陳書》卷二八有傳。　晋熙：郡名。治懷寧縣，在今安徽潜山市。

十二月壬戌，以尚書僕射王瑒爲左僕射，太子詹事陸繕爲右僕射。[1]甲子，南康郡獻瑞鍾一。[2]

［1］太子詹事：官名。總管東宫内外事務，職權甚重。陳三品，秩中二千石。　陸繕：字士繻，吴郡吴（今江蘇蘇州市）人。本書卷四八有附傳，《陳書》卷二三有傳。

［2］南康：郡名。治贛縣，在今江西贛州市西南。

八年春二月壬申，以開府儀同三司吴明徹爲司空。夏五月庚寅，尚書左僕射王瑒卒。[1]

［1］夏五月庚寅：《陳書》卷五《宣帝紀》“五月”作“四月”。《資治通鑑》卷一七二《陳紀六》宣帝太建八年繫此事於四月，唯不見書日。馬宗霍《南史校證》以爲當以本書爲是（第193頁）。

六月甲寅，以尚書右僕射陸繕爲左僕射，新除晋陽太守王克爲右僕射。[1]

［1］晋陽：《陳書》卷五《宣帝紀》作“晋陵”。中華本據改，可從。晋陵，郡名。治晋陵縣，在今江蘇常州市。　王克：琅邪臨沂（今山東臨沂市）人。仕梁官至尚書僕射，後降於侯景，位至太

宰、侍中、録尚書事。入陳，位至尚書右僕射。本書卷二三有附傳。

秋九月戊戌，立皇子叔彪爲淮南王。[1]

[1]叔彪：陳叔彪。字子華，陳宣帝第十三子。本書卷六五、《陳書》卷二八有傳。　淮南：郡名。寄治姑孰，在今安徽當塗縣。

九年春正月乙亥，齊主傳位於其太子恒，[1]自號太上皇。

[1]齊主：北齊後主高緯。字仁綱，齊武成帝高湛長子。《北齊書》卷八、《北史》卷八有紀。　太子恒：北齊幼主高恒。北齊後主高緯長子，即位時年僅八歲。《北齊書》卷八、《北史》卷八有紀。

是月，周滅齊。

二月壬子，[1]耕藉田。

[1]壬子：《陳書》卷五《宣帝紀》作"壬午"。

秋七月己卯，百濟國遣使朝貢。[1]庚辰，大雨，震萬安陵華表。己丑，震慧日寺刹及瓦官寺重門，[2]一女子震死。

[1]百濟國：古國名。故地在今朝鮮半島西南部。東晋義熙十二年（416），晋安帝封百濟君主餘映爲使持節、都督百濟諸軍事、

鎮東將軍、百濟王。其後宋、齊、梁、陳四朝，貢獻册命，通好不斷。本書卷七九有傳。

[2]慧日寺：佛寺名。亦作惠日寺。梁武帝天監十八年（519）造。在建康定陰里，大致位於今江蘇南京市新街口略偏東南一帶（參見賀雲翺《六朝瓦當與六朝都城》，第116頁）。　瓦官寺：佛寺名。始建於東晋哀帝興寧年間，曾有多位高僧駐錫，聲名頗盛。遺址在今江蘇南京市西南鳳凰臺西。

冬十月戊午，司空吴明徹破周將梁士彦於吕梁。[1]

[1]梁士彦：字相如，安定烏氏（今寧夏固原市）人。時爲北周柱國。《周書》卷三一、《北史》卷七三有傳。

十二月戊申，東宫成，[1]皇太子移于新宫。

[1]東宫：太子所居之宫，位於臺城東北。其地本爲東晋之永樂宫，宋文帝元嘉十五年（438）築成東宫，齊末毁於火灾。梁武帝天監五年（506）重建，梁末又毁於侯景之亂。陳初置太子於永福省，宣帝太建九年（577）再修東宫，太子始居新宫。宫内有向徽光殿、乾明殿等太子居處殿堂，有太傅府、少傅府、左詹事府、右詹事府、左率府、右率府、家令寺、典客省等官屬府寺，玄圃園林位於北部。

十年春二月甲子，周軍救梁士彦，大敗司空吴明徹於吕梁，及將卒皆見囚俘不反。

三月辛未，震武庫。[1]景子，[2]分命衆軍以備周。乙酉，大赦。

[1]武庫：貯藏甲兵軍械等物資的國庫。建康武庫在臺城内偏西。《隋書·五行志上》亦記此灾異，且解云："時帝好兵，頻年北伐，内外虚竭，將士勞敝。既克淮南，又進圖彭、汴，毛喜切諫，不納。由是吴明徹諸軍皆没，遂失淮南之地。武庫者，兵器之所聚也，而震之，天戒若曰，宜戢兵以安百姓。"

[2]景子：即丙子。

夏四月庚戌，詔絓在軍者，[1]並賜爵二級。又詔御府堂署所營造，禮樂儀服軍器之外，悉皆停息。掖庭常供，[2]王侯妃主諸有奉邺者，並各量減。庚申，大雨雹。

[1]絓（guà）：絆住，挂礙。

[2]掖庭：後宫。

六月丁酉，周武帝崩。[1]

[1]周武帝：宇文邕。北周第三任皇帝，廟號高祖。《周書》卷五、卷六，《北史》卷一〇有紀。

閏六月丁卯，[1]大雨，震大皇寺刹、莊嚴寺露盤、重陽閣東樓、千秋門内槐樹又鴻臚府門。[2]

[1]閏六月丁卯：中華本校勘記云："是年南朝置閏在五月，北朝置閏在六月。此六月丁酉，實北朝之六月丁酉也，在南朝爲閏五月丁酉。閏六月丁卯，亦據北朝曆，在南朝爲六月丁卯。"

[2]大皇寺：佛寺名。亦作太皇寺、泰皇寺。陳宣帝太建十年（578）被雷震毁，後主禎明元年（587）於建康重建，起七級浮

屠，未完工而火從中起，被焚毁。　莊嚴寺：東晋穆帝永和四年（348）鎮西將軍謝尚捨宅所建，亦號塔寺。其地南直竹格港，臨秦淮。宋孝武帝大明中，路太后置莊嚴寺，嫌其同名，改此寺爲謝鎮西寺，或稱謝寺。陳宣帝太建元年寺焚。太建五年，豫州刺史程文秀修復，敕改名爲興嚴。太建十年，露盤復遭震毁。　重陽閣：陳朝宫殿建築名。　千秋門：建康臺城西門有二，南爲千秋門，其北爲西掖門。按，《隋書·五行志上》亦記雷雨震毁以上建築之事，解讀云："太皇、莊嚴二寺，陳國奉佛之所，重陽閣每所遊宴，鴻臚賓客禮儀之所在，而同歲震者，天戒若曰，國威已喪，不務修德，後必有恃佛道，耽宴樂，棄禮儀而亡國者。陳之君臣竟不悟。至後主之代，災異屢起，懼而於太皇寺捨身爲奴，以祈冥助，不恤國政，耽酒色，棄禮法，不修鄰好，以取敗亡。"　又：大德本、汲古閣本、殿本作"及"。底本誤。　鴻臚：官署名。南朝陳掌朝祭禮儀之贊導，長官爲鴻臚卿，第三品，秩二千石。

秋七月戊戌，新羅國遣使朝貢。

八月戊寅，隕霜，殺稻菽。[1]

[1]隕霜，殺稻菽：《隋書·五行志下》亦記此事，且解讀云："是時，大興師選衆，遣將吴明徹，與周師相拒於吕梁。"

九月乙巳，立方明壇于婁湖。[1]戊申，以揚州刺史始興王叔陵兼王官伯，[2]臨盟。甲寅，幸婁湖，臨誓衆。乙卯，分遣大使以盟誓班下四方，以上下相警。

[1]方明壇：上古覲禮天子朝會諸侯之所。陳宣帝召集諸侯舉行盟誓儀式，故依古制築壇。　婁湖：古陂塘名。在今江蘇南京市

東南。三國時東吴張昭主持開濬，周圍十里，灌溉農田。張昭封婁侯，故名婁湖。《讀史方輿紀要》卷二〇《南直二·江寧縣》云在“府東南十五里”。

［2］王官伯：王官之長。《資治通鑑》卷一七三《陳紀七》宣帝太建十年胡三省注云：“王官伯者，古者天子盟諸侯，使天子之老涖之。如春秋踐土之盟，王子虎盟諸侯于王庭，是之謂王官伯。”

冬十月戊子，以尚書左僕射陸繕爲尚書僕射。

十二月乙亥，合州廬江蠻田伯興出寇樅陽，[1]刺史魯廣達討平之。[2]

［1］廬江蠻：南方少數民族名。爲漢代遷徙至江淮間的百越後裔，主要分布在今湖北東部、河南東南部、安徽西部長江以北地區。　樅陽：郡名。治樅陽縣，在今安徽桐城縣東南。

［2］魯廣達：字徧覽，扶風郿（今陝西眉縣）人。本書卷六七有附傳，《陳書》卷三一有傳。

是歲，周宣政元年。[1]

［1］宣政：北周武帝宇文邕年號（578），歷時僅數月。

十一年春正月丁酉，南兖州言龍見。[1]

［1］南兖州言龍見：《陳書》卷五《宣帝紀》作“龍見于南兖州永寧樓側池中”。《隋書·五行志下》記爲“龍見南兖州池中”，解作帝王諸侯有幽執之禍的徵兆，即“後主嗣位，驕淫荒怠，動不得中。其後竟以國亡，身被幽執”。

二月癸亥，耕藉田。

秋七月辛卯，初用大貨六銖錢。[1]

[1]大貨六銖錢：南朝陳貨幣名。陳初，承梁喪亂之後，雜用兩柱錢、鵝眼錢，多有不便，民間甚至以粟帛實物交易。文帝天嘉五年（564）改鑄五銖錢。宣帝太建十一年（579）又鑄大貨六銖錢，與五銖錢並行，六銖一枚相當於五銖十枚。百姓不願使用，民間謡傳“六銖錢有不利縣官之象”，遂漸貶至與五銖等值。宣帝死後，遂廢六銖而行五銖，直至陳亡。

八月丁卯，幸大壯觀閲武。[1]

[1]大壯觀：樓觀名。在建康城北，即今江蘇南京市中央門外小紅山上。宋人張敦頤《六朝事迹編類》卷六《山岡門·大壯觀山》引《圖經》云:“在城北一十八里，周回五里，高二十丈，東連蔣山，西有水，下注平陸，南臨玄武湖，北臨蠡湖。《舊經》謂陳宣帝起大壯觀於此山，因以爲名。”按，《易·大壯》乾下震上，陽剛盛長之象。觀名或源於此。

冬十月甲戌，以尚書僕射陸繕爲尚書左僕射，以祠部尚書晋安王伯恭爲右僕射。[1]十一月辛卯，大赦。戊戌，周將梁士彦圍壽陽，剋之。辛亥，又剋霍州。癸丑，以揚州刺史始興王叔陵爲大都督，[2]總督水步衆軍。

[1]祠部尚書：官名。尚書省六尚書之一，領祠部、儀曹二曹，掌宗廟禮儀。與尚書右僕射通職，不常置。陳三品，秩中二千石。

晋安王伯恭：陳伯恭。字肅之，陳文帝第六子。天嘉六年（565）

封晋安王。本書卷六五、《陳書》卷二八有傳。晋安，郡名。治候官縣，在今福建福州市。

[2]大都督：此當爲作戰時節度諸軍的高級軍事長官，事畢即罷。

十二月乙丑，南北兗、晋三州及盱台、山陽、陽平、馬頭、秦、歷陽、沛、北譙、南梁等九郡民並自拔向建鄴。[1]周又剋譙、北徐二州。[2]自是淮南之地，[3]盡歸于周矣。己巳，詔非軍國所須，多所減損，歸于儉約。[4]

[1]盱（xū）台（yí）：郡名。即盱眙。治盱眙縣，在今江蘇盱眙縣東北。台，同“眙”。　山陽：郡名。寄治山陽縣，在今江蘇淮安市。　陽平：郡名。寄治安宜縣，在今江蘇寶應縣西南。　馬頭：郡名。治馬頭縣，在今安徽懷遠縣南。　秦：郡名。治六合縣，在今江蘇南京市六合區。　歷陽：郡名。治歷陽縣，在今安徽和縣。　沛：郡名。寄治沛縣，在今安徽天長市西北。　北譙：郡名。治北譙縣，在今安徽全椒縣北。　南梁：郡名。治阜陵戍，在今安徽全椒縣東南。

[2]北徐：州名。僑寄鍾離郡，治燕縣，在今安徽鳳陽縣臨淮關鎮。梁有北徐州，梁末没入北方。東魏改爲楚州，北齊改稱西楚州。陳宣帝太建五年（573）北伐復得，太建十一年復没入北周。

[3]淮南：地域名。泛指淮水以南之地，大致爲今江蘇、安徽二省淮河以南、長江以北的地方。

[4]詔非軍國所須，多所減損，歸于儉約：詔文詳見《陳書》卷五《宣帝紀》。高敏以爲此條叙述當時社會弊政如此詳細，且涉及關市之税，本書删之，甚不妥（《南北史掇瑣》，中州古籍出版社 2003 年版，第 68—69 頁）。

是歲，周宣帝大象元年。[1]

[1]周宣帝：宇文贇。字乾伯，周武帝宇文邕長子。《周書》卷七、《北史》卷一〇有紀。　大象：北周宣帝宇文贇年號（579—580）。

十二年夏四月癸亥，尚書左僕射陸繕卒。己卯，大雩。[1]壬午，雨。[2]

[1]大雩：隆重的祈雨祭祀。《禮記·月令》云："命有司爲民祈祀山川百源，大雩帝，用盛樂。"鄭玄注云："陽氣盛而常旱……雩，吁嗟求雨之祭也。"

[2]壬午，雨：《隋書·五行志上》亦記其事，並解云："陳太建十二年春，不雨至四月。先是周師掠淮北，始興王叔陵等諸軍敗績，淮北之地皆没於周，蓋其應也。"馬宗霍《南史校證》云："蓋久不得雨，至四月壬午始雨，故特書之，其實旱也。"（第194頁）

五月癸巳，以尚書右僕射晉安王伯恭爲尚書僕射。己酉，周宣帝崩。

六月壬戌，大風，吹壞皋門中闥。[1]

[1]皋門：古時王宫的外門。此處當指朱雀門，在建康城南門宣揚門之外，相當於古之皋門。　中闥：内門，小門。

秋八月己未，周鄖州總管司馬消難以所統九州八鎮之地來降。[1]詔因以消難爲大都督，加司空，封隨郡公。[2]庚申，詔鎮西將軍樊毅進督沔、漢諸軍事。[3]遣南豫州刺史任忠率衆趨歷陽，[4]超武將軍陳慧紀爲前軍都督，[5]趨南兖州。戊辰，以司空司馬消難爲大都督水陸諸軍事。庚午，通直散騎常侍淳于陵剋臨江郡。[6]癸酉，智武將軍魯廣達剋郭默城。[7]甲戌，大雨霖。景子，[8]淳于陵剋祐州城。[9]

[1]鄖州：州名。治安陸縣，在今湖北安陸市府城街道。　總管：官名。北周明帝武成元年（559）改都督諸州軍事爲總管，轄一州或數州，加使持節，總理軍區軍政民政。　司馬消難：字道融，河内温（今河南温縣）人。北齊名臣司馬子如之子。北周明帝二年（558）背齊入周，後率部奔南朝陳，陳亡被俘至長安。因與楊忠結爲兄弟，不久被赦免。卒於家。《周書》卷二一有傳，《北史》卷五四有附傳。　九州八鎮：據《陳書》卷五《宣帝紀》，司馬消難以鄖、隨、温、應、土、順、沔、澴、岳等九州，魯山、甑山、沌陽、應城、平靖、武陽、上明、溳水等八鎮内附。

[2]郡公：爵名。開國郡公的省稱。南朝梁時位視三公，班次之。在陳爲九等爵之第二等，二品，秩視中二千石。

[3]鎮西將軍：官名。南朝梁、陳時鎮前、鎮後、鎮左、鎮右將軍與鎮東、鎮西、鎮南、鎮北將軍合稱八鎮將軍，爲重號將軍，是内官專用之軍號。梁二十二班。陳擬二品，比秩中二千石。　樊毅：字智烈，南陽湖陽（今河南唐河縣）人。仕陳官至侍中、護軍將軍，封逍遥郡公。後兵敗降隋。本書卷六七、《陳書》卷三一有傳。

[4]任忠：字奉誠，小名蠻奴，汝陰（今安徽阜陽市）人。仕陳歷直閤將軍、南豫州刺史、領軍將軍等職，封梁信郡公。後降隋。本書卷六七、《陳書》卷三一有傳。

[5]超武將軍：官名。南朝梁武帝普通六年（525）刊正將軍名號時置。陳擬八品，比秩六百石。　陳慧紀：字元方，陳武帝之

從孫。封宜黄縣侯。歷黄門侍郎、荆州刺史等職，位開府儀同三司。本書卷六五、《陳書》卷一五有傳。

[6]通直散騎常侍：官名。晋武帝時以員外散騎常侍二人與散騎常侍通員當值，故名。南朝梁、陳隸集書省，與散騎常侍、散騎侍郎、通直散騎侍郎、員外散騎常侍、員外散騎侍郎合稱六散騎。掌侍奉規諫，備顧問應對，實爲閑職，用以安置閑退官員、衰老之士，多授宗室、公族子弟。陳四品，秩二千石。　臨江：郡名。治烏江縣，在今安徽和縣東北。

[7]智武將軍：官名。南朝梁置武職一百二十五號將軍爲二十四班，班多者爲貴。智武將軍爲十五班。陳沿置，爲五武將軍之一，擬四品，比秩中二千石。　郭默城：古城名。在今安徽壽縣西。相傳爲晋成帝咸和年間右軍將軍郭默叛亂時所築。按，今江西九江市東北亦有郭默城。

[8]景子：即丙子。

[9]祐州：州名。治松滋縣，在今湖北松滋市西北長江南岸。祐，大德本、汲古閣本同，殿本作“柘”。

九月癸未，周臨江太守劉顯光率衆來降。是夜，天東南有聲，如風水相激，三夜乃止。丁亥，周將王延貴率衆援歷陽，任忠擊破之，禽延貴等。己酉，周廣陵義軍主曹藥率衆來降。[1]

[1]廣陵：郡名。治廣陵縣，在今江蘇揚州市西北蜀岡上。

冬十月癸丑，大雨，震電。

十二月庚辰，南徐州刺史河東王叔獻薨。[1]

[1]南徐州：州名。治京口城，在今江蘇鎮江市。

十三年春正月壬午，以中權將軍、護軍將軍鄱陽王伯山即本號開府儀同三司。[1]以尚書僕射晋安王伯恭爲左僕射，吏部尚書袁憲爲右僕射。[2]

[1]中權將軍：官名。與中軍、中衛、中撫合稱四中將軍，專授予在京師任職的官員，地位顯要。梁二十三班。陳擬二品，比秩中二千石。　護軍將軍：官名。南朝禁衛軍將領，與領軍並爲中軍統帥。總領臺城外宿衛諸軍，掌京城防衛，權任頗重。資輕者爲中護軍，資重者爲護軍將軍。陳三品，秩中二千石。　鄱陽王伯山：陳伯山。字静之，陳文帝第三子。天嘉元年（560）封鄱陽王。本書卷六五、《陳書》卷二八有傳。鄱陽，郡名。治鄱陽縣，在今江西鄱陽縣。

[2]袁憲：字德章，陳郡陽夏（今河南太康縣）人。本書卷二六有附傳，《陳書》卷二四有傳。

二月乙亥，耕藉田。

秋九月癸亥夜，大風從西北來，發屋拔樹，大雨雹。[1]

[1]大雨雹：《陳書》卷五《宣帝紀》作“大雷震雹”。《隋書·五行志上》云：“陳太建二年六月，大雨雹；十年四月，又大雨雹；十三年九月，又雨雹。時始興王叔陵驕恣，陰結死士，圖爲不逞，帝又寵遇之，故天三見變。帝不悟。及帝崩，叔陵果爲亂逆。”

冬十月壬寅，丹丹國遣使朝貢。

十二月辛巳，彗星見西南。

是歲，周静帝大定元年，[1]遜位于隋文帝，[2]改元開皇元年。[3]

[1]周静帝：宇文衍（後改名闡）。北周宣帝宇文贇長子。大成元年（579）即位，年僅七歲。大定元年（581）禪讓楊堅。《周書》卷八、《北史》卷一〇有紀。　大定：北周静帝宇文闡年號（581）。

[2]隋文帝：楊堅。小名那羅延，弘農華陰（今陝西華陰市）人。隋朝開國皇帝。《隋書》卷一、卷二，《北史》卷一一有紀。

[3]開皇：隋文帝楊堅年號（581—600）。

十四年春正月己酉，上弗豫。[1]甲寅，崩于宣福殿，時年五十三。[2]遺詔：[3]"凡厥終制，事從省約，金銀之飾，不以入壙，[4]明器皆用瓦。[5]以日易月及公除之制，[6]悉依舊準。在位百司，三日一臨。四方州鎮，五等諸侯，[7]各守所職，並停奔赴。"二月辛卯，群臣上謚曰孝宣皇帝，廟號高宗。癸巳，葬顯寧陵。[8]

[1]弗豫：又作"不豫"，天子病重的隱諱之辭，意謂不復豫政。

[2]時年五十三：《陳書》卷五《宣帝紀》同。《建康實録》卷二〇云"帝年四十即位，在位十四年，年五十四"，誤。

[3]遺詔：詔文有删節，詳參《陳書·宣帝紀》。

[4]壙：墓穴。

[5]瓦：陶器。

[6]公除：指帝王或高官身負國家重任，因公權宜禮制，守喪

未滿而除喪服。

[7]五等諸侯：公、侯、伯、子、男。

[8]顯寧陵：南朝陳宣帝陳頊陵墓。在今江蘇南京市西南牛首山西北。

帝之在田，本有恢弘之度，及居尊位，寔允天人之屬。于時國步初弭，創痍未復，淮南之地，並入于齊。帝志復舊境，意反侵地，彊弱之形，理則縣絶，犯斯不韙，適足爲禽。及周兵滅齊，乘勝而舉，略地還至江際，自此懼矣。既而脩飾都城，爲扞禦之備，獲銘云："二百年後，當有癡人脩破吾城者。"[1]時莫測所從云。

[1]二百年後，當有癡人脩破吾城者：獲銘之事不見於《陳書》卷五《宣帝紀》。

後主諱叔寶，字元秀，小字黄奴，宣帝嫡長子也。梁承聖二年十一月戊寅，[1]生于江陵。明年，魏平江陵，宣帝遷于長安，留後主於穰城。[2]天嘉三年，歸建鄴，立爲安成王世子。光大二年，累遷侍中。

[1]承聖：南朝梁元帝蕭繹年號（552—555）。

[2]穰城：縣名。治所在今河南鄧州市。北魏孝文帝時於穰城置荆州。《魏書·地形志下》云："荆州，後漢治漢壽，魏、晋治江陵，太延中治上洛，太和中治穰城。"《讀史方輿紀要》卷五一《河南六·鄧州》云："後魏盛時亦置荆州於穰縣，以控臨沔北。其後宇文泰欲經略江、漢，使楊忠都督三荆，鎮穰城，而沔口以西遂拱手取之矣。"

太建元年正月甲午，立爲皇太子。十四年正月甲寅，宣帝崩。乙卯，始興王叔陵構逆伏誅。丁巳，太子即皇帝位于太極前殿，大赦，在位文武及孝悌力田爲父後者，[1]並賜爵一級，孤老鰥寡不能自存者，賜穀人五斛、帛二疋。癸亥，以侍中、丹陽尹、長沙王叔堅爲驃騎將軍、開府儀同三司、揚州刺史。[2]乙丑，尊皇后爲皇太后。丁卯，立皇弟叔敦爲始興王，[3]奉昭烈王祀。己巳，立妃沈氏爲皇后。辛未，立皇弟叔儼爲尋陽王，[4]叔慎爲岳陽王，[5]叔達爲義陽王，[6]叔熊爲巴山王，[7]叔虞爲武昌王。[8]甲戌，設無㝵大會於太極前殿。[9]

［1］悌：大德本、汲古閣本同，殿本作"弟"。

［2］丹陽尹：官名。丹陽郡行政長官。東晉、南朝以建康爲都城，建康在丹陽郡境内，故其長官稱尹，以區别於列郡太守。丹陽尹掌京畿地區行政諸務並詔獄，一度掌少府職事，地位頗重。南朝齊位次九卿，梁品秩不詳。陳五品，秩中二千石，相當於豫、益、廣、衡等州刺史，遠高於郡太守。丹陽，亦作"丹楊"。　驃騎將軍：官名。南朝陳時擬一品，比秩中二千石。加"大"爲驃騎大將軍，位進一階。多加授重臣，無具體職掌。

［3］叔敦：本書卷六五本傳、《陳書》卷六《後主紀》及卷二八本傳皆作"叔重"。中華本據改，可從。陳叔重，字子厚，陳宣帝第十四子。太建十四年（582）封始興王。本書卷六五、《陳書》卷二八有傳。

［4］叔儼：陳叔儼。字子思，陳宣帝第十五子。太建十四年封尋陽王。本書卷六五、《陳書》卷二八有傳。　尋陽：郡名。治柴桑縣，在今江西九江市西南。

[5]叔慎：陳叔慎。字子敬，陳宣帝第十六子。太建十四年封岳陽王。本書卷六五、《陳書》卷二八有傳。　岳陽：郡名。治岳陽縣，在今湖南汨羅市長樂鎮。

[6]叔達：陳叔達。字子聰，陳宣帝第十七子。太建十四年封義陽王。入隋爲内史舍人、絳郡通守。唐高祖武德中封江國公，任禮部尚書。本書卷六五、《陳書》卷二八、《舊唐書》卷六一、《新唐書》卷一〇〇有傳。　義陽：郡名。僑寄安鄉縣，在今湖南安鄉縣西南。

[7]叔熊：《陳書·後主紀》同。本書卷六五本傳、《陳書》卷二八本傳皆作“叔雄”。林礽乾《陳書異文考證》云：“玆就高宗二十九子取名叔寶、叔英、叔堅、叔文等觀之，無一以動物之名爲名者，則此巴山王叔熊之‘熊’，當從本傳作‘雄’爲是。又古人取名，多與其字相應。玆更就宣帝諸子傳所載‘叔明，字子昭。叔達，字子聰。叔宣，字子通。叔儉，字子約。叔雄，字子猛’等考之，‘明’之與‘昭’，‘達’之與‘聰’，‘宣’之與‘通’，‘儉’之與‘約’，名與字，無不取義相應。‘叔雄’字‘子猛’，‘猛’與‘雄’義正相應，此亦足證字‘子猛’之‘叔雄’，作‘叔雄’，當屬無誤。”（文史哲出版社 1979 年版，第 75—76 頁）此説甚是，可從。陳叔雄，字子猛，陳宣帝第十八子。太建十四年封爲巴山王。本書卷六五、《陳書》卷二八有傳。　巴山：郡名。治巴山縣，在今江西崇仁縣西南。

[8]叔虞：陳叔虞。字子安，陳宣帝第十九子。太建十四年封爲武昌王。本書卷六五、《陳書》卷二八有傳。　武昌：郡名。治武昌縣，在今湖北鄂州市。

[9]無㝵大會：即無遮大會，或稱無碍大會。是佛教舉行的以布施爲主的法會，通常每五年一次。無遮，即没有遮攔的意思，意謂不分貴賤、智愚、善惡將一切加以平等看待、寬容對待。㝵，大德本同，汲古閣本、殿本作“碍”。林礽乾《陳書本紀校注》云：“無㝵，宋浙本、三朝本、南監本、北監本、汲古本、《御覽》卷一

三三引同。《南史·陳武帝紀》作‘無碍’，《册府》卷一九四作‘無遮’。按作‘無导’或‘無碍’，其義與作‘無遮’同，俱爲印度梵語‘般闍于瑟’之義譯。原義爲寬容無阻，聖賢道俗貴賤上下，一律參預，平等行法之謂。‘般闍于瑟’，宋浙本譯作‘無导大會’，《南史·陳武帝紀》作‘無碍大會’，《正字通》云:‘碍，礙之俗字。’《集韻》:‘导同礙。’是作‘無导’，與作‘無碍’同也。《説文·石部》:‘礙，止也。’《辵部》:‘遮，遏也。’‘遏’猶‘止’也，是《册府》卷一九四作‘無遮’之義，又與宋浙本之作‘無’者同。”（潘美月、杜潔祥主編《古典文獻研究輯刊》第六編，第27册，花木蘭文化出版社2008年版，第108頁）馬宗霍《南史校證》:“‘碍’本‘礙’之俗，浮屠書作‘导’，又‘碍’之省也。”(第187頁)

三月癸亥，詔内外衆官九品以上，各薦一人。又詔求忠讜，無所隱諱。己巳，以新除翊左將軍永陽王伯智爲尚書僕射。[1]

[1]翊左將軍：官名。與翊右、翊前、翊後將軍合稱四翊將軍。陳擬三品，比秩中二千石。　永陽王伯智：陳伯智。字策之，陳文帝第十二子。陳廢帝光大二年（568）封永陽王。本書卷六五、《陳書》卷二八有傳。永陽，郡名。治營浦縣，在今湖南道縣西北。

夏四月景申，[1]立皇子永康公胤爲皇太子，[2]賜天下爲父後者爵一級，王公以下賚帛各有差。庚子，詔:“鏤金銀薄、度物化生、土木人、綵華之屬，[3]及布帛短狹輕疏者，[4]並傷財廢業，尤成蠹患。又僧尼道士，挾邪左道，[5]不依經律，人間淫祀、祆書諸珍怪事，[6]詳爲條制，並皆禁絶。”

[1]景申：即丙申。

[2]永康：縣名。治所在今浙江永康市。

[3]度物化生：大德本、百衲本同，汲古閣本、殿本作“庶物化生”。《陳書》卷六《後主紀》亦作“庶物化生”。 土木人：亦稱偶人。按照人的模樣製成的陶俑和木俑，多用於喪葬。

[4]及布帛短狹輕疏者：《陳書·後主紀》作“及布帛幅尺短狹輕疏者”，馬宗霍以爲“布帛”下之“幅尺”二字似不可省（《南史校證》，第195頁）。

[5]狹：大德本、汲古閣本、殿本作“挾”。 左道：邪僻之道，多指不爲官方或正統觀念認可的巫蠱、方術等。

[6]淫祀：指不合禮制、不被官方認可的祭祀。

秋七月辛未，大赦。是月，自建鄴至荆州，江水色赤如血。[1]

[1]按，《隋書·五行志下》亦記此異常象，並予以解讀云：“陳太建十四年七月，江水赤如血，自建康，西至荆州。禎明中，江水赤，自方州，東至海。《洪範五行傳》曰：‘火沴水也。法嚴刑酷，傷水性也。五行變節，陰陽相干，氣色繆亂，皆敗亂之象也。’京房《易占》曰：‘水化爲血，兵且起。’是時後主初即位，用刑酷暴之應。其後爲隋師所滅。”現代研究表明，史書所謂江水赤紅如血，往往是指江水渾濁異常。歷史時期長江幹流的清濁變化在很大程度上取決於四川盆地水土流失的輕重程度。南朝陳後主時期的江流變渾應當是由於今三峽一帶江段發生的山崩或大型滑坡所致，明顯屬於罕見現象（參見周宏偉《長江流域森林變遷與水土流失》，湖南教育出版社2006年版，第65頁）。

八月癸未，天有聲如風水相激。[1]乙酉夜，又如之。

[1]八月癸未，天有聲如風水相激：《陳書》卷六《後主紀》作“八月癸未夜，天有聲如風水相擊”。馬宗霍以爲，下文云“乙酉夜，又如之”，則“癸未”後之“夜”字似不可省，當從《陳書》（《南史校證》，第 195 頁）。

九月景午，[1]設無㝵大會於太極前殿，捨身及乘輿御服，[2]大赦。辛亥夜，天東北有聲如蟲飛，漸移西北。景寅，[3]以驃騎將軍、開府儀同三司、揚州刺史長沙王叔堅爲司空，征南將軍、江州刺史豫章王叔英即本號開府儀同三司。[4]

[1]景午：即丙午。

[2]捨身：佛教徒爲宣揚佛法，消災免禍，或爲布施寺院，自動去寺院做苦行，謂之“捨身”。

[3]景寅：即丙寅。

[4]征南將軍：官名。與征東、征西、征北將軍合稱四征將軍，多授持節都督，出鎮方面，地位顯要。陳擬二品，比秩中二千石。

至德元年春正月壬寅，[1]大赦，改元。以江州刺史豫章王叔英爲驃騎將軍、開府儀同三司；[2]以司空、揚州刺史長沙王叔堅爲江州刺史；[3]征東將軍、開府儀同三司。[4]癸卯，立皇子深爲始安王。[5]

[1]至德：南朝陳後主陳叔寶年號（583—586）。

[2]江州刺史豫章王叔英爲驃騎將軍、開府儀同三司：《陳書》

卷六《後主紀》作“征南將軍、江州刺史、新除開府儀同三司豫章王叔英爲中衛大將軍”。《陳書》卷二八《豫章王叔英傳》所記略同:“（太建）十一年，爲鎮前將軍、江州刺史。後主即位，進號征南將軍，尋加開府儀同三司、中衛大將軍。”本書訛奪，當以《陳書》爲是。

[3]司空、揚州刺史長沙王叔堅爲江州刺史：《陳書·後主紀》作“驃騎將軍、開府儀同三司、揚州刺史長沙王叔堅爲江州刺史”。本卷宣帝太建元年（569）九月丙寅“以驃騎將軍、開府儀同三司、揚州刺史長沙王叔堅爲司空”。則此處“司空”之後需補“驃騎將軍、開府儀同三司”。

[4]征東將軍、開府儀同三司：《陳書·後主紀》作“征東將軍、開府儀同三司、東揚州刺史司馬消難進號車騎將軍”，知本書此處脱“東揚州刺史司馬消難進號車騎將軍”。中華本據補，是。

[5]深：陳深。字承源，陳後主第四子。至德元年封始安王，禎明二年（588）改立爲太子。陳滅入隋，煬帝大業中爲枹罕太守。唐高祖武德初爲秘書丞。本書卷六五、《陳書》卷二八有傳。　始安：郡名。治始安縣，在今廣西桂林市。

秋八月丁卯，以驃騎將軍、開府儀同三司長沙王叔堅爲司空。

九月丁巳，天東南有聲如蟲飛。

冬十月丁酉，[1]立皇弟叔平爲湘東王，[2]叔敖爲臨賀王，[3]叔宣爲陽山王，[4]叔穆爲西陽王，[5]叔儉爲南安王，[6]叔澄爲南郡王，[7]叔興爲沅陵王，[8]叔韶爲樂山王，[9]叔純爲新興王。[10]

[1]十月：中華本補作“十一月”，其校勘記云：“‘冬十一月’

各本脱‘一’字。按十月丙寅朔，無丁酉；十一月乙未朔，初三日‘丁酉’，今補正。”

［2］叔平：陳叔平。字子康，陳宣帝第二十子。本書卷六五、《陳書》卷二八有傳。　湘東：郡名。治臨烝縣，在今湖南衡陽市。

［3］叔敖：陳叔敖。字子仁，陳宣帝第二十一子。本書卷六五、《陳書》卷二八有傳。　臨賀：郡名。治臨賀縣，在今廣西賀州市東南。

［4］叔宣：陳叔宣。字子通，陳宣帝第二十二子。本書卷六五、《陳書》卷二八有傳。　陽山：郡名。治含洭縣，在今廣東英德市浛洸鎮。

［5］叔穆：陳叔穆。字子和，陳宣帝第二十三子。本書卷六五、《陳書》卷二八有傳。　西陽：郡名。治西陽縣，在今湖北黄石市東南。

［6］叔儉：陳叔儉。字子約，陳宣帝第二十四子。本書卷六五、《陳書》卷二八有傳。　南安：郡名。治晋安縣，在今福建南安市豐州鎮。

［7］叔澄：陳叔澄。字子泉，陳宣帝第二十五子。本書卷六五、《陳書》卷二八有傳。　南郡：郡名。本治江陵縣，在今湖北荆州市荆州區，梁元帝承聖三年（554）西魏攻占江陵，南郡亦没。陳後主至德元年（583）前僑立，唯治所、領縣皆乏考（參見程剛《東晋南朝荆州政治地理研究——兼論雍州、湘州、郢州》，博士學位論文，南京大學，2014年，第241頁）。

［8］叔興：陳叔興。字子推，陳宣帝第二十六子。本書卷六五、《陳書》卷二八有傳。　沅陵：郡名。治沅陵縣，在今湖南沅陵縣西南。

［9］叔韶：陳叔韶。字子欽，陳宣帝第二十七子。本書卷六五、《陳書》卷二八有傳。　樂山：大德本、汲古閣本同，殿本作“岳山”。本書卷六五叔韶本傳及《陳書》卷六《後主紀》、卷二八叔韶本傳亦作“岳山”。查南朝文獻無樂山郡，有岳山縣而無岳山郡。

《資治通鑑》卷一七五《陳紀九》後主至德元年胡三省注云:"《郡縣志》：巴陵，一名天岳山。岳山蓋即巴陵，以封叔韶。" 胡氏推斷岳山或即巴陵。巴陵郡，治巴陵縣，在今湖南岳陽市。

[10]叔純：陳叔純。字子洪（《陳書》作"子共"），陳宣帝第二十八子。本書卷六五、《陳書》卷二八有傳。　新興：郡名。南朝陳僑置，治所、領縣乏考。

十二月景辰，[1]頭和國遣使朝貢。[2]司空、長沙王叔堅有罪免。戊午夜，天開，自西北至東南，其内有青黄雜色，隆隆若雷聲。

[1]景辰：即丙辰。

[2]頭和國：古國名。餘不詳。

二年春正月丁卯，分遣大使，巡省風俗。癸巳，大赦。

夏五月戊子，以吏部尚書江總爲尚書僕射。[1]

[1]江總：字總持，濟陽考城（今河南民權縣）人。仕梁爲太子洗馬、太子中舍人，參與創製《述懷詩》，爲梁武帝所嗟賞。入陳歷左民尚書、太子詹事、祠部尚書、尚書僕射、尚書令等職。有辭采，善屬文，尤長於五言、七言詩。《隋書·經籍志四》著録開府《江總集》三十卷、《江總後集》二卷。本書卷三六有附傳，《陳書》卷二七有傳。

秋七月壬午，皇太子加元服，[1]在位文武賜帛各有差。孝悌力田爲父後者，賜爵一級；鰥寡癃老不能自存者，[2]人穀五斛。

[1]加元服：行冠禮，以示成人。冠爲首之所著，故稱元服。

[2]癃：泛指衰老病弱之人。

冬十一月景寅，[1]大赦。是月，盤盤、百濟國並遣使朝貢。

[1]景寅：即丙寅。

三年春正月戊午朔，日有蝕之。庚午，鎮左將軍長沙王叔堅即本號開府儀同三司。[1]

[1]鎮左將軍長沙王叔堅即本號開府儀同三司：《陳書》卷二八《長沙王叔堅傳》繫開府事於後主至德四年（586）。鎮左將軍，官名。南朝梁、陳時鎮前、鎮後、鎮左、鎮右將軍與鎮東、鎮西、鎮南、鎮北將軍合稱八鎮將軍，爲重號將軍，是内官專用之軍號。梁二十二班。陳擬二品，比秩中二千石。

三月辛酉，前豐州刺史章大寶舉兵反。[1]

[1]豐州：州名。治東候官縣，在今福建福州市。　章大寶：吴興武康（今浙江德清縣）人，陳邵陵郡公、司空章昭達之子。在豐州刺史任上貪縱嚴酷，朝廷派太僕卿李暈前往代任，殺李暈而造反，兵敗被擒，傳首梟於朱雀航，夷三族。本書卷六六、《陳書》卷一一有附傳。

夏四月庚戌，豐州義軍主陳景詳斬大寶，[1]傳首建鄴。

[1]義軍：此指協助官軍平定叛亂的地方武裝。

冬十月己丑，丹丹國遣使朝貢。

十一月己未，詔脩復仲尼廟。[1]辛巳，幸長干寺，[2]大赦。

[1]仲尼廟：亦稱孔子廟。祭祀孔子之所。南朝宋孝武帝孝建元年（454）冬十月下詔開建仲尼廟，依照諸侯之禮，厚給祭秩。梁武帝天監四年（505）亦立孔子廟。

[2]長干寺：佛寺名。在今江蘇南京市秦淮區中華門外明代大報恩寺遺址。其地六朝時爲吏民聚居的長干里，寺故得名。2008年，南京市博物館在今大報恩寺遺址内發掘了北宋長干寺塔基和地宫，在地宫内發現了《金陵長干寺真身塔藏舍利石函記》，記文云："東晋出現，梁武再營。寶塔參空，群生受賜……洎平陳之日，兵火廢焉，舊基空列於蓁蕪，嵬級孰興於佛寺。"可知長干寺始建於東晋，梁武帝時重修，並在隋平陳之役中毁於兵燹。北宋真宗大中祥符年間（1008—1016）在原址上重建金陵長干寺（參見許志强《六朝建康長干里考略》，武漢大學中國三至九世紀研究所編《魏晋南北朝隋唐史資料》第三十六輯，上海古籍出版社2017年版，第76—87頁）。

十二月癸卯，高麗國遣使朝貢。

是歲，梁明帝殂。[1]

［1］梁明帝：南朝後梁明帝蕭巋。字仁遠，梁宣帝蕭詧之子。《周書》卷四八、《北史》卷九三有附傳。

四年春正月甲寅，詔王公以下各薦所知，無隔輿皁。[1]

［1］輿皁：泛指地位低下的吏民。《左傳》昭公七年云："士臣皂，皂臣輿，輿臣隸。"

二月景申，[1]立皇弟叔謨爲巴東王，[2]叔顯爲臨江王，[3]叔坦爲新會王，[4]叔隆爲新寧王。[5]

［1］景申：即丙申。

［2］叔謨：陳叔謨。字子軌，陳宣帝第二十九子。本書卷六五、《陳書》卷二八有傳。　巴東：郡名。南朝陳僑置，治所、領縣乏考。

［3］叔顯：陳步顯。字子亮（《陳書》作"子明"），陳宣帝第三十子。本書卷六五、《陳書》卷二八有傳。　臨江：本書卷六五本傳作"臨海"。《陳書》卷六《後主紀》、卷二八《臨江王叔顯傳》並作"臨江"。中華本校勘記云："陳皇子皆以郡爲封。時南豫州有臨江郡，治烏江；東揚州有臨海郡，治章安。後主至德世，江北已失，臨江郡改屬周、隋，疑作臨海爲是。"臨海，郡名。治章安縣，在今浙江台州市椒江區章安街道。

［4］叔坦：陳叔坦。字子開，陳宣帝第三十一子。本書卷六五、《陳書》卷二八有傳。　新會：郡名。治盆允縣，在今廣東江門市新會區北。

［5］叔隆：陳叔隆。字子遠，陳宣帝第三十二子。本書卷六五、《陳書》卷二八有傳。　新寧：郡名。治新興縣，在今廣東新興縣。

夏五月丁巳，立皇子莊爲會稽王。[1]

[1]皇子莊：陳莊。字承肅，陳後主第八子。本書卷六五，《陳書》卷二八有傳。　會稽：郡名。治山陰縣。在今浙江紹興市。

秋九月甲午，幸玄武湖，[1]肆艫艦閲武。[2]丁未，百濟國遣使朝貢。

[1]玄武湖：在建康城東北。本名後湖，規模較今玄武湖大。據説宋文帝元嘉年間湖中見黑龍，故稱玄武湖。西北通長江，向南由青溪溝通淮水（今秦淮河）。南朝時爲屯駐戰船、水軍演練之所。

[2]肆艫艦閲武：大德本同，汲古閣本、殿本"肆"作"肄"。馬宗霍云："'肆''肄'二字古本相通。就本義言：肆，陳也。肄，習也。此文謂陳列艫艦可，謂演習艫艦亦可，閲武即閲水軍也。"（《南史校證》，第196頁）

冬十月癸亥，以尚書僕射江總爲尚書令，吏部尚書謝伷爲尚書僕射。[1]

[1]謝伷：陳郡陽夏（今河南太康縣）人。陳中書令謝嘏之子，太常卿謝儼之弟。歷吏部尚書、尚書僕射、特進等職。

十一月己卯，大赦。

禎明元年春正月戊寅，[1]大赦，改元。乙未，地震。

[1]禎明：南朝陳後主陳叔寶年號（587—589）。

秋九月庚寅，梁太傅安平王蕭巖、荆州刺史蕭瓛，[1]遣其都官尚書沈君公詣荆州刺史陳紀請降。[2]辛卯，巖等帥其文武官男女濟江。甲午，大赦。

[1]蕭巖：字義遠，後梁宣帝蕭詧第五子，封安平王，歷侍中、荆州刺史、尚書令、太尉、太傅。後梁將亡，率衆歸陳，授平東將軍、東揚州刺史。陳亡，率軍抗隋，兵敗被殺。《周書》卷四八、《北史》卷九三有附傳。　蕭瓛：字欽文，後梁宣帝蕭詧之孫，明帝蕭巋第三子，封晋熙王，位至荆州刺史。後梁將亡，與叔父蕭巖奔陳，授侍中、安東將軍、吴州刺史，抗隋身死。《周書》卷四八、《北史》卷九三有附傳。

[2]都官尚書：官名。南朝時尚書省六尚書之一，領都官、水部、庫部、功論四曹。陳三品，秩中二千石。　沈君公：吴興（今浙江湖州市）人。尚書左僕射沈君理之弟。陳後主禎明中，與蕭瓛、蕭巖叛隋歸陳，被擢爲太子詹事。陳亡入隋，因其叛亡經歷而斬於建康。本書卷六八、《周書》卷四八有附傳。　陳紀：即陳慧紀。

冬十一月景子，[1]以蕭巖爲平東將軍、開府儀同三司、東揚州刺史。[2]丁亥，以驃騎大將軍、開府儀同三司豫章王叔英爲兼司徒。[3]

[1]景子：即丙子。

[2]平東將軍：官名。與平南、平西、平北將軍並爲四平將軍。多持節都督或監某一地區軍事，或作爲刺史等地方官員監理軍務的加官。陳擬三品，比秩中二千石。　東揚州：州名。治山陰縣，在今浙江紹興市。

[3]驃騎大將軍：官名。南朝陳時驃騎將軍擬一品，比秩中二千石。加“大”爲驃騎大將軍，位進一階。多加授重臣，無具體職掌。

十二月景辰，[1]以前鎮衛大將軍、開府儀同三司、東揚州刺史鄱陽王伯山爲鎮衛大將軍、開府儀同三司。[2]

[1]景辰：即丙辰。

[2]鎮衛大將軍：官名。鎮衛將軍爲南朝梁、陳時位號最高的將軍，加“大”者進位一階。梁二十四班。陳擬一品，比秩中二千石。

二年春正月辛巳，立皇子恮爲東陽王，[1]恬爲錢唐王。[2]

[1]恮：陳恮。字承厚，陳後主第九子。本書卷六五、《陳書》卷二八有傳。　東陽：郡名。治長山縣，在今浙江金華市。

[2]恬：陳恬。字承惔，陳後主第十一子。本書卷六五、《陳書》卷二八有傳。　錢唐：郡名。治錢塘縣，在今浙江杭州市。錢塘本爲吴郡轄縣。據《陳書》卷六《後主紀》，禎明元年（587）十一月，割揚州吴郡置吴州，割錢塘縣爲郡，屬吴州。

夏四月戊申，有群鼠無數，自蔡洲岸入石頭，[1]淮至于青塘兩岸，[2]數日自死，隨流出江。[3]是月，郢州南浦水黑如墨。[4]

[1]蔡洲：長江中沙洲，後併入長江南岸。在今江蘇南京市西南。地近石頭城，地理位置顯要。　石頭：即石頭城，又名石首城。依石頭山（今江蘇南京市西清凉山）而建，負山面江，形勢險固，爲六朝軍事交通要地。南朝宋山謙之《丹陽記》云："石頭城，吴時悉土塢。義熙初始加磚累甓，因山以爲城，因江以爲池。地形險固，尤有奇勢。亦謂之石首城。"（參見劉緯毅《漢唐方志輯佚》，北京圖書館出版社 1997 年版，第 177 頁）宋人張敦頤《六朝事迹編類》卷二云："吴孫權沿淮立栅，又於江岸必争之地築城，名曰石頭。"

[2]淮至于青塘兩岸：大德本、汲古閣本同，殿本"淮"前有"渡"字。按，《陳書》卷六《後主紀》亦有"渡"字。底本當補"渡"字。淮，淮水，即今江蘇南京市秦淮河。青塘，即青溪塘。在今江蘇南京市秦淮河南岸。

[3]按，《隋書·五行志上》亦記群鼠入河出江之事，引京房《易飛候》"鼠無故群居不穴衆聚者，其君死"，視之爲不久之後陳朝覆亡的徵兆。

[4]郢州南浦水黑如墨：按，《隋書·五行志下》亦記其事，且解讀云："黑水在關中，而今淮南水黑，荆、揚州之地陷於關中之應。"南浦，地名。在今湖北武漢市武昌區。《太平寰宇記》卷一一二《江南西道十·江夏縣》："南浦，在縣南三里。《離騷》云：'送美人兮南浦。'其源出景首山，西入江。春冬涸竭，秋夏泛漲，商旅往來，皆于浦停泊。以其在郭之南，故曰南浦。"

五月甲午，東冶鑄鐵，[1]有物赤色，大如數升，[2]自天墜鎔所，有聲隆隆如雷，鐵飛出牆外，燒人家。[3]

[1]東冶：東晋、南朝官營冶鑄工場。設有令丞，管理工徒鼓鑄。東晋、南朝隸屬少府。在建康東南東府城附近，即今江蘇南京

市象房新村一帶以東至中和橋地區（參見賀雲翱《六朝瓦當與六朝都城》，第 198—201 頁）。

[2]大如數升：《陳書》卷六《後主紀》作“如數斗”。

[3]燒人家：《陳書·後主紀》作“燒民家”。本書避唐太宗李世民名諱，改“民”爲“人”。按，此事《隋書·五行志上》記爲：“陳禎明二年五月，東冶鐵鑄，有物赤色，大如斗，自天墜鎔所，隆隆有聲，鐵飛破屋而四散，燒人家。”並解讀云：“時後主與隋雖結和好，遣兵度江，掩襲城鎮，將士勞敝，府藏空竭。東冶者，陳人鑄兵之所。鐵飛爲變者，金不從革之應。天戒若曰，陳國小而兵弱，當以和好爲固，無鑄兵而黷武，以害百姓。後主不悟，又遣僞將陳紀、任蠻奴、蕭摩訶數寇江北，百姓不堪其役。及隋師渡江，而二將降款，卒以滅亡。”

六月戊戌，扶南國遣使朝貢。庚子，廢皇太子胤爲吴興王，立揚州刺史始安王深爲皇太子。辛丑，以太子詹事袁憲爲尚書僕射。丁巳，大風自西北激濤水入石頭城，淮渚暴溢，漂没舟乘。[1]

[1]“丁巳”至“漂没舟乘”：按，《隋書·五行志下》亦記此事，並解讀爲：“是時，後主任司馬申，誅戮忠諫。沈客卿、施文慶，專行邪僻。江總、孔範等，崇長淫縱。杜塞聰明，瞀亂之咎。”

冬十月己亥，立皇子藩爲吴王。[1]己酉，幸莫府山，[2]校獵。[3]

[1]皇子藩：陳藩。字承廣，陳後主第十子。《陳書》卷六《後主紀》作“皇子蕃”，“蕃”同“藩”。本書卷六五、《陳書》

卷二八有傳。　吴王：《陳書·後主紀》作“吴郡王”。吴，郡名。治吴縣，在今江蘇蘇州市。

[2]莫府山：亦稱幕府山。在今江蘇南京市西北郊。相傳東晋元帝時丞相王導曾建幕府於此山，因以爲名。山北臨長江，形勢險要，爲都城建康之門户。

[3]校獵：調集軍士張設圍欄以射獵野獸，亦有軍事演練之效。大德本、汲古閣本、殿本、百衲本作“大校獵”。

十一月丁卯，詔尅日於大政殿訊獄。景子，[1]立皇弟叔榮爲新昌王，[2]叔匡爲太原王。[3]

[1]景子：即丙子。

[2]叔榮：陳叔榮。字子徹，陳宣帝第三十三子。本書卷六五、《陳書》卷二八有傳。　新昌：郡名。治嘉寧縣，在今越南永富省白鶴縣南鳳州。

[3]叔匡：陳叔匡。字子佐，陳宣帝第三十四子。本書卷六五、《陳書》卷二八有傳。　太原：郡名。寄治彭澤縣，在今江西彭澤縣東北。

初，隋文帝受周禪，甚敦鄰好，宣帝尚不禁侵掠。太建末，隋兵大舉，聞宣帝崩，乃命班師，遣使赴弔，修敵國之禮，[1]書稱姓名頓首。而後主益驕，書末云：“想彼統内如宜，此宇宙清泰。”隋文帝不説，以示朝臣。清河公楊素以爲主辱，[2]再拜請罪，及襄邑公賀若弼並奮求致討。[3]後副使袁彦聘隋，竊圖隋文帝狀以歸，[4]後主見之，大駭曰：“吾不欲見此人。”每遣間諜，隋文帝皆給衣馬，禮遣以歸。

[1]敵國之禮：地位平等的國家之間對等使用的禮儀。

[2]清河公：封爵名。清河郡公的省稱。郡公爲隋九等爵的第四等。從一品。清河，郡名。治清河縣，在今河北清河縣西。　楊素：字處道，弘農華陰（今陝西華陰市）人。仕北周位柱國，封清河郡公。隋文帝受禪，封越國公。累遷上柱國、尚書僕射、太子太師。煬帝時拜司徒，改封楚公。《隋書·經籍志四》録有“太尉《楊素集》十卷”。《周書》卷三四、《北史》卷四一有附傳，《隋書》卷四八有傳。

[3]襄邑公：封爵名。襄邑縣公的省稱。襄邑，縣名。治所在今河南睢縣。　賀若弼：字輔伯，河南洛陽（今河南洛陽市）人，賀若敦之子。仕北周爲壽州刺史，封襄邑縣公。仕隋歷吴州總管、右武候大將軍等職，爵至宋國公。《隋書》卷五二有傳，《北史》卷六八有附傳。

[4]按，使臣畫圖之事，又見《隋書》卷一《高祖紀上》：開皇三年（583）十一月庚辰，“陳遣散騎常侍周墳、通直散騎常侍袁彦來聘。陳主知上之貌異世人，使彦畫像持去”。據此可知陳朝使團正使爲散騎常侍周墳。

後主愈驕，不虞外難，荒于酒色，不恤政事，左右嬖佞珥貂者五十人，[1]婦人美貌麗服巧態以從者千餘人。常使張貴妃、孔貴人等八人夾坐，[2]江總、孔範等十人預宴，[3]號曰“狎客”。先令八婦人襞采箋，[4]製五言詩，十客一時繼和，遲則罰酒。君臣酣飲，從夕達旦，以此爲常。而盛脩宫室，[5]無時休止。税江税市，徵取百端。刑罰酷濫，牢獄常滿。

[1]嬖佞：受君主寵信的讒臣。　珥貂：天子侍臣服飾。侍臣

班位在左者插貂尾於冠左邊，班位在右者插貂尾於冠右邊。《隋書·禮儀志七》云："侍臣加金璫附蟬，以貂爲飾，侍左者左珥，右者右珥。"

[2]張貴妃：名麗華。陳後主寵妃。本書卷一二、《陳書》卷七有傳。按，陳后妃之制，貴妃、貴嬪、貴姬三人，擬古之三夫人，地位僅次於皇后。

[3]孔範：字法言，會稽山陰（今浙江紹興市）人。拜都官尚書，爲後主寵臣之一。本書卷七七有傳。

[4]襞（bì）：裁切。

[5]盛脩宮室：史書所見有臨春閣、結綺閣、望仙閣及陳亡時尚未竣工的齊雲觀等。《陳書》卷七《皇后紀》記載："至德二年，乃於光照殿前起臨春、結綺、望仙三閣。閣高數丈，並數十間，其窗牖、壁帶、懸楣、欄檻之類，並以沈檀香木爲之，又飾以金玉，間以珠翠，外施珠簾，内有寶牀、寶帳，其服玩之屬，瑰奇珍麗，近古所未有。每微風暫至，香聞數里，朝日初照，光暎後庭。其下積石爲山，引水爲池，植以奇樹，雜以花藥。"

覆舟山及蔣山柏林，[1]冬月常多采醴，[2]後主以爲甘露之瑞。前後災異甚多。有神自稱老子，游於都下，與人對語而不見形，言吉凶多驗，得酒輒釂之，[3]經三四年乃去。船下有聲云"明年亂"，視之，得嬰兒長三尺而無頭。[4]蔣山衆鳥鼓兩翼以拊膺，[5]曰："奈何帝！奈何帝！"又建鄴城無故自壞；青龍出建陽門；[6]井涌霧，赤地生黑白毛，[7]大風拔朱雀門，[8]臨平湖草舊塞，忽然自通。[9]後主又夢黄衣圍城，乃盡去繞城橘樹。[10]又見大蛇中分，首尾各走。夜中索飲，忽變爲血。有血霑階至於坐牀頭而火起。有狐入其牀下，捕之不見，[11]以爲袄，乃自賣於佛寺爲奴以禳之。於郭内大皇佛寺起七層塔，[12]未畢，火從中起，飛至石頭，燒死者甚衆。又采木湘州，[13]擬造正寢，栰至牛渚磯，[14]盡没水中，既而漁人見栰浮於海上。起齊雲觀，國人歌曰："齊雲觀，寇來無際畔。"[15]始北齊末，諸省官人多稱省主，未幾而滅。至是舉朝亦有此稱，識者以爲，省主，主將見省之兆。

[1]覆舟山：在今江蘇南京市太平門西側。山形似舟船倒覆，故稱覆舟山。陳宣帝時改稱龍舟山。北臨玄武湖，東接龍廣山（又稱寶貴山），與鍾山（今紫金山）似形斷而脉連，六朝時爲屏藩京師建康的軍事重地，亦爲皇家苑囿所在。　蔣山：即鍾山。今江蘇南京市玄武區紫金山。孫吴時在鍾山西北麓爲中都侯蔣子文立廟，後世崇祀，轉號鍾山爲蔣山。

[2]采醴：樹木所泌汁液。

[3]釂（jiào）：飲盡杯中酒。

[4]船下有聲云"明年亂"，視之，得嬰兒長三尺而無頭：按，《隋書·五行志下》亦記此事："禎明二年，有船下忽聞人言曰：'明年亂。'視之，得死嬰兒，長二尺而無頭。明年陳滅。"

[5]蔣山衆鳥鼓兩翼以拊膺：大德本、汲古閣本、殿本"膺"作"膺"，底本誤。《隋書·五行志下》亦記此事："陳後主時，蔣山有衆鳥，鼓翼而鳴曰：'奈何帝。'京房《易飛候》曰：'鳥鳴門闕，如人音，邑且亡。'蔣山，吴之望也。鳥於上鳴，吴空虚之象。及陳亡，建康爲墟。"

[6]建陽門：建康都城東門之一。本名建春門，陳時改爲建陽門。

[7]赤地生黑白毛：亦爲亡國之徵兆。《史記》卷四三《趙世家》記載，趙幽繆王五年，境内代地發生大地震。次年百姓大饑，

民間流傳歌謡曰："趙爲號，秦爲笑。以爲不信，視地之生毛。"八年，秦軍占領邯鄲，趙國滅亡。

[8]大風拔朱雀門：《隋書·五行志下》記爲"至德中，大風吹倒朱雀門"。

[9]臨平湖草舊塞，忽然自通：《資治通鑑》卷一七六《陳紀十》後主禎明元年記作"臨平湖草久塞，忽然自開"。臨平湖，古湖泊名。在今浙江杭州市。《晋書》卷三《武帝紀》云："吴臨平湖自漢末壅塞，至是自開。父老相傳云：'此湖塞，天下亂；此湖開，天下平。'"

[10]後主又夢黄衣圍城，乃盡去繞城橘樹：《隋書·五行志下》記作："陳後主時，夢黄衣人圍城。後主惡之，遶城橘樹，盡伐去之。隋高祖受禪之後，上下通服黄衣。未幾隋師攻圍之應也。"中華本據此於"黄衣"後補"人"字。

[11]有狐入其牀下，捕之不見：《隋書·五行志上》解云："京房《易飛候》曰：'狐入君室，室不居。'未幾而國滅。"

[12]大皇佛寺：即太皇寺。

[13]湘州：州名。治臨湘縣，在今湖南長沙市。

[14]栰（fá）：同筏。　牛渚磯：地名。在今安徽馬鞍山市西南長江東岸。牛渚山突入江中，爲長江較狹之處，形勢險要，爲兵家必争之地。

[15]按，《隋書·五行志上》記且解云："陳後主造齊雲觀，國人歌之曰：'齊雲觀，寇來無際畔。'功未畢，而爲隋師所虜。"

隋文帝謂僕射高熲曰：[1]"我爲百姓父母，豈可限衣帶水不拯之乎？"[2]命大作戰船。人請密之，隋文帝曰："吾將顯行天誅，何密之有？使投柹於江，[3]若彼能改，吾又何求？"及納梁蕭瓛、蕭巖，隋文愈忿，以晋王廣爲元帥，[4]督八十總管致討。[5]乃送璽書，暴後主二十惡。又散寫詔書，書三十萬紙，徧喻江外。[6]

[1]僕射：官名。隋爲從二品。高熲時任尚書左僕射。　高熲：字昭玄，仕隋歷尚書左僕射兼納言、左衛大將軍、左領軍大將軍、太常卿等職，封齊國公。《隋書》卷四一、《北史》卷七二有傳。

[2]限衣帶水：大德本、汲古閣本、殿本作“限一衣帶水”。

[3]柹（shì）：同“柨”，斫木削下的木片。

[4]晋王廣：隋煬帝楊廣。一名英，小字阿麼，隋文帝楊堅次子。開皇元年（581）立爲晋王。伐陳時爲行軍元帥，節度諸軍。《隋書》卷三、卷四，《北史》卷一二有紀。

[5]八十總管：《隋書》卷二《高祖紀下》記爲“合總管九十”。

[6]江外：中原人稱江南爲江外。

諸軍既下，江濱鎮戍相繼奏聞。新除湘州刺史施文慶、中書舍人沈客卿掌機密，[1]並抑而不言。

[1]施文慶：吴興烏程（今浙江湖州市）人。早年仕於東宫，後主即位，擢爲中書舍人，有治吏才能，爲後主所倚重。本書卷七七有傳，《陳書》卷三一有附傳。　中書舍人：官名。本名中書通事舍人，南朝梁、陳去“通事”二字，徑稱“中書舍人”，間或簡稱“舍人”。職掌收納、轉呈章奏等事，入值禁中，直接聽命於皇帝，位顯權重，實爲中書省核心要職。《隋書·百官志上》載陳時官制云：“國之政事，並由中書省。有中書舍人五人，領主事十人，書吏二百人。書吏不足，并取助書。分掌二十一局事，各當尚書諸曹，並爲上司，總國内機要，而尚書唯聽受而已。”陳八品。　沈客卿：吴興武康（今浙江德清縣）人。博學善辯，熟知故事，歷尚書儀曹郎、左丞、中書舍人等職，加散騎常侍、左衛將軍，爲陳後

主親信寵臣。本書卷七七有傳，《陳書》卷三一有附傳。

初蕭巖、蕭瓛之至也，德教學士沈君道夢殿前長人，[1]朱衣武冠，頭出欄上，攘臂怒曰："那忽受叛蕭誤人事！"後主聞之，忌二蕭，故遠散其衆，以巖爲東揚州刺史，瓛爲吳州刺史。[2]使領軍任忠出守吳興郡，[3]以襟帶二州。[4]使南平王嶷鎮江州，[5]永嘉王彦鎮南徐州。[6]尋召二王赴期明年元會，[7]命緣江諸防船艦悉從二王還都，爲威勢以示梁人之來者，[8]由是江中無一鬬船。[9]上流諸州兵，皆阻楊素軍不得至。都下甲士尚十餘萬人。及聞隋軍臨江，後主曰："王氣在此，齊兵三度來，周兵再度至，無不摧没。虜今來者必自敗。"孔範亦言無度江理。但奏伎縱酒，作詩不輟。[10]

[1]德教學士：即德教殿學士。德教殿爲殿省名，陳時置學士，爲文學侍從之臣，亦承擔編纂著録之事。《隋書·經籍志二》録有《陳德教殿四部目録》四卷。　沈君道：陳後主文學侍臣。有《侍皇太子宴應令詩》傳世，詩云："副君監撫暇，禁苑暫停車。水落金沙淺，雲高玉葉疏。隨厨白羽駕，逐釣紫鱗魚。飽德良無已，榮陪終宴餘。"

[2]吳州：州名。治吳縣，在今江蘇蘇州市。梁武帝太清三年（549）七月以吳郡置吳州，簡文帝大寶元年（550）二月省罷。陳後主禎明元年（587）十一月，復割揚州吳郡置吳州。

[3]領軍：官名。領軍將軍的省稱。南朝禁衛軍將領，與護軍並爲中軍統帥，合稱"領護"。總領駐扎在建康臺城之内的中軍諸部（即内軍，又稱臺軍），宿衛宫闕。職位顯要，梁時有"領軍管天下兵要""總一六軍，非才勿授"（《梁書》卷四二《臧盾傳》）

之説。資輕者稱中領軍，資重者稱領軍將軍。陳三品，秩中二千石。　吴興：郡名。治烏程縣，在今浙江湖州市。

[4]襟帶：衣襟與腰帶。引申爲控制。

[5]南平王嶷：陳嶷。字承岳，陳後主第二子。至德元年（583）封爲南平王。本書卷六五、《陳書》卷二八有傳。南平，郡名。治公安縣，在今湖北公安縣西北（參見程剛《東晋南朝荆州政治地理研究——兼論雍州、湘州、郢州》，博士學位論文，南京大學，2014年，第240頁）。

[6]永嘉王彦：陳彦。字承懿，陳後主第三子。至德元年封爲永嘉王。本書卷六五、《陳書》卷二八有傳。永嘉，郡名。治永寧縣，在今浙江温州市。

[7]元會：亦稱“正會”。皇帝於元旦朝見群臣。

[8]梁：此指後梁（555—587）。梁元帝承聖三年（554），西魏攻陷江陵，殺梁元帝蕭繹，立蕭詧爲帝，仍以梁爲國號，實爲西魏附庸，史稱後梁或西梁。歷三帝，公元587年爲隋所廢。

[9]鬬船：戰艦。

[10]按，《隋書·五行志下》詳記其事云：“陳禎明三年，隋師臨江，後主從容而言曰：‘齊兵三來，周師再來，無弗摧敗。彼何爲者？’都官尚書孔範曰：‘長江天塹，古以爲限隔南北。今日北軍豈能飛渡耶？臣每患官卑，彼若渡來，臣爲太尉矣。’後主大悦，因奏妓縱酒，賦詩不輟。”

三年春正月乙丑朔，朝會，大霧四塞，入人鼻皆辛酸。後主昏睡，至晡時乃罷。是日，隋將賀若弼自北道廣陵濟，韓擒趨横江濟，[1]分兵晨襲採石，[2]取之。進拔姑熟，[3]次於新林。[4]時弼攻下京口，[5]緣江諸戍望風盡走，弼分兵斷曲阿之衝而入。[6]景寅，[7]採石戍主徐子建至告變。[8]戊辰，乃下詔曰：“犬羊陵縱，[9]侵竊郊畿，蠭蠆有毒，[10]宜時埽定。朕當親御六師，廓清八表，内外並可戒嚴。”於是以蕭摩訶爲皇畿大都督，樊猛爲上流大都督，樊毅爲下流大都督，司馬消難、施文慶並爲大監軍，重立賞格，分兵鎮守要害，僧尼道士盡皆執役。

[1]韓擒：即韓擒虎。唐人避高祖李淵祖父李虎名諱而去“虎”字。大德本、汲古閣本、殿本作“韓擒虎”。字子通，河南東垣（今河南新安縣）人。北周驃騎大將軍韓雄之子。初仕北周，爲合州刺史，封新義郡公。仕隋爲廬江總管，平陳立功，進位上柱國、大將軍，封壽光縣公。後拜涼州總管。《隋書》卷五二有傳，《北史》卷六八有附傳。　横江：古渡名。即横江浦，在今安徽和縣東南長江邊，隔江與采石磯相對。

[2]採石：采石磯，即牛渚磯。採，大德本同，汲古閣本、殿本作“采”。

[3]姑熟：縣名。亦作姑孰。治所在今安徽當塗縣。

[4]新林：又名新林浦，在今江蘇南京市雨花臺區西善橋街道。瀕臨長江，西與白鷺洲相對，六朝時爲建康城以西軍事、交通要地。新林本爲水名，源出牛首山（今牛頭山），西北流入長江。《景定建康志》云：“在城西二十里，闊三丈，深一丈，長十二里。”

[5]京口：又稱京城、京，爲南徐州鎮所，在今江蘇鎮江市。東晉、南朝時爲軍事重鎮。《隋書·地理志下》云：“京口東通吴、會，南接江、湖，西連都邑，亦一都會也。”

[6]曲阿：縣名。治所在今江蘇丹陽市。

[7]景寅：即丙寅。

[8]戍主：戍爲地方軍事行政機構，南北朝時始置，多設於邊境軍事要地。戍的長官爲戍主，掌地方守衛捍禦之事，同時干預地方民政事務。　徐子建至告變：《陳書》卷六《後主紀》作“徐子建馳啓告變”。馬宗霍以爲“‘至’字謂親至也，但當時事出倉卒，

徐子建身爲戍主，親詣告變，勢不可能”，故當以《陳書》爲是（《南史校證》，第200頁）。告變，向朝廷報告急要之事。

[9]犬羊：意謂烏合之衆，不堪一擊。

[10]螽（zhōng）：蚱蜢之類的害蟲。　蠆（chài）：蝎子之類的毒蟲。

庚午，賀若弼攻陷南徐州。辛未，韓擒又陷南豫州。隋軍南北道並進。辛巳，賀若弼進軍鍾山，[1]頓白土岡之東南，[2]衆軍敗績。弼乘勝進軍宫城，燒北掖門。[3]是時，韓擒率衆自新林至石子岡，[4]鎮東大將軍任忠出降擒，[5]仍引擒經朱雀航趣宫城，自南掖門入。[6]城内文武百司皆遁出，唯尚書僕射袁憲、後閣舍人夏侯公韻侍側。[7]憲勸端坐殿上，正色以待之。後主曰："鋒刃之下，未可交當，[8]吾自有計。"乃逃於井。二人苦諫不從，以身蔽井，後主與争，久之方得入。[9]沈后居處如常。太子深年十五，閉閤而坐，舍人孔伯魚侍焉。[10]戎士叩閤而入，[11]深安坐勞之曰："戎旅在塗，不至勞也。"既而軍人窺井而呼之，後主不應。欲下石，乃聞叫聲。以繩引之，驚其太重，及出，乃與張貴妃、孔貴人三人同乘而上。隋文帝聞之大驚。開府鮑宏曰：[12]"東井上於天文爲秦，[13]今王都所在，投井其天意邪？"先是江東謡多唱王獻之《桃葉辭》云：[14]"桃葉復桃葉，度江不用檝，但度無所苦，我自接迎汝。"及晋王廣軍於六合鎮，其山名桃葉，[15]果乘陳船而度。景戌，[16]晋王廣入據臺城，[17]送後主于東宫。

［1］鍾山：又稱蔣山、金陵山，即今江蘇南京市東北紫金山。東晋、南朝時爲京師建康北部屏障。《元和郡縣圖志》卷二五《江南道一·上元縣》云："賀若弼壘，在縣北二十里。隋平陳，弼過江，於蔣山龍尾築壘。"

［2］白土岡之東南：《陳書》卷六《後主紀》同。《資治通鑑》卷一七七《隋紀一》文帝開皇九年"東南"作"東"。白土岡，鍾山與秦淮河之間南北向的岡阜，位置相當於明代南京城以朝陽門（今中山門）控扼的東墻段。《讀史方輿紀要》卷二〇《南直二·江寧縣》云："白土岡，府東十三里。隋賀若弼與陳兵戰於白土岡，擒蕭摩訶於此。《金陵記》：'白土岡周回十里，高十丈，南至淮，即鍾山之南麓也。'"

［3］北掖門：建康宫城北門之一。原名承明門，南朝齊避高帝蕭承名諱而改。梁、陳時或稱北掖門，或稱承明門。按，梁、陳時宫城有三座北門，由西而東依次爲大通門、北掖門、平昌門。

［4］石子岡：又稱石岡，在建康城南，即今江蘇南京市以雨花臺爲中心的東北—西南向山隴岡阜。

［5］鎮東大將軍：官名。較鎮東將軍進一階。鎮東將軍，八鎮將軍之一。陳擬二品，比秩中二千石。

［6］南掖門：建康宫城南門之一。宫城南面有二門，正門爲大司馬門，東側即南掖門。

［7］後閤舍人：官名。南朝陳有殿中舍人，掌文章書記。其守殿中後閤者或即後閤舍人。後閤，殿中或禁中之後閤。

［8］交當：應對，抵擋。

［9］按，陳後主入井之事，《陳書·後主紀》記爲："後主聞兵至，從宫人十餘出後堂景陽殿，將自投于井，袁憲侍側，苦諫不從，後閤舍人夏侯公韻又以身蔽井，後主與争久之，方得入焉。"語意與本書略異，當與姚察父子爲前朝故主隱諱有關。

［10］舍人：此當爲太子東宫舍人。南朝陳之制，東宫有舍人十六員，掌文章書記。第七品，秩二百石。選太子舍人才學俱佳者四

人爲中舍人，掌奏事文書、侍從規諫、儐相威儀等事。又以功高者一人，與中庶子祭酒共掌其署禁令。第五品，秩六百石。隸屬於太子詹事。

[11]戎士：大德本、汲古閣本、殿本作“戍士”。

[12]開府：官名。開府儀同三司的省稱。爲勳官、散官號。隋初采北周制度，置十一等勳以酬功勞，即上柱國、柱國、上大將軍、大將軍、上開府儀同三司、開府儀同三司、上儀同三司、儀同三司、大都督、帥都督、都督。開府儀同三司爲第六等，正四品上。　鮑宏：字潤身，東海郯（今山東郯城縣）人。仕梁爲通直散騎侍郎。仕北周歷麟趾殿學士、少御正等職，賜爵平遥縣公，加上儀同。仕隋加開府儀同三司，歷利州刺史、邛州刺史、均州刺史等職。有文采，善撰述，曾奉周武帝敕命修成《皇室譜》一部。又有文集十卷。《北史》卷七七、《隋書》卷六六有傳。

[13]東井：星宿名。二十八宿之一。簡稱井宿，屬於南宫朱雀七宿之第一宿。對應今天文大雙子星座。古代天象分野觀念中，東井星宿對應以關中平原爲中心的秦地。

[14]王獻之：字子敬，小名官奴，琅邪臨沂（今山東臨沂市）人，東晋右軍將軍王羲之第七子。官至尚書令。工草隸，善丹青。《晋書》卷八〇有附傳。　《桃葉辭》：或作《桃葉歌》。宋人郭茂倩《樂府詩集》卷四五《清商曲辭二》無名氏《桃葉歌》引《古今樂録》云：“《桃葉歌》者，晋王子敬之所作也。桃葉，子敬妾名，緣於篤愛，所以歌之。”按，《隋書·五行志上》録此詩讖，唯“我自接迎汝”作“我自迎接汝”。

[15]桃葉：山名。又名晋王山。即今江蘇南京市浦口區寶塔山。《讀史方輿紀要》卷二〇《南直二·六合縣》云：“桃葉山，縣南六十里。隋初置六合鎮於此。開皇九年伐陳，晋王廣屯軍於六合鎮桃葉山是也。山之西爲宣化山，北接盤城山，下爲宣化鎮。”王鳴盛《十七史商榷》卷七九以爲桃葉山即瓜步山（今江蘇南京市六合區瓜埠山）。

［16］景戌：即丙戌。

［17］晋王廣入據臺城：《陳書·後主紀》作“晋王廣入據京城”。臺城，亦即宫城，在京師建康城中北部。本爲吴之苑城，晋成帝咸和年間改築爲宫城，是爲建康宫。因其爲臺省所在，故稱臺城。故址在今江蘇南京市雞籠山南。據《建康實録》卷七引《圖經》載，臺城“周八里，有兩重牆”。

三月己巳，後主與王公百司同發自建鄴，之長安。隋文帝權分京城人宅以俟，内外脩整，遣使迎勞之，陳人謳詠，忘其亡焉。使還奏言：“自後主以下，大小在路，五百里纍纍不絶。”隋文帝嗟歎曰：“一至於此。”及至京師，列陳之輿服器物於庭，[1]引後主於前，及前後二太子、諸父諸弟衆子之爲王者，凡二十八人；司空司馬消難、尚書令江總、僕射袁憲、驃騎蕭摩訶、護軍樊毅、中領軍魯廣達、鎮軍將軍任忠、吏部尚書姚察、侍中中書令蔡徵、左衛將軍樊猛，[2]自尚書郎以上二百餘人，[3]文帝使納言宣詔勞之。[4]次使内史令宣詔讓後主，[5]後主伏地屏息不能對，乃見宥。隋文帝詔陳武、文、宣三帝陵，總給五户分守之。

［1］輿：大德本同，汲古閣本、殿本作“車”。

［2］中領軍：官名。南朝禁衛軍將領，與護軍並爲中軍統帥，合稱“領護”。總領駐扎在建康臺城之内的中軍諸部（即内軍，又稱臺軍），宿衛宫闕。職位顯要，梁時有“領軍管天下兵要”“總一六軍，非才勿授”（《梁書》卷四二《臧盾傳》）之説。資輕者稱中領軍，資重者稱領軍將軍。陳三品，秩中二千石。　鎮軍將軍：按，據《陳書》卷六《後主紀》，後主即位時任忠進爲鎮南將

軍，至德二年（584）又進爲領軍將軍，至德三年建康保衛戰時以鎮東大將軍屯兵朱雀門，未見其爲鎮軍將軍經歷。

[3]尚書郎：官名。尚書省諸郎曹長官，隸屬列曹尚書，分曹執行政務。南朝陳置二十一郎，第四品，秩六百石。

[4]納言：官名。門下省長官，職掌封駁制敕，並參與軍國大政决策等，居宰相之職，置二員。正三品。

[5]内史令：官名。内史省長官，掌皇帝詔令出納宣行，居宰相之職。隋初内史省置監、令各一人，尋廢監，置令二人。正三品。

初，武帝始即位，其夜奉朝請史普直宿省，[1]夢有人自天而下，導從數十，至太極殿前，北面執玉策金字曰："陳氏五帝，三十二年。"及後主在東宫時，有婦人突入，唱曰"畢國主"。有鳥一足，集其殿庭，以觜畫地成文，[2]曰："獨足上高臺，盛草變爲灰，欲知我家處，朱門當水開。"解者以爲，"獨足"蓋指後主獨行無衆，"盛草"言荒穢，隋承火運，草得火而灰。及至京師，與其家屬館於都水臺，[3]所謂"上高臺""當水"也。其言皆驗。或言後主名叔寶，反語爲"少福"，亦敗亡之徵云。

[1]奉朝請：官名。兩漢時本爲朝廷給予退休大臣、列侯、宗室、外戚等的一種政治優待，授此者特許參加朝會，班次亦可提高。東晋獨立爲官，亦作加官。南朝列爲集書省屬官，掌侍從諫諍。陳第八品。

[2]觜（zī）：鳥嘴。大德本、殿本同，汲古閣本作"嘴"。

[3]都水臺：官署名。掌舟船水運河渠灌溉等事務。隋文帝開

皇三年（583）省併入司農寺，十三年復置。仁壽元年（601）改名都水監。

既見宥，隋文帝給賜甚厚，數得引見，班同三品。[1]每預宴，恐致傷心，爲不奏吴音。後監守者奏言叔寶云："既無秩位，每預朝集，願得一官號。"隋文帝曰："叔寶全無心肝。"監者又言："叔寶常耽醉，罕有醒時。"[2]隋文帝使節其酒，既而曰："任其性，不爾何以過日。"未幾，帝又問監者叔寶所嗜，對曰嗜驢肉。問飲酒多少？對曰與其子弟日飲一石。[3]隋文帝大驚。及從東巡，登芒山，[4]侍飲，賦詩曰："日月光天德，山河壯帝居，[5]太平無以報，願上東封書。"并表請封禪，隋文帝優詔謙讓不許。後從至仁壽宫，[6]常侍宴，及出，隋文帝目之曰："此敗豈不由酒。將作詩功夫，何如思安時事。當賀若弼度京口，彼人密啓告急，叔寶爲飲酒，遂不省之。高熲至日，猶見啓在牀下未開封。此亦是可笑，蓋天亡也。昔苻氏所征得國，[7]皆榮貴其主。苟欲求名，不知違天命，與之官，乃違天也。"

[1]三品：隋代官制。正三品包括：大將軍，吏部尚書，太常、光禄、衛尉等三卿，太子三少，納言，内史令，左右衛、左右武衛、左右武候、領左右等大將軍，禮部、兵部、都官、度支、工部尚書，宗正、太僕、大理、鴻臚、司農、太府等六卿，上州刺史，京兆尹，秘書監，銀青光禄大夫，開國伯。從三品包括：上開府儀同三司，散騎常侍，左右衛、武衛、武候、領左右、監門等將軍，國子祭酒，御史大夫，將作大匠，中州刺史，親王師，朝議大夫。

[2]罕：同“罕”。大德本同，汲古閣本、殿本作“罕”。

[3]一石：隋文帝開皇年間量制，一石約合今 60000 毫升；煬帝大業年間量制，一石約合今 20000 毫升。

[4]芒山：亦作邙山。在今河南洛陽市北。

[5]河：大德本、汲古閣本、殿本作“川”。

[6]仁壽宫：隋離宫名。位於今陝西麟游縣西天臺山上，爲隋代帝王消夏避暑之所。

[7]苻氏：指十六國時代前秦主苻堅。字永固，一字文玉，小字堅頭。《晋書》卷一一三、卷一一四有載記。

隋文帝以陳氏子弟既多，恐京下爲過，皆分置諸州縣，每歲賜以衣服以安全之。[1]

[1]按，王鳴盛《十七史商榷》卷五五《陳氏子弟安全》云：“愚謂隋文帝篡周，盡滅宇文氏之族，與蕭道成同。乃毒於周而獨慈於陳，何也？周其得位所從來，心所最忌；陳俘虜之餘，不爲嫌耳。後煬帝又以陳後主第六女婤爲貴人，絶愛幸，悉召陳子弟至京官之。亡國之後，陳爲多幸矣。”

後主以隋仁壽四年十一月壬子，[1]終於洛陽，時年五十二。贈大將軍，[2]封長城縣公，[3]謚曰煬。[4]葬河南洛陽之芒山。

[1]仁壽：隋文帝楊堅年號（601—604）。

[2]大將軍：官名。隋初采北周制度，設十一等勳以酬功勞，即上柱國、柱國、上大將軍、大將軍、上開府儀同三司、開府儀同三司、上儀同三司、儀同三司、大都督、帥都督、都督。大將軍爲

第四等，正三品。

[3]長城縣公：封爵名。長城，縣名。治所在今浙江長興縣東。爲南朝陳氏龍興之地。縣公，爵名。隋置九等爵制，縣公爲第五等。

[4]煬：依謚法，好内怠政曰煬。

論曰：陳宣帝器度弘厚，有人君之量。文帝知冢嗣仁弱，[1]早存太伯之心，[2]及乎弗悆，[3]咸已委託矣。至於纘業之後，拓土開疆，蓋德不逮文，[4]智不及武，[5]志大不已，晚致吕梁之敗，江左日蹙，[6]抑此之由也。後主因削弱之餘，鍾滅亡之運，[7]刑政不樹，加以荒淫。夫以三代之隆，歷世數十，及其亡也，皆敗於婦人。[8]况以區區之陳，外鄰明德，覆車之迹，尚且追蹤叔季，其獲支數年，亦爲幸也。雖忠義感慨，致慟井隅，何救《麥秀》之深悲，[9]適足取笑乎千祀。嗟乎！始梁末童謡云："可憐巴馬子，一日行千里。不見馬上郎，但見黄塵起。黄塵汙人衣，皁莢相料理。"及僧辯滅，[10]群臣以謡言奏聞，曰僧辯本乘巴馬以擊侯景，"馬上郎"，王字也；"塵"，謂陳也；而不解"皁莢"之謂。既而陳滅於隋，説者以爲江東謂羖羊角爲皁莢，隋氏姓楊，楊，羊也，言終滅於隋。然則興亡之兆，蓋有數云。

[1]冢嗣：亦作冢息、冢子。嫡長子。

[2]太伯之心：指兄弟之間謙讓君位的心意。太伯，周太王長子。《史記》卷三一《吴太伯世家》記載，周太王諸子之中，季歷（周文王姬昌之父）最賢。太王欲立季歷爲嗣，季歷之兄太伯逃奔

荆蠻，成爲吴國始祖。

[3]弗悆（yù）：不適。

[4]文：當指文帝陳蒨。

[5]武：當指武帝陳霸先。

[6]江左：即江東。古人在地理上以西爲右，以東爲左。其地本指今安徽蕪湖市、江蘇南京市長江河段以東的地區。但因爲陳定都建康（今江蘇南京市），故此處以江左代指陳。

[7]鍾：當。

[8]“三代之隆”至“皆敗於婦人”：三代指夏、商、周。夏桀寵愛其妃末喜，常置末喜於膝上，聽用其言，昏亂失道，遂爲商湯所滅。商紂寵愛妲己，毒害吏民，遂爲周武王所滅。周幽王寵愛褒姒，爲博褒姒一笑，不惜舉烽燧而徵諸侯。後廢申后而以褒姒爲王后，申后之父申侯聯合犬戎殺幽王，擄褒姒，周室被迫東遷。

[9]《麥秀》之深悲：《史記》卷三八《宋微子世家》記載，箕子赴周朝拜，途經殷商古都之墟，傷感而作《麥秀》之詩：“麥秀漸漸兮，禾黍油油。彼狡僮兮，不與我好兮。”以狡僮喻昏庸殘暴的商紂王。

[10]僧辯：王僧辯。字君才，太原祁（今山西祁縣）人。初爲北魏將領，梁初隨父南渡，任湘東王蕭繹府中司馬等職。後與陳霸先收復建康。蕭繹即位後，爲太尉。梁元帝被殺，僧辯又立北齊扶持的蕭淵明爲帝，終爲陳霸先所襲殺。本書卷六三有附傳，《梁書》卷四五有傳。